新视角读
『二十六史』

新视角读

史记

宋玉山

著

中国文史出版社

**图书在版编目（CIP）数据**

新视角读史记 / 宋玉山著. —北京：中国文史
出版社，2023.3
（新视角读"二十六史"）
ISBN 978-7-5205-4027-8

Ⅰ.①新… Ⅱ.①宋… Ⅲ.①《史记》—研究
Ⅳ.①K204.2

中国国家版本馆 CIP 数据核字（2023）第 026986 号

责任编辑：金　硕
策　　划：金　硕　曲童利

**出版发行：中国文史出版社**

社　　址：北京市海淀区西八里庄路 69 号　　邮编：100142
电　　话：010 – 81136606/6602/6603/6642（发行部）
传　　真：010 – 81136655
印　　装：北京温林源印刷有限公司
经　　销：全国新华书店
开　　本：787mm×1092mm　1/16
印　　张：22.75
字　　数：328 千字
版　　次：2024 年 1 月北京第 1 版
印　　次：2024 年 1 月第 1 次印刷
定　　价：69.00 元

# 总序　历史是最好的老师

魏礼群

习近平总书记多次强调指出，"历史是最好的老师，它忠实记录下每一个国家走过的足迹，也给每一个国家未来的发展提供启示。""领导干部要多读一点历史，从历史中汲取更多精神营养。"

历史是人民创造的。历史经验是社会发展规律的体现和反映，是人类长期生活的总结和升华，是现代人民用来对照的一面明镜。欲知大道，必先知史。学习历史，可以观成败、鉴是非、知兴替、明规律，可以以史资政、修身励志、汲取力量、创造人生。

我党历来重视历史。我党历代领导人都善于把历史经验运用到中国革命、建设和改革的实践当中，都强调领导干部要多学习一些历史知识。在新的历史时期，要实现中华民族伟大复兴的中国梦，更需要我们用好历史这个最好的老师，遵循规律、明确方向、坚定道路、凝聚共识，去书写新的历史，创造新的辉煌。

尊重历史也是中华民族的优良传统。中国历史源远流长，旷古悠久。从黄帝时代开始，中华民族有着五千年的文明史，经历了若干个朝代。一般来说，每个朝代都有为前一个朝代撰修史书的传统，经过官方撰修或认可的史书，称为正史。

清朝乾隆皇帝将《史记》《汉书》《后汉书》《三国志》《晋书》《宋书》《南齐书》《梁书》《陈书》《魏书》《北齐书》《周书》《隋

书》《南史》《北史》《旧唐书》《新唐书》《旧五代史》《新五代史》《宋史》《辽史》《金史》《元史》《明史》等二十四部史书，钦定为"二十四史"。民国时期，大总统徐世昌又把《新元史》列入正史，形成了"二十五史"。但"二十四史"和"二十五史"都只写到明代，如果再加上记载清朝历史的史书，就应该是"二十六史"。

正史是由官方修撰或认可，尤其是由后面的朝代完成的，史料比较全，真实性比较高，史实价值比较大，因而是历史研究中的主要参考依据。由于这些正史数量繁多，语言晦涩，除了专业人员外，很少有人能够通读下来。

"新视角读'二十六史'丛书"，对这些数量繁多的史书，做了精心挑选和简化概括，并有作者读史后的认识和体会，创作形成了一篇篇简明扼要的故事，以新的形式呈现给读者。这些故事，既独立成章，又相互联系、脉络清晰，能使人们大致了解历史进程、重大事件和主要人物。该书语言简练，通俗易懂，适合大部分人群，中学生阅读也没有问题。特别是该书站在现代社会的角度，以新的视角分析看待历史，有许多新观点、新见解，能够给人以启发和借鉴。因此，我认为，撰写"新视角读'二十六史'丛书"，是一项很有意义的工作。

我感觉，"新视角读'二十六史'丛书"的基本特点，是"忠于原著，丰富史料；以史为鉴，启迪人生"。

所谓"忠于原著，丰富史料"，是指作者撰写的每一篇历史故事，都是根据原著的记载写成的，都有史料依据，没有进行虚构。为了增强可读性，在语言细节方面做了适当的文字加工，但主要内容都是原著所提供的。同时，在忠于原著的基础上，为了使一些历史事件和历史人物更加丰满，也适当增加了一些其他史料，增添的史料也是有依据的。该书一个显著特点，就是史料丰富、知识点多、信息量大，能够让人开阔视野，增长知识。

所谓"以史为鉴，启迪人生"，是指作者创作历史故事的目的，是为了借鉴历史经验，服务于现代社会。所以，作者站在历史唯物主义和辩证唯物主义的立场上，辩证地、一分为二地看待历史现象，并且在故事的过程中，或者在故事的结尾，往往有着哲理性的评论和观点，给人以有益的启迪。我们学历史的目的，不仅是要了解历史知识，更重要的是要通过汲取历史经验和教训，对我们的工作和生活有所启发和借鉴。该书较好地做到了这一点，这是该书另一个显著的特点。

作者曾经是我得力的部下，我对他十分熟悉和了解。作者勤奋好学，长期从事政策研究和文字工作，理论素养和文字功底较好；先后在乡、县、市、省、国家五个层级工作过，有着丰富的阅历和实践经验；做事严谨，为人厚道，工作勤勉。尤为难能可贵的是，他把退休作为第二生命的开始，退而不休，锲而不舍，继续为社会做贡献，其志可贵，精神可嘉！

希望该书能够使人借鉴历史经验，起到以史为鉴、激励人生的作用。

是为序。


（魏礼群，曾任国务院研究室主任、国家行政学院党委书记、中国行政体制改革研究会会长，现任中国国际经济交流中心常务副理事长兼学术委员会主任。）

# 前　言

　　《史记》，是西汉司马迁编著的一部伟大的史学著作，记载了从黄帝到汉武帝三千多年的历史。

　　笔者喜爱历史，多次阅读《史记》，萌生了写一本史记故事书的念头。退休之后，有了空闲，便动笔写作，历时两载，完成了《新视角读史记》。

　　所谓新视角，主要有这么几个方面。

　　一是在立场方面，力图站在辩证唯物主义和历史唯物主义的立场，去阅读、理解和认识《史记》。所以，《史记》中的糟粕，如宿命论、封建迷信等，都避开没有采用，难以避开的则采取了批判的态度。

　　二是在角度方面，力图从现代社会和新时代的角度，去写作史记故事。人们学历史，主要是为了借鉴历史经验，吸取历史教训。笔者力求通过历史故事，对现代人们的工作和生活有所启发。

　　三是在观点方面，力图从笔者阅读《史记》时的体会和认识，提炼出自己的观点。比如，《黄帝时代就搞世袭》《春秋无义战但有义举》《鲁国为何始终不能强盛》《荆轲是怎样刺秦王的》等篇。这些观点不一定正确，仅作为一家之言。

　　四是在内容方面，力图对一些流传不够完整、有头无尾的史记故事，根据史料记载，增添新的内容。如《田单复国却有国难回》

《苏秦为燕国充当间谍》等篇。

五是在表述方面，力图用简明生动的语言和曲折的情节，来表述史记故事。

《新视角读史记》一书，主要依据《史记》记载，个别地方也参阅了《左传》《战国策》等古籍。为了增强可读性，在细节和语言方面适当做了一些润饰加工。

由于笔者水平所限，书中难免有错误、缺陷和不足之处，敬请广大读者给予批评指正。

# 目
# 录

I

# 司马迁发愤写《史记》

　　《史记》最后一篇，是《太史公自序》。《太史公自序》写了司马迁的身世经历，说明了写作动机和过程，表达了他的情感世界，并对《史记》内容做了概括和贯穿。这对于我们学习和理解《史记》，有着很大帮助。

　　《太史公自序》说，司马迁的祖先，是颛顼帝的后代子孙重黎氏。周宣王时期，重黎氏因失去官守而成为司马氏，后代就以司马为姓了。司马氏世代掌管周史。司马迁的父亲叫司马谈，是汉武帝的太史令。司马谈学识渊博，谙悉历史，上知天文，下知地理。司马迁出身于这样的家庭，为他成为史学名家提供了肥沃土壤。

　　司马迁自小聪明好学，十岁就能读诵《尚书》《左传》等经典古书。他少年时代读"万卷书"，到了二十岁时，便开始行"万里路"了。几年时间，他的足迹遍及今陕西、河南、山东、安徽、江苏、浙江、湖南、湖北等地，考察各地风情，饱览名山大川，收集民间史料。游历归来。他入仕当了郎中。任职期间，又奉命出使今四川、贵州、云南等地。这样的经历，为他编著《史记》奠定了坚实基础。

　　司马迁的父亲做官清正，为人耿直，不善逢迎，因而不受重用。汉武帝去泰山搞封禅大典，声势浩大，百官随从。司马谈作为太史令，理应跟随前往，可汉武帝借口司马谈有病，不让他参加。司马谈十分遗憾，深感失望，病情加重，不久离世。

　　司马谈酷爱历史，想写一部完整的历史书，为此做了一些准备，收集了大量史料，可惜尚未动笔，就撒手人寰。临终之前，司马谈紧紧抓着儿子的手，流着泪嘱咐他，一定要继承父志，光大祖业，写一部反映真实的历史书。司马迁哭泣着表示，一定不辜负父亲的期望，完成父亲未竟的事业。这是司马迁编著《史记》的初衷和动力。

父亲死后的第三年，司马迁担任了太史令。这个职位，对于他编著《史记》，实在是太重要了。他可以利用职务之便，任意查阅宫中藏书。当年秦始皇下令焚书的时候，只是烧毁了民间流传的各国史书，而皇家收藏的古籍多数都保留下来了。司马迁得到这些珍贵的史料，如获至宝，如饥似渴，大开眼界，使他的史料来源广阔而丰富。"百年之间，天下遗闻古事无不毕集于太史公。"这为司马迁编著《史记》，提供了丰富的资料。

公元前104年，一切准备就绪，司马迁开始动笔。他遵照父亲遗嘱，对历史问题严谨认真，每一个历史事件，都精心研究，仔细核对，力求准确。所以，整整花了六年时间，才有了《史记》雏形，编著过程中充满了艰难和辛苦。

正在《史记》紧张编著当中，一个意想不到的沉重打击，瞬间降落在司马迁头上。当时，汉朝与匈奴作战，李陵率五千人马，深入匈奴腹地，被匈奴数万大军包围。李陵拼死抵抗，连战八日，杀敌上万，终因敌众我寡，全军覆没，李陵被俘，降了匈奴。消息传来，汉武帝震怒。

李陵是汉朝名将李广的孙子，作战勇猛，屡立战功。满朝文武见武帝发怒，都不敢吱声，汉武帝却点名让司马迁发言。司马迁有意安慰汉武帝，说："李陵投降匈奴，固然有罪，但他杀敌过万，也能将功抵罪了。李陵为人忠义，有可能是假投降，以后还会报效朝廷的。"司马迁说这番话，完全是出于一片好心，不料，汉武帝更加狂怒，厉声喝问："你怎么知道李陵是假投降？是不是串通一气？"汉武帝把司马迁投入狱中，处以宫刑。

其实，司马迁与李陵，一个文官，一个武将，素无来往，连一杯酒的交情都没有。汉武帝仅仅因为司马迁的这几句话，就对他下此毒手，实在是太过分了。后来有学者研究认为，汉武帝实际上是对司马迁写的《史记》不满意，借机整他。

司马迁遭此大难，痛不欲生，几近崩溃，如果不是尚未完成的

《史记》在支撑，他可能就活不下去了。正是这肩负的使命和父亲的嘱托，才使司马迁坚强地迈过了这道坎，又经过几年的艰辛努力，终于完成了《史记》这部宏伟巨著。

《史记》原名叫《太史公书》，共一百三十篇，五十二万多字，记述了上自传说中的黄帝，下至汉武帝太初四年，共三千多年的历史。它是我国历史上第一部纪传体通史，是一部"究天人之际，通古今之变，成一家之言"的史学杰作，对我国历史学的研究，产生了巨大而长期的影响。同时，它还是一部伟大的文学著作。司马迁在忠于历史事实的前提下，通过塑造鲜明的人物形象，反映历史的生活画面，表现历史的本质真实，使《史记》具有震撼人心的艺术感染力。所以，鲁迅先生赞誉它是"史家之绝唱，无韵之离骚"。

《史记》由于尊重历史事实，许多史学家都称它为"实录"。然而，由于受到各种因素局限，不可能每一个历史事件，都能记述得准确无误，有些误差也是难免的。现在通过考古论证，发现《史记》中有些记载，与历史事实有些出入。另外，《史记》中也有宿命论、宣扬封建迷信之类的糟粕。对此，我们不能苛求，毕竟司马迁是两千多年前的人啊。《史记》虽然有些瑕疵，但瑕不掩瑜，仍然是一部伟大的历史名著和文学名著。

《史记》成书之后，在一段相当长的时间内，都躺在皇家图书馆里睡大觉，外人无法看到。有史料记载，汉宣帝的儿子刘宇，想看《太史公书》，专门写了报告，大将军王凤却以此书"有战国纵横权谲之谋，汉兴之初谋臣奇策"为由，坚持不给他看。连皇帝儿子都不准看，其他人更不行了。

大概到了东汉中期以后，《史记》才在社会上流传开来。真正开始重视《史记》是在唐代，韩愈、柳宗元等人发起的古文运动，把《史记》作为典范。到了明清两代，学习和研究《史记》就成为风气了。如今，《史记》已成为传布最广的古代史学名著之一，产生了越来越大的影响。不仅在中国，国外也有不少人研究《史记》。尤以日本为盛，出现了许多研究《史记》的专家和学者，司马迁则进入世界文化名人的行列。

《史记》是伟大的，司马迁也是伟大的！他身遭厄运而意志坚强，处于逆境而奋发有为，在中国传统文化宝库中，留下了一颗璀璨的明珠，为人类贡献了一份珍贵的精神食粮。司马迁和他的《史记》，必定会名垂青史！

# 黄帝时代就搞世袭

《史记》一开篇，写的是黄帝。黄帝距离现在已经五千多年了，所以说，中华民族有五千多年的文明史。

笔者过去认为，那个时代，实行的是禅让制，就是部落首领去世以后，不按血缘关系传承，而由大家共同推举，"有德者继之"。后来，是夏启破坏了禅让制，建立了夏王朝，开创了世袭制。但是，从《史记》记述来看，并不完全是这么回事，因为在黄帝时代，就已经实行世袭制了。

中国古代有"三皇五帝"的传说，所以，《史记》第一篇，就写了《五帝本纪》，记述了黄帝、颛顼、帝喾、唐尧、虞舜这五帝的事迹，对他们的出身、功德和传位情况，都说得清清楚楚。颛顼、帝喾、唐尧、虞舜这四帝，都是黄帝的嫡系子孙。

黄帝出身高贵，是一个部落首领的儿子。《史记》说："黄帝者，少典之子，姓公孙，名曰轩辕。"有史料说，少典的父亲，就是"三皇"之一的伏羲，祖母是华胥氏。华胥氏，是母系社会的一个部落首领，被尊奉为中华民族的"始祖母"，是中华文明的本源和母体。由此看来，从华胥氏到伏羲、到少典、再到黄帝，应该是一脉相承的。当然，关于远古人物的传说很多，这只是其中之一。但黄帝出身高贵，是可以确定的。

黄帝姓公孙，在古时候，公孙可是一个高贵的姓氏。在帝王诸多儿子中，准备继位的称为太子，其余的则称公子，公子的儿子，就叫公孙。所以，古代凡是姓公孙的，都是出身贵族。黄帝能够成就大业，除了他本人的功德以外，与他出身高贵，恐怕也不无关系。

黄帝那个时代，是神农氏做天子。但神农氏已经衰败，无力控制天下，部落之间相互攻打，天下大乱。黄帝就习兵练武、整顿军旅，讨伐那些不来朝贡的部落，使得各部落都来归从。黄帝通过几次大战，征服了炎帝，打败了蚩尤。炎帝、蚩尤等部落，与黄帝部落相融合，就形成了华夏民族的主干。各部落都尊奉黄帝做天子，取代了神农氏。因为他有土德之瑞，土是黄色，所以称为黄帝。

黄帝统一天下以后，建立了古国体制，制定职官制度，推算历法，播种五谷，并兴文字，作干支，制乐器，创医学，开创了中华文明。黄帝被尊奉为中华"人文初祖"，位居"五帝"之首。有一种说法是，神农氏就是炎帝，比黄帝早。所以，称中华儿女为"炎黄子孙"，而不是"黄炎子孙"。

黄帝有二十五个儿子，其中正妃生了两个儿子，长子叫玄嚣，次子叫昌意，以后的帝位，就是由这两个嫡系儿子往下传承。黄帝死后，葬在桥山。黄帝并没有禅让，而是把帝位传给了昌意的儿子颛顼。

颛顼帝具有圣人的品德，沉稳而有机谋，通达而知事理。他耕种庄稼，养殖牲畜，制定礼仪，教化万民，天下没有不归服的。他被列为"五帝"的第二位。

颛顼帝去世以后，把帝位传给了玄嚣的孙子帝喾，帝位回到了黄帝长子这一支。帝喾生来就有灵气，耳聪目明，可以了解远处的情况，可以洞察细微的事理。他仪表堂堂，道德高尚，仁德而且威严，温和而且守信，上顺天之意旨，下解民之所急。帝喾治民，像雨水浇灌农田一样，不偏不倚，遍及天下。凡是日月照耀的地方，风雨所到的地方，没有人不顺从归服。帝喾名列"五帝"第三位。

帝喾去世以后，直接把帝位传给了自己的儿子，先是传给长子，因长子表现不好，又由其弟继承了帝位，这就是唐尧。尧帝富有但不骄傲，尊贵却不放纵。他穿黑色的衣服，戴黄色的冠冕，坐白马拉的红色车子。他根据日月出没、星辰位次，制定历法和节气，推进了农耕文明。

尧最大的贡献，是打破传统习惯，没有把帝位传给自己不肖的儿子丹朱，而是让给了虞舜。这就是誉满天下、广泛流传的"禅让"。丹朱怎么不肖呢？《史记》说他"桀傲骄横、怠惰放荡、荒唐怪诞、聚众淫乱"。确实不像话，没有一点帝王的样子。尧知道自己儿子的品行，就把帝位禅让给了舜。尧和舜是"五帝"中的后两位。

舜是什么人呢？《史记》写得明明白白，舜的曾祖父是句望，句望的曾祖父就是颛顼，舜是颛顼帝的第六代孙，帝位又回到了黄帝次子这一支。虽然当时舜的家庭已经败落，但仍然是黄帝的嫡系后人，血管里流淌着同样的血液。尧没有把帝位传给亲生儿子，而是禅让给了血缘关系较远的舜，这体现了尧的无私和伟大。

舜去世以后，把帝位传给了禹。禹是何人？《史记》说："禹之父曰鲧，鲧之父曰帝颛顼。"也就是说，禹是颛顼帝的孙子，关系更近了。

由此可见，当时的帝位世袭，虽然不是那么严格规范，但都是在黄帝正妃生的两个嫡系儿子后代中传承，其他儿子及后代都没份，更不用说平民百姓了。

关于黄帝时代的事情，没有同时期的文字记载，而只有传说。传说也是历史，是口传的历史，不一定都是真的，但也不一定都是假的。司马迁说，他写《五帝本纪》，参阅了《尚书》《五帝德》《帝系姓》等许多古籍，还到全国各地广泛收集"五帝"的事迹，因此，"其所表见皆不虚"。而且，由于对"三皇"的传说把握不准，便不写"三皇"，只写"五帝"，可见其治学之严谨。后来，唐代的司马贞又补写了《三皇本纪》，当然也是根据传说写的。其实，传说中的"三皇五帝"，并不是真正的帝王，而是当时的部落联盟首领，后人追尊他们为"皇"或"帝"。

对于口传的历史，我们既不能随意肯定，也不宜轻率否定，而是应该不断地进行深入挖掘和研究。

通过读《史记》，可以清楚地看到，广泛流传的禅让制，似乎并不像传说中的那么完美，更没有形成制度。人们之所以对禅让制津津乐道，恐怕是对"有德者继之"的民主制度的赞美、向往和期盼吧。

# 尧禅让于舜用心良苦

尧，名字叫放勋，是我国古代"五帝"之一。《史记》对他高度评价，说他"其仁如天，其智如神，就之如日，望之如云"。意思是说，他仁德如天，智慧如神，靠近他像太阳一样温暖，望着他像云彩一样灿烂。尧的伟大之处，是开创了帝王禅让之先河。

《史记》记载，尧继承了父亲帝喾的帝位，即位以后，以天下为己任，励精图治，选贤任能，天下大治。尧虽然富有，但生活简朴，吃粗米饭，喝野菜粥，受到人民爱戴。

尧在年老的时候，自然要考虑继承人的问题。在他即位六十年后，有一次，召集部落首领们开会，说："我年事已高，谁能继承我的事业啊？"首领们说："您的儿子丹朱，是嗣子，应该继承帝位。"尧哼了一声说："丹朱这个人愚顽、凶恶，不能用。"首领们默然。尧又说："我的儿子什么样，我最清楚，他如果继承帝位，天下就会遭殃。所以，我绝不能做使天下人受害，而只让他一人得利的事情。"

大家见尧态度坚决，便开始推荐人选。有人推荐共工，说："共工能够广泛聚集民众，并做出了业绩，可以继承帝位。"尧说："共工心术不正，爱说漂亮话，貌似恭敬，欺骗上天，这样的人，也不能用。"这次会议，也没有人提出舜。据《五帝本纪》，此次会议，推举鲧即位，尧虽然不同意，但答应试用，试用九年而不成。

十年之后，尧再一次召开会议，说："我在位已经七十年了，必须要解决继承人的问题了。你们这些部落首领，谁能顺应天命，接替我的帝位？"

首领们诚惶诚恐地说："我们的德行浅薄，不敢玷污帝位。"尧说："那就从同姓的贵戚及疏远隐匿者中推荐吧。"于是，大家纷纷推荐舜，并介绍舜的事迹。

舜的父亲是个盲人，而且愚昧，继母顽固凶恶，继母的儿子傲慢无礼。但舜却能与他们和睦相处，尽孝悌之道，把家治理得很好。尧听得高兴，说："对，我也听说过他的事情，那就考察一下，试试吧。"这次会议，确定舜作为帝位继承人，但需要仔细考察。

尧知道，禅让是大事，关系天下，绝不能轻率。于是，尧对舜进行了多方面的考察。

第一步，先把自己的两个女儿嫁给他，考察舜在家里的德行；又让自己的九个儿子，与舜住在一起，观察舜在外边的为人。这样，舜无论在家里，还是在外边，其言行举动，都在尧的掌握之中了。

从此，舜做事更加谨慎，并且充分显示其仁德才能。他在历山耕作，历山人就能相互推让地界；他在雷泽捕鱼，雷泽人就能礼让捕鱼位置；他在黄河岸边制作陶器，那里就没有次品。人们敬仰舜的德行，纷纷选择与他为邻，一年的时间，舜住的地方，就成为一个村庄，两年就形成城镇，三年就变成大都市了。

尧的两个女儿贤惠，恪守为妇之道，尧的九个儿子笃诚忠厚，他们都对舜有很大帮助。看到这些，尧很满意，赐给舜衣服、琴和牛羊。

第二步，尧让舜在明堂四门负责接待宾客，考察他为人处世的能力。结果四方和睦，远方来的宾客，都称赞舜彬彬有礼、处事得体。

第三步，尧让舜参与百官的事情，考察他的协调能力，结果百官的事情变得有条不紊。

第四步，尧让舜试任司徒之职，考察他的行政领导能力。舜谨慎地理顺父义、母慈、兄友、弟恭、子孝这五种伦理道德，人们都遵从不违，社会风气大变。

第五步，尧派舜只身一人，进入山野丛林和大川草泽，考察他应对恶劣环境的能力。结果，舜在这些险恶的地方，克服了暴风骤雨、迷路等困难，战胜了狼虫虎豹，最后安全而归。

这样，经过多年全方位的考察，舜交上一份合格的答卷，完全取得了尧的信任。于是，正月初一，尧在文祖庙郑重地把帝位禅让给了舜。

这时，尧已年老，就让舜代理天子之政事，借以考察他作为天子，是否符合天意。舜兢兢业业，先后到东方、西方、南方、北方巡视，向各部落首领讲述治民之道，并考察他们的业绩。舜还制定刑罚，推行道德教育。舜的政绩十分突出，老百姓纷纷赞扬。

舜代理政事八年，尧去世了。舜为尧服丧三年，服丧完毕，把帝位让给尧的儿子丹朱，自己躲到了南河的南岸。从舜这个举动来看，世袭已成为当时的习惯，丹朱如果不是不肖，他继承帝位是理所当然的。

可是，部落首领们都不去朝拜丹朱，而纷纷去朝拜舜；老百姓打官司也不去找丹朱，而是去找舜。在大家的拥戴下，舜回到京都，正式登上天子之位。

尧去世以后，老百姓悲伤哀痛，如同死了亲生父母一般，三年之内，四方之地没有人唱歌奏乐。老百姓之所以真诚怀念尧帝，除了他自身的功德以外，一个重要原因，就是他以天下为公的宽阔胸怀，把帝位禅让给了贤能之人，给天下百姓带来了幸福和安康。

# 舜是天下大孝第一人

　　舜，名字叫重华，是我国古代"五帝"之一。《史记》记载了舜一生的功绩，说他以孝出名，登帝位后推行道德教育，教化百姓，天下大治。笔者读《史记》，感受最深的，就是舜的孝。

　　孝，是中华传统第一美德，"百善孝为先"。过去，人们交朋友，首先看他是否孝敬父母，再决定是否与他交友。理由很简单，恩情莫大过父母，一个对父母不好的人，能对朋友好吗？

　　俗话说，"母慈子孝"，父母对子女慈爱，绝大多数人都能够孝顺，但父母对子女不仁，甚至想杀掉子女，子女还能孝吗？这就比较难了，而舜做到了，被称为大孝。

　　《史记》记载，舜的家庭十分不幸。他虽然出身于高贵的黄帝家族，但他出生之前，家庭就败落了，与平民差不多。舜曾经耕过田，捕过鱼，制作过陶器，还做过买卖，可见家境并不富裕。更为不幸的是，母亲早逝，舜失去了母爱。

　　舜的父亲叫瞽叟，是个盲人，不仅眼睛瞎，而且心肠坏，对舜很不好。后来瞽叟娶了后妻，后妻生了个儿子叫象，瞽叟喜欢后妻的儿子，对舜更看不顺眼了。舜的后妈脾气暴躁、十分凶恶。后妈的儿子长大以后，桀骜不驯、傲慢无礼。三个人合起伙来欺负舜，常常因为一点小事，就对舜连打带骂，甚至施以重罚。而舜总是逆来顺受，恪守孝道，对父亲、后妈及后妈之子，恭顺侍奉，小心谨慎，没有一点怠慢和怨言。

　　舜的谦让，并没有感化他们，他们反而变本加厉，使劲地虐待舜，甚至想把舜杀掉。舜佯装不知，而是运用智慧巧妙化解危机。他们想杀舜的时候，舜就机智地躲开，让他们找不到他；而每当他们有事需要舜的时候，舜又能及时出现在他们身边，精心侍奉他们，舜的处境真够难的。时间一长，人们都知道了舜的境遇，十分同情并且赞扬他，舜也因为孝顺而声名远扬。

所以，当尧让部落首领们推荐帝位继承人的时候，首领们都纷纷推荐舜，主要理由就是舜的大孝。对歹毒的父母、弟弟，都这样仁义，能对老百姓不好吗？大家都这样认为，所以推举舜继承帝位。这也算是舜因祸得福吧！

舜被确定为帝位继承人以后，对父母、弟弟依然恭敬孝悌，而他们依然看舜不顺眼，再加上嫉妒之心，更加欲置舜于死地而后快。有一次，瞽叟让舜到谷仓顶部去修补，谷仓很高，舜爬上去之后，他们却在底下放火，想把舜烧死。幸亏舜随身带了两个斗笠，火焰升起之时，舜手握斗笠，像飞鸟一样跳了下来，躲过一劫。

又有一次，瞽叟让舜挖井，挖到深处时，他们却在上面倒土填井，想把舜活埋。井填平了，他们以为这回舜死定了，得意扬扬，马上开始瓜分舜的财产。后妈的儿子象说："舜娶过来尧的两个女儿，还有尧赐给他的琴，我都要了，牛羊和谷仓就归父母吧。"

于是，象坐在舜的屋子里，弹着舜的琴，愉快地哼着歌。但是，他们做梦也没有想到，舜对他们的阴谋早有警惕，在挖井的时候，就在侧壁挖了一条暗道，通向外面，他们把井填平了，舜却从暗道里出来了。当舜出现在他们面前时，他们惊讶得差点连眼珠子都掉出来了，以为舜有天神相助，从此不敢再生邪念。而舜还像从前一样，侍奉父母、友爱兄弟，而且更加恭谨。舜正式登上帝位以后，仍然孝敬父母，还把象封为诸侯。

笔者读到这里，不禁产生疑问：舜已经是尧的女婿和帝位继承人了，瞽叟等人怎敢如此胆大妄为，加害于他呢？他们即便不怕舜，难道也不怕尧的女儿、儿子，不怕尧帝吗？可是，《史记》就是这样写的。

舜登帝位以后，根据他自己切身的经历和体验，理顺了伦理道德，并向天下广泛传布，教化万民，使得做父亲的有道义，做母亲的慈爱，做兄长的友善，做弟弟的恭谨，做儿子的孝顺，以至于家庭和睦，社会风气良好。《史记》高度评价舜，说："天下明德，皆自虞舜始。"

舜二十岁时因孝出名，三十岁时被尧举用，五十岁时代理天子政务，六十一岁时正式登临天子之位，在位三十九年。后来，舜到南方巡视，在苍梧的郊野逝世，葬在长江南岸的九嶷山，就是零陵。

# 禹开创农田建设之先河

　　大禹治水的故事，家喻户晓，《史记》详细记载了禹的事迹。从记载来看，大禹不仅治水，而且还治理山川，修整道路，开发农田，辟定九州方界，极大地促进了农耕文明。可以说，大禹是我国农田基本建设的鼻祖。

　　大禹，名叫文命，父亲是鲧，爷爷是颛顼帝。颛顼死后，没有把帝位传给儿子，而是传给了侄子帝喾。帝喾死后，则传给了自己的儿子尧。尧和鲧关系不好，当部落首领们推荐鲧治水的时候，尧不同意。首领们再三建议，说："比较起来，还没有人比他更合适。"尧这才勉强答应了。

　　据说，鲧是城郭的发明者，他在其部落居住的四周，筑起城墙，既能防野兽和入侵者，又能挡洪水，效果不错。所以，鲧负责治水以后，仍然采用老办法，到处筑坝堵水。可是，经验主义害了他。洪水太大了，怎么堵也堵不住，九年过去了，洪水仍然泛滥不息。当时，舜代理天子政事，他见鲧治水没有成效，白白浪费了大量人力物力，就把鲧流放到羽山，鲧就死在那里。舜又任用鲧的儿子禹，让他继续完成父亲的治水事业。

　　禹为父亲治水无功受罚而感到难过，但并无怨言，而是立下大志，誓绝水患。他把全部精力，都投入治水事业当中，新婚才四天，就离家赴任，在外奋斗十三年，三过家门而不入。他风餐露宿，不辞辛苦，或坐车、或乘船、或步行，足迹踏遍了高山大川。他接受了父亲的教训，又经过实地考察，改"堵"为"疏"，疏通江河汇入大海。经过十几年艰苦卓绝的努力，终于制服了洪水。

禹在治理水患的同时，还辟定了九州方界，命令部落首领和百官，组织人力分治九州。各州都开垦荒地，改造农田，改良土壤，并整修道路，疏浚田间沟渠，进行综合治理。农田整修好了，就把百姓迁来耕作，民众就安定了。他还考察了九州的土地物产，规定了各地的贡品赋税，国家也有钱了。这时，天下都尊奉禹为山川的神主，意思是能代山川之神发号施令的帝王。

《史记》说，禹辟定和治理九州，首先是从冀州开始的。冀州是当时的帝都，位于全国的中心。禹先完成了壶口的工程，又整治疏通了衡水、漳水、卫水，然后治理梁山，开发土地，进行耕作。

禹把济水和黄河之间，辟定为兖州；把大海到泰山之间，辟定为青州。主要治理了淮水、淄水，还建了一个大湖。海滨一带地域宽广，但是含碱，就对盐碱地进行了治理。这里不仅生产农产品，还生产海产品和畜牧产品。

禹把泰山到淮水之间，辟定为徐州；把淮水到大海之间，辟定为扬州；把荆山到衡山南面，辟定为荆州；把荆州和黄河之间，辟定为豫州。治理这些地方的江河，或被疏导入海，或被注入黄河，并在湖泊周围筑起堤坝。然后，开垦荒地，平整土地，整治后的土地松软肥沃。

禹把华山南麓到黑水之间，辟定为梁州；把黑水到黄河西岸之间，辟定为雍州。沱水、泾水、渭水疏通好了，岐山、终南山一直到鸟鼠山的道路也开通了，又治理好了高原和低洼的农田，人们可以在这里安心居住和耕作。

这样，所有的山川河流都整治好了，从此九州统一，百姓安居乐业。由于舜的儿子商均不成器，而禹做出了巨大贡献，有着崇高威望，舜就把帝位传给了禹。

舜去世以后，禹服丧三年，效仿舜的做法，把帝位让给舜的儿子商均，自己躲到阳城去了。部落首领们不去朝拜商均，而去朝拜禹，禹这才继承天子之位，称国号为夏。

禹年老的时候，推举皋陶为帝位继承人。皋陶有很高的威望，可惜死得早。禹又推举了益，并把国政授予他。禹到东方巡视，到达会稽，死在那里。

益服丧三年完毕，也效仿舜、禹的做法，把帝位让给禹的儿子夏启，自己到箕山之南去躲避。这时，戏剧性的一幕出现了：部落首领们并不去朝拜益，而纷纷去朝拜夏启，并且一边朝拜，一边深情地说："这是我们伟大君主禹帝的儿子啊！"

在部落首领们的拥戴下，夏启继承了天子之位。之所以出现这种情况，《史记》说得很清楚：一是益辅佐禹的时间不长，天下并不顺服他；二是夏启贤德，天下人心都归向于他。

夏启死后，由儿子太康继位，开始了"家天下"，中国进入奴隶制社会。夏朝是我国历史上第一个奴隶制王朝，存在了四百多年。

# 商汤"网开三面"得人心

对"网开一面"的成语，人们都很熟悉。相传，汉武帝在狩猎的时候，总是将大网留一面缺口，让一部分动物逃生。20世纪90年代，在西安市南张村出土了一块石碑，记载了这个故事。

碑文说"天有好生之德，人当效之，网开一面，不绝珍禽异兽"。"网开一面"，也就成了"宽大为怀"的代名词。然而，据《史记》记载，距汉武帝一千多年之前，商汤就搞过"网开三面"，那就更显得仁义慈爱了。

《史记》说，商汤的先祖叫契，是帝喾次妃简狄生的儿子。契协助大禹治水有功，被舜帝封在商地做诸侯，赐子姓。商族在舜禹时代兴起，逐渐旺盛。契往下传十四代，就是商汤。

商汤即位时，夏王朝已经经历了四百多年，逐渐衰落。特别是夏朝最后一个国君，名字叫桀，是历史上有名的暴君。他骄奢淫逸、宠用嬖臣、暴虐无德，致使人民怨声载道，夏朝的统治风雨飘摇。

商汤贤能有德，把商地治理得井井有条，人民安定富足，与夏王朝形成了鲜明对照。商汤胸怀大志，悄悄做着征讨夏桀、夺取天下的准备。

在那个时代，商汤就懂得"得民心者得天下"的道理。他宽厚慈爱，广施仁义，笼络人心。

《史记》记载了一个有趣的故事：有一天，商汤外出巡视，见一人正在张网狩猎。张网人把四面都布满了罗网，不留一点空隙，并且一边布网，一边祝祷："求上天保佑，让天上飞的、地下跑的，从东南西北四方来的，所有的飞禽走兽，都到我的网中来。"

商汤听了，心中不忍，就对张网人说："你怎么能这样做呢？这样会把飞禽走兽都捉光了，太残忍、太贪婪了。这样做，上天是不会保佑你的。"于是，商汤让人把罗网撤走三面，只留一面，对张网人说："你应该这样祷告，根据上天意旨，那些不该死的，可以往左边走，也可以往右边逃；只有命中注定有难的，才撞到我的网中来。"

商汤又教育张网人说："上天有好生之德，人应该有仁义之心，不能赶尽杀绝。"张网人感到惭愧，心悦诚服，马上按商汤说的去做了。

天下人听说了此事，都十分感慨地说："商汤真是仁义到极点了，他对禽兽都有仁爱之心，更别说我们民众了。"通过"网开三面"，商汤的仁德之名，传得越来越广了。

商汤不仅懂得"得民心者得天下"，也知道"得人才者得天下"。当时，有个贤才叫伊尹，是个做饭的厨师。商汤与他交谈后，发现他有大才，马上任用他管理国政。

商汤任用伊尹还有一个说法，伊尹是位隐士，有德才但不肯做官。商汤听说以后，就去聘请他，先后去了五次，伊尹受到感动，才答应前来归从，这比后来刘备的"三顾茅庐"还多两次呢。

《史记》对这两种说法，都记载下来，不管是哪种说法，总之是伊尹忠心耿耿，精心辅佐商汤，把国家治理得越来越好，最后，帮助商汤完成了灭夏立商大业。

商汤既得民心，又有人才，国势更加强盛。而夏桀却是更加残暴，民心尽失。老百姓愤怒地诅咒道："这个暴君什么时候消灭啊，我们宁愿和他一起灭亡。"商汤见时机成熟，就兴兵伐夏，天下百姓和诸侯都纷纷响应。

商汤率领大军与夏王朝进行决战。大战之前，商汤慷慨激昂地进行动员，说："我们不是兴兵作乱，而是夏桀不施仁政，残暴无道，上天不能容他。现在，我们奉上天之命去讨伐他，是正义之举。消灭了暴君，就彰显了仁德，天下就会太平，老百姓就能过上安稳日子。"

夏王朝的军队，早就腐败透顶，不堪一击，很快溃不成军，夏桀做了俘虏。商汤又起了仁义之心，不忍杀夏桀，把他流放到南巢的亭山。三年之后，夏桀忧愤病死在亭山。后来，商汤还封夏桀的后代为诸侯。

商汤灭夏以后，又陆续征服了一些诸侯国，统一了自夏朝末年以来纷乱的中原，扩大了疆域，开创了商朝近六百年的基业。商汤作为商朝第一代国君，以贤德仁义而名垂青史。

# 纣王暴虐无道失天下

商汤靠仁德，建立了商朝，这是我国历史上第二个奴隶制王朝，也是第一个有同时期文字记载的王朝。举世闻名的甲骨文，就诞生于商朝。商朝历经了十七代、三十一个王，最后一个是商纣王。形成鲜明对比的是，商汤仁德，得到人心，便得到了天下；而纣王暴虐，失去人心，便失去了天下。

《史记》记载，在商王朝近六百年的统治中，波澜起伏，几经兴衰，既有连续九代的混乱，也有盘庚、武丁的中兴，令人感慨不已。其中，有几件著名的事情，值得一说。

一是太甲悔过。太甲是商汤的孙子，即位后昏乱暴虐，伊尹多次规劝无效，就把他流放到商汤葬地桐宫。太甲在爷爷墓前思过三年，领悟到先辈创业之艰难，终于改过自新。伊尹见他确已悔改，便接他回来，重登王位。从此以后，太甲修养道德，成为贤君。作为国君，能够弃恶从善，实属不易，在历史上也不多见。同时表明，伊尹的确是忠心耿耿，商汤没有看错人。

二是盘庚迁都。商朝中期，商王盘庚把国都迁到殷地，这是商朝的大事件。在此之前，商都几经搬迁，没有固定的地方。盘庚迁都以后，把国都安定下来，人们安居乐业，商朝再次兴盛。所以，商朝也叫殷朝，或叫殷商。

三是武丁用贤。商王武丁知道傅说贤能，但傅说是奴隶，不便直接重用。武丁便假说梦中得一贤才，描绘了画像，让大臣们去找，自然找到了傅说。傅说当时正在服劳役，武丁把他接来，任他为国相，国势兴旺起来。

四是武乙射天。商朝末期，国势衰落。商王武乙暴虐，无法无天。他制作了一个木偶人，称之为天神，跟它下棋赌输赢，让别人替它下，如果天神输了，就侮辱它。别人哪敢赢武乙啊，所以天神常常受到侮辱。武乙又制作了一个皮革袋子，里面装上血，仰天射它，说是"射天"。这表明，他连老天爷都不怕，真是狂妄到了极点！在一个雷雨天，武乙被雷劈死了，老天爷似乎还是长眼的。武乙的玄孙，比他更加暴虐，他就是商纣王。

　　商纣王，名字叫辛。纣，是他死后人们给他的谥号。纣的意思是残义损善，相当不好。商纣王天资聪颖，聪慧过人，口才很好，而且力气很大，奔跑迅速，能徒手与猛兽格斗。因此，他自认为天下无人能及，经常在大臣面前夸耀，到处抬高自己，从不接受劝谏。

　　纣王喜欢饮酒作乐，喜欢漂亮女人，特别宠爱妲己，一切都听妲己的。他建造了高大的鹿台，修建了豪华的园林。在园林里，他把池子里灌满酒，在树枝上挂满肉，让男女赤身裸体，追逐嬉闹，饮酒寻欢，通宵达旦。钱不够用了，纣王就加重赋税，百姓们叫苦不迭。

　　纣王不仅荒淫无度，而且生性残忍。他听说老百姓有意见，就加重刑罚，发明了一种名叫炮烙的酷刑。点燃一堆炭火，炭火中立一铜柱，铜柱上涂满油，让人抱着铜柱往上爬，爬不动了，就掉在炭火里，被烧得皮焦肉烂。谁要是对他有意见，他就对谁实施炮烙。如此残暴，老百姓都愤恨不已。

　　纣王不仅对百姓，对大臣也是同样的惨无人道。当时，商朝最高的官职是三公，分别由九侯、鄂侯、姬昌担任。九侯有个漂亮女儿，是纣王的妃子，她因为不喜淫荡，就被纣王杀了。九侯见女儿无故被杀，自然悲愤，怒斥纣王，纣王因此把他凌迟处死，剁成肉酱。鄂侯耿直，极力为九侯辩护，也被杀了，制成肉干。

　　姬昌闻知此事，心中悲痛，便叹了一口气，不想被佞臣崇侯虎听见了，报告给纣王，纣王就把姬昌囚禁起来。姬昌的僚臣找来美女，献给纣王，纣王才释放了他，把他赶回周地去了。

　　面对纣王的暴行，也有正直的大臣规劝他，说行事不能违背上天的意愿。纣王却满不在乎地说："我生下来做国君，就是上天的意愿，上天能拿我怎么样啊?"纣王没有丝毫悔改,依然我行我素,而且变本加厉,真像他的高祖武乙。

纣王不仅对百姓和大臣残暴,甚至对皇亲国戚也毫不留情。微子是纣王的哥哥,多次劝谏,纣王不听。微子心中郁闷,打算一死了之。太师劝他说:"纣王上不畏天,下不畏民,已经无药可救了。您死了没有任何意义,不如远走他乡。"于是,微子离开了殷朝。

箕子是纣王的叔父,纣王不听他的谏言,反而要将他治罪。箕子只好披头散发,假装疯癫,做了奴隶。即便这样,纣王仍然没有放过他,将他下到狱中。

比干也是纣王的叔父,见纣王如此胡作非为,痛心疾首,决心以死相谏。纣王大怒,说:"人们都说你是圣贤,我听说,圣贤的心有七个窍,不知道是不是真的?"于是,残忍地命人剖开比干的胸膛,挖出他的心脏。

后来,孔子评价说:"微子去之,箕子为之奴,比干谏而死,殷有三仁焉。"

商纣王除了暴虐无道以外,还不断对外用兵,扩张领土,国土扩大到东部沿海一带,致使国库空虚,百姓生活更加艰难。纣王还重用奸佞小人,喜欢诡谀之言,由崇侯虎、费仲等小人把持朝政,以致朝纲败坏,百官怨恨,诸侯离心离德。

与此同时,姬昌则在周地修养德行,广施仁义,尽得人心,诸侯都来归服。姬昌死后,儿子周武王继承父业,励精图治,周族更加强盛。时机成熟以后,周武王率军东征,讨伐商纣王。诸侯纷纷背叛殷商,加入武王阵营的有八百多个。

周武王率领诸侯联军,一路攻关夺隘,势如破竹,很快到达离都城不远的牧野。商纣王闻讯大惊,匆忙派禁卫军前去御敌。禁卫军人数少,就把俘虏和奴隶拼凑成军队,开赴牧野前线。讨纣联军同仇敌忾,士气高涨,而由俘虏和奴隶组成的纣王军队,毫无斗志,甚至临阵倒戈,商纣王的军队很快就溃败了。

周武王率军攻入都城,纣王见大势已去,仓皇逃进内城,登上鹿台,穿上宝衣,跳到火里,自焚而死。周武王赶到,砍下他的头,挂在大白旗杆上示众。周武王释放了箕子，修缮了比干的坟墓，同时把微子封在宋国，来延续殷的后代。

商朝由于人心丧失，就这样灭亡了，商汤靠仁德开创的王朝被葬送，天下归周朝所有。

# 太王开创周朝兴盛事业

提起周朝,人们比较熟悉的是周文王和周武王,他们建立了历史上有名的周王朝。然而,《史记》记载,奠定周朝基业、开创周朝兴盛事业的,是古公亶父。古公亶父是周文王的爷爷,周朝建立以后,他被尊奉为太王。

周族的始祖叫弃,是帝喾的儿子。弃自小聪慧,长大以后喜欢耕田种谷,对什么样的土地适宜种什么植物很有研究。这在那个时代,可算得上是高新技术了。尧知道以后,任命弃担任了管农业的官,教给民众种庄稼。弃十分敬业,做出了很大功绩,天下都得到他的好处。到舜帝时,就把弃封到邰这个地方做诸侯,以官为号,称后稷,并以姬为姓。

后稷死后,他的后代迁徙到戎狄地区,在那里建立了国都。传到第十二代时,古公亶父即位。他继承了周祖遗风,致力于农耕生产。春天,他和妻子亲自下地耕作;夏天,他与青壮年一起,加固堤坝,疏浚河道,抵御暴雨洪水;秋天,他带领大家收割、打场、贮藏粮食;冬天,他冒着大雪,走家串户,访问疾苦。由于古公亶父积累德行、普施仁义,深受民众爱戴。

看到周族富裕,周围的戎狄部落就来索要财物。古公亶父十分大度,每次都给他们很多东西,希望能够和睦相处。不料,戎狄不讲道义,得寸进尺,竟想夺取土地和人口。民众对戎狄的侵扰早就不满,现在更加气愤,纷纷要求与他们拼命。

古公亶父知道,只要战端一开,必将生灵涂炭。他叹口气说:"我做君主,是为了给大家谋利益。打仗,就会牺牲民众的父子兄弟,我实在不忍心。这个地方也不利于我们发展，不如让给他们吧。"

于是，古公亶父带领部落民众，渡过漆水、沮水，来到岐山山脚下居住。附近的部落，听说古公亶父仁德，纷纷前来投靠。古公亶父热情欢迎，一视同仁。周族的民众越来越多，古公亶父就把民众分成邑落，让他们定居下来，又设立官职，办理各种事务，帮助民众开垦土地，民众都能够安居乐业。

古公亶父迁移，在周的历史上是个大事件，也是明智之举，从此开创了周朝的兴盛事业。周族东迁的好处日渐显露出来。一是从原来的戎狄包围圈里脱身而出，获得了一个稳定有利的生存环境；二是岐山脚下地势平坦，土地肥沃，适于耕作，这有利于发挥周族的优势，使周族的经济日益繁荣；三是原来居住此地的姜姓部落，与周同宗，关系友好，姬姜两族长期通婚，形成了强大势力。

在这样一个有利环境下，古公亶父的领导才能得到充分发挥。他一方面致力于发展经济，开垦荒地，兴修水利，鼓励农耕，增强国力；另一方面注重加强其统治地位，改革戎狄风俗，充实健全行政机构，有效调整周围各社会阶层的关系，采取了一些创建国家文明的措施。

经过多年治理，周族兴旺发达起来，"民皆歌乐之，颂其德"。因地处周原，所以，姬姓从此被称为周人，"定国号为周，粗具国家雏形"。古公亶父使周族逐渐强盛起来，奠定了周人灭商的坚实基础。

古公亶父对周族的另一个重大贡献，是他选定了最好的继承人。古公亶父有三个儿子，长子叫太伯，次子叫虞仲，小儿子叫季历。三个儿子都很贤能，相比之下，季历更出色一些。特别是，季历生了一个绝顶聪明的儿子，叫姬昌，就是后来的周文王。

古公亶父逐渐年老，需要考虑死后由谁接班的问题了。古公亶父在三个儿子中间，挑来选去，思虑再三，觉得还是季历继位，更有利于周族长远发展。但是，他又觉得对不起那两个儿子，毕竟手心手背都是肉。古公亶父犹豫难定，陷入痛苦的抉择之中。

太伯和虞仲，十分理解父亲的心情，怎么能让三弟继位呢？哥俩一商量，干脆跑吧，于是，哥俩一起跑到了南方荆蛮之地。古公亶父明白俩儿子的用意，心中酸楚，马上派人去找。太伯和虞仲就按当地习俗，剪掉头发，身刺花纹，把自己变成蛮夷人，以示让位的决心。古公亶父听说以后，两行热泪缓缓流下，感叹说："真是我的好儿子啊！"

后来，太伯和虞仲，在南方创立了吴国，大名鼎鼎的阖闾、夫差，就是他们的后代。

古公亶父逝世以后，小儿子季历继位，后来就是姬昌继位。姬昌在位五十年，周族的实力愈加强大，终于在他儿子周武王手里，完成了灭商建周大业。

公元前1046年，周王朝建立。周武王尊奉姬昌为文王，尊奉曾祖父古公亶父为太王。

周武王也没有忘记太伯和虞仲，专门派人到南方寻找他们的后人，封他们的后人为诸侯。

# 周朝出现罕见的共和制

在中国几千年封建社会里，一直实行君主制，但在周朝历史上，却出现过罕见的共和制。共和制，是指国家不是由世袭的君主管理，而是由其他人来共同管理国家。古代最著名的共和制，是公元前509年建立的罗马共和国。

然而，在近三千年以前，周朝就出现过"共和"。当时，国君被赶走，由几个大臣共同管理朝政。《史记》说："厉王出奔于彘，召公、周公二相行政，号曰'共和'。"当然，这个"共和"，不是现在意义上的共和国体制。

《史记》记载，周朝建立以后，实行分封建国制度。周武王怀念古代圣王，首先分封他们的后代，封神农氏的后代于焦国，封黄帝的后代于祝国，封尧的后代于蓟国，封舜的后代于陈国，封禹的后代于杞国。然后，再分封有功之臣和周氏族人。第一个受封的，是姜尚，被封在营丘，国号为齐。

《史记》说，周武王和周成王时期，封侯封伯的达一千多人。也有史料说，分封的诸侯国有八百多个，还有的说是七十多个。不管多少，总之是数量很多。周王朝分给他们大小不一的土地，让他们带领族人，去封地建立诸侯国。这样分封建国，就是我们常说的"封建"一词的来源。

周武王死后，儿子周成王继位。成王年幼，武王的弟弟周公，代理成王管理政务。武王的另外两个弟弟，怀疑周公篡位，就联合纣王之子武庚发动叛乱，结果被周公平定。周公代行国政七年，等成王长大成人以后，就把政权交还给他，这就是著名的"周公辅成王"

的故事。

周成王的一大功绩，是修建了东都洛阳。周朝国都镐京有点偏西，不利于控制天下。周武王的时候，就想在洛阳建一陪都，没有来得及。周成王遵从武王遗愿，经过反复测量和勘察地形，又进行占卜，最终将洛阳城修建成功。周成王把九鼎安放在洛阳，说："这里是天下的中心，四方进贡的路程都一样。"他没有想到，修建洛阳，却为以后周平王东迁，开启东周历史提供了便利。

到了成王孙子周昭王时期，王道开始衰落。昭王喜欢游玩，穷奢极欲。有一次，他到南方楚地游玩，当地人憎恶他，送给他一艘用胶黏合的船，昭王坐船到了江中，胶经水浸泡化开，船散了架，昭王被淹死了。

此事一直没有查出结果，后来，齐桓公当霸主的时候，还追问楚王这件事。楚王回答："这事已经过去很多年了，我们都不知道，可能水神知道，你去问水神吧。"周昭王的儿子周穆王，即位时已经五十岁了，他阅历丰富，经过一番努力，周朝才得以安定。

又过了若干代，到了周厉王时期，周王朝又衰败了。周厉王特别贪财好利，恨不得把天下财富，都据为己有。大臣劝谏说："财利，是从各种事物中产生出来的，是天地自然拥有的。天地间的万物，谁都应该得到一份，要想独占它，就会触怒很多人，必然会带来危害。普通人独占财利，尚且被人称为强盗；您如果也这么做，那就没人归服您了。"周厉王不听，仍然大肆敛财，搞得民怨沸腾。

周厉王不仅贪财，而且暴虐无道。他听说老百姓都公开议论他的过失，很是恼怒，就安排一些人，遍布大街小巷，发现谁发议论，就立刻杀掉。在高压政策之下，老百姓谁也不敢开口说话了，路上遇见熟人，也只是互递眼色示意。

周厉王见没人议论他了，十分高兴，对召公说："这个办法真不错，没有人敢说三道四了。"召公却忧虑地说："您只是堵住了人们的嘴巴，但老百姓心里不服，怨气积累多了，危害可就大了。这就像堵住河水一样，水蓄积多了，一旦决口，会造成大的危害。所以，治水的人，一定要让河流通畅；治理民众，也一定要让他们讲话。民众把话说出来，我们做的事情是好是坏，就能知道，好的就坚持，坏的就改正。现在，您把他们的嘴巴堵住了，国家可就危险了。"召公说得合情合理，可周厉王就是不听。

老百姓心中的怨气越积越大，终于，在公元前841年，周朝爆发了著名的"国人暴动"。这一年，也是中国历史有确切纪年的开始。由于不满周厉王的暴政，镐京的百姓自动聚集在一起，手持棍棒、农具，围攻王宫，要杀死周厉王。

周厉王急忙下令，想调集军队镇压。大臣们说："我们周朝，实行的是寓兵于民，民众就是兵。现在，民众都暴动了，还能调集谁呢？"周厉王傻了眼，没有办法，只好逃跑了，一口气跑到几百里地以外的彘，躲在那里不敢回来。

暴动的人没有找到周厉王，就去找周厉王的儿子。周厉王的太子，匆忙躲到召公家里。人们听说后，包围了召公家。召公没有办法，就把自己的儿子交出来，冒充太子，用自己儿子的命，换了太子的命。

在大臣周公、召公的劝解下，人们平息了一些怨恨，便散去了。此时，周厉王不敢回来，太子不敢露面，国事怎么办？周室贵族们就推举周公、召公管理政事，重要政务由六卿合议。这种体制，称为共和，史称"周召共和"或"共和行政"。

此时的周公、召公，不是辅佐周成王的那两个人，而是他们的后代，也叫周公、召公。"周召共和"过了十几年，周厉王死了，老百姓的怨恨也消散得差不多了，周、召二公就扶持太子即位，就是周宣王。

周宣王接受了父亲的教训，修明政事，师法文王、武王遗风。但是，"国人暴动"动摇了周王朝的统治，加剧了贵族与平民之间的矛盾，导致周室日趋衰弱，再也无法实现中兴了。

周宣王死后，儿子周幽王继位。周幽王荒淫昏聩，周室情况更是每况愈下。周幽王搞了一出"烽火戏诸侯"的闹剧，直接造成了周王室溃散，西周灭亡。

# 褒姒被诬蔑是龙涎变的

"烽火戏诸侯"的故事,大概路人皆知。说的是西周末年,周幽王昏聩,为了博取美人褒姒一笑,竟然点燃烽火,戏弄诸侯。那烽火是报警用的,非同小可。后来,敌人真的来犯,烽火燃起后,诸侯再也不来了,结果幽王被杀,西周灭亡。

公元前771年,周幽王的儿子周平王继位后,为了躲避戎狄,把国都由镐京迁到洛阳,开始了东周的历史。

有些人把西周灭亡,归罪于褒姒。《诗经》中就有这样的诗句:"燎之方扬,宁或灭之?赫赫宗周,褒姒灭之!"他们的逻辑是:周幽王如果不是为了取悦褒姒,就不会点燃烽火,没有"烽火戏诸侯",西周就不会灭亡,真是荒谬至极。

那么,褒姒是什么来历,她为什么要把宗周灭之?对此,《史记》有详细记载。记载说,早在夏王朝时期,有一天,两条龙忽然降落到王宫里,说:"我们是褒国的两个先君。"王宫上下十分惊恐,不知道是应该留住它们,还是赶走它们,或者杀掉它们。

夏王只好请巫师进行占卜。那个年代,干什么事情都要占卜,以问吉凶。巫师占卜了好几次,结果显示:留住、赶走、杀掉它们,都不吉利,最后占卜说,请它们走,但留下它们的龙涎,就是唾液,才吉利。于是,夏王摆好币帛祭物,书写简策,向二龙祷告。结果,两条龙瞬间消失了,只留下一堆唾液。夏王命人拿来木匣子,把龙涎收藏起来。夏朝灭亡以后,这个木匣子传给商朝。商朝灭亡以后,又传给周朝。几百年以来,无人敢把木匣子打开。

到了周厉王的时候,厉王好奇,而且胆肥,命人打开匣子,想看看里边究竟是什么东西。结果，木匣子一打开，龙涎就流了出来，满地都是，怎么弄也清除不掉。周厉王出了一个邪招，命令一群宫女，光着屁股，对着龙涎大声吼叫。那龙涎，忽然变成一只黑色的大蜥蜴，慢慢爬进了厉王的后宫，众人皆不敢拦。

后宫有一个小宫女，才六七岁，牙齿还没长全，恰巧碰上了那只大蜥蜴。奇怪的是，那个小宫女，后来竟然怀孕了。没有丈夫，却生了孩子，小宫女十分害怕，就把孩子扔在路旁。恰好褒国有一对卖弓箭的夫妻，从此地经过，见一女婴啼哭，很是可怜，就抱回家中养大，那女婴就是褒姒。到了周厉王的孙子周幽王时期，褒姒已经长成一个远近闻名的大美人了。

后来，褒国国君得罪了周幽王，被抓了起来。褒国的大臣知道幽王好色，就花钱买来褒姒，献给幽王。幽王一见褒姒，眼睛都直了，立马赦免了褒国国君。周幽王对褒姒十分宠爱，褒姒生下儿子伯服以后，幽王竟然连王后和太子一起废了，让褒姒当王后，立伯服为太子。

褒姒美貌绝伦，幽王喜欢得不得了，但有一点令他遗憾，就是褒姒是个冷面美人，整天沉默不语，更没有笑容。想想也是，褒姒从小就是弃婴，长大以后又被卖掉，身世可怜，心情郁闷，哪里笑得出来啊？幽王千方百计想博美人一笑，用了很多办法都不管用，最后，竟然搞出了"烽火戏诸侯"的闹剧，导致身死国灭。

关于褒姒身世的传说，最早见于《国语》，《史记》记载了这个传说。这个传说显然是荒诞的，目的是为了抹黑褒姒。古代有些人，喜欢把一个王朝的覆灭，归罪于女人，夏有妹喜，商有妲己，周朝就有褒姒。

但褒姒与妲己等人不同，她入宫后从不干政，也没做过什么坏事，就连"烽火戏诸侯"，都不是她提出来的，甚至她压根儿就没有想到过这个馊主意，把西周灭亡，归罪于褒姒，实在说不过去。所以，只好把她妖魔化了，想用这种办法，让人们厌恶她。后世的《封神演义》，可能借鉴了这一点，把妲己也说成是狐狸精变的。

过去，有一种十分愚昧荒唐的观念，叫作"红颜祸水"，认为越是漂亮的女人，越会带来灾祸。这实在是荒谬。《史记》记载了褒姒的这个传说，应该是它的瑕疵和糟粕。

至于"烽火戏诸侯"是不是真的，历来有不同的看法。有的学者考究说，烽火台是西汉以后才有的，距离西周几百年呢。如果这个观点成立的话，不仅褒姒身世的传说是荒谬的，就连"烽火戏诸侯"这样有名的历史事件，也是虚假的。

# 郑国射出对抗周王第一箭

西周灭亡以后，历史进入了东周时期。东周的前半段叫春秋，后半段叫战国。在这一时期，周王室日益衰落，所以，周天子的日子很不好过，就连小小的郑国，也敢欺负他。

郑国，虽然是个小国，但在春秋初期，力量却是挺强的，甚至齐国遭到北狄入侵时，都向郑国求救。特别是，郑国敢于第一个用武力对抗周天子，还差点杀了他，更是让郑国出了大名。

《史记》记载，郑国第一任国君，是郑桓公。郑桓公是周厉王的儿子、周宣王的弟弟。郑桓公的封地，最早在镐京附近，他没有去封地，而是在周室做官，到周幽王时，担任了司徒。

郑桓公辅佐周王，小心谨慎，口碑很好。当时，周幽王昏庸，王室日衰。郑桓公忧心忡忡，想给家族寻条后路。他询问太史公说："王室灾难深重，恐怕难以长久，我想带领家族离开镐京一带。您看，是往西、往南走好，还是往东走好啊？"

太史公沉思一会儿说："西方是戎狄之地，南方楚国强大，只有去洛水东、黄河南居住，才比较合适。那里的邻国，是虢国和郐国，这两个国家，君主懦弱，百姓又不顺从。您现在既掌大权，又有好名声，如果到那一带去，两个国君一定欢迎，老百姓也会拥护，以后那一带，就会成为您的地盘了。"

太史公一席话，说得郑桓公豁然开朗。于是，他急忙奏请幽王，把他的部族，迁到了洛水东部。果然，虢国、郐国的国君很高兴，主动献出了十座城邑。郑桓公在这里建立郑国后，仍然在周室辅政。

后来，周幽王在骊山被杀，郑桓公也战死了。郑人拥立桓公的儿子继位，就是郑武公。武公死后，传位于长子郑庄公。武公和庄公，都继承了桓公事业，除了管理自己的地盘，还先后在周室辅佐周王。

周室自周平王东迁以后，逐渐衰落。一是因为周平王的外祖父申侯，勾结犬戎，攻入镐京，杀死周幽王，拥立平王，使周平王有弑父之嫌，威望下降，丢掉了道德高地；二是因为各诸侯国势力逐渐强大，地广人多，而周天子只在洛阳周围，有一小块地盘，方圆不过一二百里，失去了势力支撑。各诸侯虽然在表面上，仍然尊奉周王为天下共主，但在心里，却并不拿他当作一回事。

在郑庄公辅佐期间，周平王怕他专权，分了一部分权力，让虢公执掌，这惹恼了庄公。郑庄公一气之下，派出自己的军队和民众，跑到周室田地里，把即将成熟的庄稼收割一空，并从此不再朝拜周天子。周平王眼看着郑国人车载马驮，把粮食都运回了郑国，干瞪眼，没办法。

过了几年，周平王去世，把王位传给孙子周桓王。郑庄公想借新王登基的机会，缓和一下关系，主动前去朝拜周桓王。可没有想到，周桓王气量狭小，对几年前郑国抢粮之事，仍然耿耿于怀，对庄公傲慢无礼，让庄公丢了脸面。郑庄公可不是省油的灯，回来以后，就变着法地报复周室，从此摩擦不断，矛盾加剧。

周桓王年轻气盛，觉得天子权威受到挑战，是可忍孰不可忍，于是命令各诸侯国，一起去讨伐郑国。可惜，大的诸侯国都没来，只来了陈、蔡、虢、卫四国。周桓王更加恼怒，亲自率领四国军队向郑国进攻。郑国毫不示弱，派大臣祭仲、高渠弥率兵迎敌，郑庄公亲自督战。

周桓王带领的四国军队，人心不齐，不是郑国对手，双方刚一交战，四国军队就败下阵来，士兵纷纷溃逃。周桓王见状，怒火中烧，驾战车向前，大声呵斥，企图阻止溃兵。郑国大将祝聃看得真切，搭弓射箭，"嗖"的一声，正中周桓王肩膀。桓王摇晃一下，差点摔下马来，胸中那股英雄气荡然无存，慌忙调转战车而逃。

祝聃见射中了，十分高兴，想驾战车追击。郑庄公急忙拦住他，说："侵犯长者，尚且要受到谴责，何况欺辱天子呢。"于是鸣金收兵，放了周桓王一马。

郑国大胜，郑庄公心中却有点忐忑。这毕竟是中原诸侯第一次用武力抗拒周天子，而且还射伤了他，真是冒天下之大不韪。郑庄公思虑再三，决定派大臣祭仲，连夜去周室探望，询问桓王伤情，说了一些安慰话。周桓王也无可奈何，只好不了了之了。

郑国这一箭，可非同小可，不仅射伤了周王的肩膀，更重要的是，射掉了周天子的地位和尊严。这一年，是公元前 707 年。

从此以后，各个诸侯国，更是不把周天子放在眼里了，诸侯之间，开始了竞相争霸的精彩大戏。

# 天下第一偏心眼母亲

郑国虽小，稀奇事却不少。郑国夫人对小儿子偏心眼，就十分出名。一般来说，父母对自己的儿女，都是一样的疼爱，即便有时有点偏心眼，也不会偏得太远。然而，郑庄公的母亲，偏心眼的程度就太离谱、太过分了。

《史记》记载，郑庄公的母亲叫武姜，是申侯的女儿。武姜从小娇生惯养，唯我独尊，不能吃一点亏，不能受一点委屈，而且非常任性，做事不考虑后果。

武姜生第一个儿子的时候，遇到难产，腿先出来，痛得她死去活来。所以，她对这个儿子十分厌恶，一点也不喜欢，还特意给他取了一个难听的名字，叫寤生，就是逆着生的意思。后来，武姜又生了一个儿子，很顺利，几乎没有疼痛，武姜就特别喜欢，十分宠爱，给他取名叫共叔段。

武姜经常在丈夫面前，说大儿子的坏话，极力夸奖小儿子，并要求废了大儿子，改立小儿子为太子。幸亏郑武公明智，没有答应，武公死后，依然由大儿子继位，就是郑庄公。

按理说，事已至此，木已成舟，应该消停了吧，可武姜偏不。郑庄公刚一即位，武姜就来给小儿子争利益，要求把制地封给他。制这个地方，是个战略要地，地势险峻，关系郑国安危，郑庄公不答应。武姜又要求把共叔段封在京城。京城这个地方，也很重要，人多地广，甚至比国都还大，郑庄公有些犹豫。武姜不耐烦了，黑着脸一顿训斥。庄公没办法，只好答应了。于是，共叔段高高兴兴地到京城去了。

按理说，武姜的要求达到了，总该消停了吧，可武姜偏不。共叔段临走时，武姜拉着小儿子的手，悄悄说："你到京城以后，招兵买马，积聚力量，时机成熟，你就带兵攻入都城，我做内应，把寤生扳倒，你来做国君。"

小儿子见母亲如此为自己撑腰，依仗母亲能当上国君，心头一阵狂喜，连声答应。共叔段到了京城以后，整治城郭，储蓄粮草，补充武器，扩大军队，准备攻打国都，与母亲联手，推翻郑庄公。

对共叔段和武姜的阴谋，大臣们看在眼里，急在心里。祭仲等大臣，多次向郑庄公建议，赶紧采取措施，防止共叔段叛乱。郑庄公是个城府很深的人，他一面对大臣说，母亲袒护弟弟，他没有办法；一面暗地里调兵遣将，做好防范准备。

不久，共叔段果然举兵造反。郑庄公早有防备，派出精锐部队迎战共叔段。共叔段作乱不得人心，郑国的军队又训练有素，共叔段的人马不堪一击，很快就被消灭了。

共叔段逃回京城，郑国的军队追了过去，京城的百姓早就不满共叔段的倒行逆施，打开城门欢迎郑军。共叔段无奈，逃到了鄢城，郑国军队接着攻下鄢城。共叔段就像丧家犬一样，又逃亡到共国去了。最后结局怎么样，《史记》没有说，估计没有好下场。

郑庄公对母亲的所作所为，十分恼恨，都是亲生儿子，为什么这样偏心眼啊！一气之下，郑庄公把武姜赶出国都，迁徙到颍城，并发誓："不到黄泉，不相见。"郑庄公这样对待母亲，也引起了一些议论，毕竟是亲生母亲啊！

郑庄公是个爱面子的人，听到非议，有些后悔，但已经立下誓言了，怎么办好呢？这时，有个叫颍考叔的人献出计策，说："挖个地洞，见到泉水，母子就可以相见了。"于是，郑庄公按计而行，见到了母亲。

武姜费尽心机，害了小儿子，伤了大儿子的心，遭到天下人耻笑。后来，孔子对此事有过评价，嘲笑他们说，母亲不像母亲，儿子不像儿子，兄弟不像兄弟。后世有不少人，也常拿此事作为笑柄。

# 荒唐卫懿公也有英雄气

卫懿公，就是人们熟悉的喜欢养鹤的那个人，是春秋初期卫国的一个荒唐君主。《史记》说他："好鹤，淫乐奢靡。"他死后，却被谥号为"懿"。懿是美好的意思，只有仁德的君主，才能与之相称。荒唐的卫懿公，怎么会有如此美称呢？原来，卫懿公生前荒淫逸乐，死得却是英勇悲壮、轰轰烈烈，所以人们给了他一个好听的谥号。

卫懿公的荒唐，是有遗传基因的。《史记》说，卫懿公的爷爷卫宣公就十分荒唐。他先是娶了父亲的妃子，生下儿子伋，并立为太子。后来，伋与齐国美女定亲，还没拜堂，被宣公撞见，宣公见齐女漂亮，就自己笑纳了。上下两代的女人都要，这在历史上也不多见。

齐女生了两个儿子，两个儿子截然不同，长子寿仁厚，次子朔邪恶。朔经常在父亲面前，诬陷太子伋。卫宣公夺了伋的媳妇，不仅不感到羞愧，反而厌恶伋，想把他除掉。

有一天，卫宣公派伋出使齐国，暗地里却派大盗半路截杀。寿知道了此事，急忙告诉伋，劝他快逃。伋眼见心上人被父亲夺去，现在父亲又要杀他，悲痛欲绝，万念俱灰，一心求死，不肯逃跑。寿没有办法，就以送行为由，把伋灌醉，拿了使节，想替伋去死。

伋酒醒以后，不见使节，顿时明白了，慌忙追赶。伋赶到时，寿刚刚被大盗杀死。伋抱着寿的尸体大哭，说："你们杀错了，我才是你们要杀的人。"大盗把伋也杀害了。消息传开，老百姓无不为两位仁义公子流泪悲哀，只有朔心中暗喜。卫宣公死后，朔如愿以偿当上国君。他死后，又传位给儿子卫懿公。

卫懿公生于王侯之家，生活安逸，不理政务，不知民间疾苦，只知道享乐奢靡。懿公有一个特别的嗜好，就是非常喜欢养鹤。鹤那洁白的羽毛、修长的脖子、亭亭而立的身姿、翩翩起舞的动作，都令他喜不自胜，有时学着鹤的样子，高兴得手舞足蹈。

喜欢养宠物，本来无可厚非，但懿公做得太过分了。他养鹤不是三只五只，而是成百上千只。他按品质、体姿，将鹤封为不同的官阶，享受俸禄。他还把鹤称作"将军"，让鹤乘坐华丽车辆，招摇过市。老百姓本来就对懿公的爷爷、父亲做的事情不齿，如今见他荒唐，就更加不满了。

卫懿公好鹤荒政、人心离散的消息传到北狄，北狄王大喜，亲率两万骑兵杀奔而来。懿公闻讯大惊，急忙召集群臣商议，大臣们面面相觑，拿不出主意。懿公紧急征调军队，将士讥笑说："鹤将军英勇无敌，可以抵御北狄人。"懿公想动员老百姓参战，百姓却说："那些鹤吃的比我们好，我们都填不饱肚子，哪有力气打仗啊。"卫懿公这才意识到养鹤的严重后果，决定痛改前非。他下令驱散鹤群，公开承认错误，向民众道歉，并表示自己要亲自上战场杀敌。

卫懿公好不容易组织起一支军队，亲自率军前去迎敌。临行前，卫懿公在自己的战车上，插上带有君主标志的旗帜，将国事托付给两个大臣，把绣衣送给夫人做纪念，自己就打算以身殉国了。在大敌当前，卫懿公没有退缩，没有逃走，更没有投降，而是选择战死沙场。这般英雄气概，还是可以称道的。

北狄是游牧民族，马快人凶，骁勇善战。卫国军队缺乏训练，装备不良，人心不齐。北狄骑兵排山倒海般冲杀过来，卫国军队抵挡不住，纷纷溃散逃命。

懿公卫队见情况紧急，对懿公说："赶快扯下旗帜，撤退吧。"懿公大声喝道："作为国君，不能保国安民，唯有一死而已。"在乱军中，卫懿公战车上的旗帜十分显眼。北狄骑兵知道是卫国国君，纷纷涌来，将战车团团围住。

北狄人喝令懿公投降，懿公毫不理会，奋力死战。不一会儿，卫队死伤殆尽，只剩下懿公一人。北狄骑兵跳下马来，高举刀枪，渐渐逼近。卫懿公怒目圆睁，头发竖立，面色赤红，誓死不降。北狄人被激怒了，一声号叫，刀剑齐下，可怜的卫懿公，顿时被剁成一堆肉泥。北狄人还不解气，竟然把他的肉"分而食之"。

战斗结束以后，卫国大臣弘滨，去寻找懿公尸体，只见除了一堆骨头，就剩下一个肝脏了。弘滨大哭，声泪俱下，说："请让臣下做您的棺材吧。"说完，横刀一拉，剖开肚子，先把自己的内脏掏出来，再把懿公的肝脏放进去，然后，双目圆睁而死。

北狄人杀戮抢掠一番后，撤走了。卫国人仍然怀念伋和寿两位仁义公子，因他们没有后代，就立了伋同母弟弟的儿子为国君。同时，怜悯卫懿公死得悲壮，给了他一个好的谥号。

# 齐襄公不讲信义遭报应

齐襄公，是春秋时期齐国的国君。齐襄公荒淫无道，骄横无礼，以为老天爷是老大，他是老二，什么事都敢干，对谁都不尊重，经常出尔反尔，为所欲为。

《史记》记载，有一次，齐襄公派连称、管至父两位将军去守边防，守边防是个苦差事，但国君命令不敢不从。临走前，连称、管至父问道："我们什么时候能回来啊？"襄公正在吃瓜，随口说道："到明年吃瓜的时候，就换你们回来。"两人觉得还行，毕竟一年的时间不算太长。两人守边防尽心尽责，一年都没有回家。

到第二年瓜熟的时候，两人觉得熬到头了，焦急地等待国君换防的命令，可就是没有消息。他们不好去催，就给齐襄公送去一些瓜，想提醒一下。不知齐襄公是没有领会，还是故意的，瓜是吃了，却仍然没有消息。又过了些日子，瓜秧都拔了，两人实在等不下去了，就找了朝中大臣，向齐襄公说情。

此时，齐襄公正在忙一件大事，不耐烦了，说："我是国君，什么时候回来，我说了算，让他们等着去吧。"这下完了，一年期限变成无期了，连称、管至父十分恼怒。堂堂一国之君，哪能说话不算数呢？后来，他们在公孙无知面前发牢骚。

公孙无知是齐襄公叔叔的儿子，齐襄公父亲齐釐公喜欢他，给了他很高的级别待遇。齐襄公即位以后，很随意地就把他的级别待遇降低了，公孙无知也憋了一肚子怨气。三个人有共同语言，经常聚在一起抱怨，时间长了，慢慢就产生了杀掉齐襄公的想法。连称有个堂妹，在齐襄公宫内，不受宠幸，也有怨恨。几个人多次密谋，等待下手的机会。

当时，齐襄公正忙着的一件大事，就是招待他的妹妹。他妹妹未出嫁时，就和齐襄公有苟且之事，后来嫁给鲁桓公做夫人。多年后，这次鲁桓公到齐国访问，夫人也借机跟着来了。哥哥妹妹多年不见，相思甚苦，如今再聚，自然旧情复燃，如胶似漆。齐襄公忙着与妹妹亲热，连鲁桓公都被晾在一边，更顾不上连称他们换防的事了。

齐襄公觉得是在自己国内，胆子大，不注意掩饰。鲁桓公不是傻子，很快就发现了他们的奸情。鲁桓公气得满脸通红，恨得咬牙切齿，对夫人咆哮道："真不要脸，回去再收拾你！"夫人心中害怕，向哥哥哭诉。

哥哥心疼妹妹，知道妹妹回去以后，绝无好果子吃，干脆一不做、二不休，便找来彭生，密令他想办法弄死鲁桓公。彭生是个大力士，趁着扶鲁桓公上车的机会，手上一使劲，鲁桓公的肋骨就断了，当场一命呜呼。

鲁桓公一死，齐襄公松了一口气。国君死于非命，鲁国当然不干，齐襄公就把彭生当作凶手杀了。可怜的彭生，稀里糊涂做了替死鬼。妹妹不再回鲁国，整天和哥哥厮混，好不快活。鲁国势弱，也没有办法。连称他们知道这事后，心中愈加愤恨。

齐襄公轻而易举地摆平了这件丑事，心中得意，就去郊外游玩打猎。打猎兴趣正浓之时，忽然，从草丛中蹿出一头大黑猪，站立起来，嗷嗷直叫。齐襄公急忙就要搭弓射箭，忽听众人大喊："那是彭生。"大家知道彭生死得冤，心中不平，故意吓唬齐襄公。

齐襄公闻声大惊，随即产生幻觉。只见彭生披头散发，浑身是血，瞪着血红的眼睛，凶狠地向他扑来。齐襄公吓得一声怪叫，滚落车下，摔伤了脚。侍从们赶紧把他抬上车，仓皇跑回宫去。齐襄公在宫中养伤，连称堂妹很快就把消息传了出去。

连称、管至父和公孙无知闻讯，觉得这是一个好机会，马上带领一些亲信，摸进宫来，连称堂妹带路，悄悄来到襄公寝宫，包围起来。此时，齐襄公心中烦躁，正在为一件小事，惩罚一名侍从，命人一口气打了三百鞭，打得侍从遍体鳞伤。

侍从受刑后出门，迎面撞见连称那些人。侍从见他们手持利刃，目露凶光，立刻明白是怎么回事了，急忙说："你们来得正好！那个昏君，刚才无缘无故打了我三百鞭，差点就打死了，我恨不得杀了他。"说着，脱下衣服，露出伤痕，连称他们相信了。侍从又说："里边还有不少侍从，我先进去看看是什么情况，你们在这里等我消息。"

　　侍从返回寝宫后，却告知齐襄公外面有危险。齐襄公吓得浑身颤抖，但已经无路可逃，只好先藏了起来。侍从又召集寝宫内其他人，堵在门口，准备抵抗。连称等人在外面等候时间一长，便知道情况不妙，赶紧冲了进去。侍从手无兵器，人数又少，全被杀死。

　　连称他们知道齐襄公没有跑出去，就在宫内搜查，很快就找到了他，一把拎了出来。齐襄公跪在地上，磕头求饶。连称怒喝道："你这个不信不仁的昏君，今天你的报应来了。"说着，手起刀落，齐襄公的脑袋滚了下来。

# 齐桓公称霸依靠管仲

齐桓公，名叫小白，是齐襄公的弟弟。齐襄公无道，他的兄弟们感觉早晚会出事，纷纷跑到国外去避祸。公子小白去了莒国，鲍叔牙辅佐他；另一个弟弟公子纠，跑到鲁国，由管仲辅佐。

《史记》记载，管仲和鲍叔牙，是多年的好朋友。他们年轻时，一块儿做生意，赚了钱，管仲要多分一些，别人笑他爱占便宜，鲍叔牙却说："那是因为他家里贫困，需要钱，绝不是贪财。"管仲打仗时，曾经多次逃跑，别人指责他怕死，鲍叔牙却说："他很孝顺，担心老母无人赡养，绝不是胆小。"管仲感慨地说："生我者父母，知我者鲍叔牙啊。"

后来，齐襄公果然被杀，齐国大乱。公子小白和公子纠都有资格继任国君，两人星夜回奔，抢夺君位。公子纠怕跑不赢公子小白，就让管仲带人去拦截。管仲截住小白后，二话没说，一箭就射了过去。公子小白大叫一声，倒地装死。

公子纠得到捷报，心中窃喜，放缓了脚步，六天后才到达齐国。没想到公子小白骗过管仲后，日夜兼程回到齐国，捷足先登，已经即位当上国君了。公子纠和管仲只好又返回鲁国。

管仲这一箭，虽然只射中了桓公的衣带钩，却把他吓得够呛。为报这一箭之仇，也为了杀公子纠以绝后患，齐桓公派兵攻打鲁国，打算杀死公子纠和管仲。

鲍叔牙急忙劝道："管仲万万杀不得，他有大志，又有大才。您如果只想治理齐国，有我们辅佐就够了；您如果想称霸诸侯，非得用管仲不可。"齐桓公听从了劝告，逼着鲁国杀了公子纠，送回管仲。

管仲一回来，齐桓公马上赏以厚礼，让他主持政务。

齐桓公为了扩大地盘，即位不久，就想攻打别的国家。管仲劝道："眼下最要紧的，是内修政治，发展经济，增强实力，不宜对外用兵，用兵必败。"桓公不听，果然大败而归。桓公心中后悔，从此对管仲言听计从。

管仲充分发挥其治国才能，把国都及周围地区，划为二十一个乡，把国都之外的地区，分为五个属，分别设置官吏。这样就十分有效地把全国民众都组织起来了。管仲还采取了商业流通、兴办渔业盐业等一系列措施，齐国很快富强起来了。

这时，管仲说，可以对外用兵了，并建议先打郯国和遂国。因为它们与齐国相邻，便于齐国扩大地盘。结果，齐国没费多大劲，就灭了两国，增加了土地和财富。齐国强大起来，为齐桓公争霸奠定了坚实基础。

管仲知道，要想称霸，光有实力还不够，他要帮助齐桓公树立诚信仁义的好形象。有一次，齐桓公和鲁国国君在柯地会盟。忽然，鲁国大将曹沫跳上来，把匕首按在齐桓公脖子上，要求齐国归还过去侵占的土地。齐桓公斜眼瞅着明晃晃的尖刀，心里恼怒，但嘴上不敢不答应，连声说"归还、归还"。

事后，齐桓公越想越气，不想归还土地，还想杀了曹沫。管仲赶紧劝阻："不可！这样做，只能逞一时之快，但却失去了信义，不如兑现诺言，以显示诚信。"齐桓公听从了。诸侯听说以后，都说："在被劫持情况下的许诺，都能算数，真是仁义啊！"

又有一次，山戎侵犯燕国，燕国向齐国告急。齐桓公率兵相救，打跑了山戎。燕庄公十分感激，亲自送齐桓公班师归国。两个国君都很高兴，一路上边走边聊，不知不觉出了燕国边界，进入齐国地界了。

那个时候的礼节规定，诸侯之间相送，不能出国境。齐桓公说："您这么客气，我也不能失礼啊。"他大手一挥，爽快地说："这样吧，您走过的这片齐国土地，就送给您了。"

这件事，很快被诸侯传得沸沸扬扬，纷纷称赞齐桓公仁德。管仲借机发出"诸夏亲匿"的号召，呼吁中原诸侯团结起来，共同对付外敌，又实施"存邢救卫"等一些具体行动。这样，齐桓公仁德的高大形象，算是彻底树立起来了。

有了实力，有了形象，管仲觉得还缺点什么，那就是名分。古人讲究做事要名正言顺。于是，齐国打出了"尊王攘夷"大旗，号召中原诸侯共同尊奉周王。

管仲代表齐桓公，亲自去朝拜周王。周天子就像一个被子女冷落多年的穷老头，忽见子女又来孝敬，感动得差点掉下泪来，马上表态，全力支持齐桓公。

于是，齐桓公发出通知，要求各诸侯都来葵丘会盟。诸侯宾服齐桓公，都纷纷前来，会盟搞得隆重热烈。周天子派重臣宰孔参加，赐给齐桓公天子乘用的车辆，还赐给他代表权力的弓箭，正式确立了齐桓公的霸主地位。

此后，齐桓公俨然代表周天子发号施令，九合诸侯，讨伐无道，匡正天下，成为春秋时期第一个霸主。

齐桓公称霸离不开管仲，管仲一死，齐桓公的霸主就做到头了。管仲去世以后，齐桓公没有听从管仲生前的劝告，重用奸佞小人，以致祸乱朝政。

齐桓公有病时，几个儿子争夺君位，互相攻打，齐桓公没人管了，被活活饿死。死后，仍然没有人顾得上他，被丢在床上六十七天，结果尸体腐烂，臭气熏天，成堆的蛆虫，蠕动着爬到门外。

赫赫一代霸主，下场竟如此凄惨！

# 宋襄公称霸猫充老虎

齐桓公死了，齐国乱了，霸主之位空缺了。有人便瞄上了霸主宝座，他就是宋国的宋襄公。可是，齐桓公称霸名副其实，宋襄公称霸，却是徒有虚名。

《史记》记载，宋国的开国之君，叫微子，是商纣王的哥哥。微子很仁义，看不惯纣王暴行，多次规谏无效后，远走他乡。孔子称赞微子、箕子、比干为"殷之三仁"。周灭商后，封微子于殷地，国号为宋。宋国一直奉行仁义治国。

从微子到宋襄公，历经二十代。宋襄公名叫兹甫，是正室生的嫡子。兹甫有个哥哥叫目夷，是妃子生的。哥俩虽然同父异母，却十分友爱。他们的父亲宋桓公病重时，按嫡子继承制的规定，要让兹甫接班。

兹甫在父亲面前苦苦恳求，说："哥哥年长，而且仁义，请传位给哥哥吧。"目夷坚决不肯，说："能把君位让出来，不是最大的仁义吗？我的仁义，哪里比得上弟弟啊。"

目夷躲到卫国去了，兹甫只好做了国君，就是宋襄公。宋襄公即位以后，马上把目夷找来，封他为相，辅佐自己处理朝政。宋襄公的让贤和用贤，博得了一片喝彩。

宋襄公继续实行仁义治国，事事以仁义为标准。但在春秋动荡时代，光讲仁义是不行的，不富国强兵，国家实力是不会强大的。宋襄公对此浑然不知，还觉得自己威望挺高的呢。

在葵丘会盟时，宋襄公看到齐桓公高高在上，一呼百应，十分羡慕，心想，当个霸主真不错。此后，他积极跟随齐桓公跑前跑后。齐桓公觉得宋襄公也不错，很看重他，甚至把太子昭委托他照顾。

当齐桓公去世、齐国大乱的时候，太子昭跑到宋国求助。宋襄公学着齐桓公的样子，向各诸侯国发出通知，要求共同护送太子昭回国登位。但宋襄公的号召力不大，多数诸侯并不理睬，只有郑国、卫国、曹国派了一些人马来。

宋襄公率领四国联军，向齐国进发。齐国作乱的人，慌作一团，跑的跑、降的降。宋襄公把太子昭扶上君位，就是齐孝公。几个月以后，齐国那些作乱的人不死心，又聚在一起攻打齐孝公。宋襄公再次出动宋国军队，平息了叛乱，稳定了齐国局势，终于完成了齐桓公的重托。

这件事，使宋襄公既立了大功，又彰显了仁义，从此声名鹊起。宋襄公也扬扬得意，飘飘然做起霸主梦来。就像一只猫，偶尔一照镜子，"咦，我怎么长得像老虎啊"，于是，就想干老虎的事情，去称王称霸了。

目夷劝告宋襄公："咱们是小国，实力不强，硬要当霸主，是会招祸的。"但宋襄公已经深陷霸主梦中不能自拔，他向各诸侯国发出通知，想像齐桓公那样举行会盟。

楚成王接到通知后，鼻子里"哼"了一声，说"真是自不量力"，本想不去，转念一想，"应该给这小子一点教训，让他知道谁才是老虎"。

楚国当时实力很强，根本没把宋国放在眼里。楚成王暗中带着军队，去参加会盟，把军队埋伏在四周。到了会盟之日，宋国与楚国为争霸主，发生了争执，楚成王生了气，一声令下，伏兵四起，宋襄公稀里糊涂地就被抓到楚国去了，霸主没做成，反倒成了阶下囚。好在楚国并不想杀他，只是要给他点颜色看看，过了几个月，就把他放回去了。

宋襄公受此大辱，胸中火气一拱一拱的，但宋国打不过楚国，没有办法，只能强忍着。后来，听说郑国积极支持楚国当霸主，心中怒火终于爆发了。这时候的郑国，已经衰弱，宋国打它还是可以的。于是，宋襄公亲自带兵攻打郑国。

郑国向楚国求救，楚国自然出兵相助。宋楚两国军队，在泓水隔河相遇了。楚军仗着人多势众，不在乎宋军，呼啦呼啦地开始渡河。目夷建议："敌众我寡，趁他们过河，赶快出击。"

襄公却说："这样做，不仁义。"楚军过了河，吵吵嚷嚷地列队布阵。目夷又建议："趁他们立足未稳，赶紧杀过去。"襄公仍然说："这样还是不仁义，应该让他们布好阵，再堂堂正正地打仗。"

楚军列好队伍，高举刀戟，齐声呐喊，冲杀过来。宋军抵挡不住，纷纷后撤，大败而归，宋襄公腿上也挨了一箭，这就是著名的"泓水之战"。后人评价说，宋襄公是蠢猪式的仁义。

宋襄公战败后，回国养伤。这时，晋国公子重耳流亡到宋国。宋襄公忍着伤痛，不仅热情接待，而且送给重耳八十匹马。因为当初重耳流亡到齐国的时候，齐桓公也送了他八十匹马，宋襄公这是在学霸主的样子。

宋襄公后来箭伤发作，不治而死。他一生努力追求霸主之位，但实际上并没有当上真正的霸主。猫长得再像老虎，也不会成为老虎。后世对他颇富争议，有褒有贬。

司马迁对他评价还不错，认为在战乱时代，很需要仁义，便把宋襄公列为春秋五霸之一。

# 晋文公称霸老谋深算

宋襄公称霸，实际上并没有成功，只是留下一个笑柄。然而，在春秋战乱年代，周天子无力控制天下，还真是需要有一位霸主，来稳定这混乱的局面。这时，一位真正的霸主应运而生，他就是晋国的晋文公重耳。

《史记》记载，晋国的第一代国君，叫唐叔虞，是周武王的儿子、周成王的弟弟。在他们小的时候，有一天，成王与叔虞做游戏，把一片桐树叶撕成珪状，说："用它做信物，封你为诸侯。"这本来是小孩子的玩笑话，史官却说："天子无戏言。"于是，成王把唐封给叔虞，这就是历史上有名的"桐叶封晋"。

晋文公重耳，是唐叔虞的第二十二代孙。重耳从小就聪明好学，长大后很有谋略，喜欢结交贤能之士。重耳的父亲晋献公，有八个儿子。其中，太子申生和重耳、夷吾三人，年龄较大，申生和重耳两人贤能，人缘很好。受到晋献公宠爱的骊姬，为了让自己的儿子奚齐做太子，设计陷害年龄大的三人。太子申生被逼自杀，重耳和夷吾仓皇出逃。晋献公派人追杀，重耳翻墙逃走时，被砍掉一只袖子，差点丧命。从此，重耳有家难回，在外流亡十九年。

重耳流亡的第一站，是翟国。那是他姥姥家，翟国人对他不错。重耳在翟国默默等待，时刻关注局势变化。终于，机会来了。晋献公去世，奚齐继位，同情太子的一些大臣，趁机杀了奚齐，奚齐的弟弟悼子随之继位，又被一刀砍了。大臣们跑到翟国，要迎接重耳回国即位。

这可是天上掉下来的大馅饼啊！大家都兴高采烈，重耳却忧心忡忡。他冷静分析了形势，认为目前国内人心浮动，局势很不稳定，此时回去，恐怕难以服众，并且有生命危险。于是，重耳流着泪说："违背父亲的命令，离开晋国，已是不孝；父亲去世，又没有尽到儿臣之礼，心里难受，所以，我不敢回去继位。"

大臣们无奈，只好叹息着又去找重耳的弟弟夷吾。夷吾很高兴，在秦国帮助下，回国做了国君。晋国人知道以后，都称赞重耳仁孝。夷吾忌惮重耳的才能和威信，欲除之以绝后患，派人前去刺杀。重耳闻讯后，再次仓皇出逃。父亲要杀他，弟弟也要杀他，重耳好可怜啊！

此后，重耳带领一帮亲信，先后流亡到卫国、齐国、宋国、郑国、曹国、楚国、秦国，足迹踏遍了中原大地。有的国家对他好，有的对他不好，甚至冷落、戏弄他。一路上颠沛流离、风餐露宿、历经艰难，阅历了人情世故，尝尽了人间冷暖。这一切，使重耳养成了老谋深算、富有心机的性格，积累了丰富的治国经验。终于，在他六十二岁时，在秦国扶持下，回国做了国君，被称为晋文公。

晋文公即位后，厚积薄发，很快显示出文治武功之才能。他修明政务、宣扬德教，举贤任能、赏罚分明，鼓励农耕、改革军队，晋国强盛了。这时，齐桓公、宋襄公都已去世，霸主空缺，晋文公便盯上了霸主之位。

一个好机会出现了。周王朝周襄王的弟弟王子带兴兵作乱，周襄王打不过他，只好逃到了温地。晋文公敏锐地意识到，如果平定周室叛乱，护送周襄王回京，那可是天大的功劳，这是称霸的资本啊。当时，秦穆公也率领军队前来勤王。晋文公急忙派人对穆公说："秦国路途遥远，十分辛苦，这事就由我们代劳吧。"晋文公就是秦穆公扶持上台的，两家关系不错。穆公笑了笑，答应了，把这天大的功劳让给了重耳。

晋国马上出兵，攻进京城，杀了王子带。重耳亲自跑到温地，迎接周襄王，护送他回京，重登王位。周襄王自然十分感激，就把河内、阳樊等地，赐给了晋国。这一下，晋文公名声大振，诸侯纷纷前来归附，只有楚国自恃强大，不甘居后。晋文公知道，要想称霸，必须打败楚国。可是，在重耳流亡的时候，楚国对他不错，不好意思恩将仇报，晋文公在耐心地等待机会。

机会来了。宋国因襄公会盟被抓之事，一直对楚国耿耿于怀，两国关系不睦。楚国出兵攻打宋国，宋国便向晋国求救。重耳流亡时，宋国待他也很好，两边都有恩，怎么办呢？晋文公眉头一皱，心生一计，立即派兵，去攻打曹国和卫国。因为重耳流亡时，卫国不给他饭吃，曹国对他无礼，所以师出有名。更重要的是，曹、卫两国与楚国关系甚好，这样可以激怒楚国，使之与晋作战。

曹、卫两国都是小国，不经打，很快被灭了，国君当了俘虏。楚国知道晋国用意，提出条件，说："你们恢复曹、卫两国，我们从宋国撤兵，这样大家都好。"晋文公觉得，不答应理亏；答应了，又没有达到激怒楚国的目的。于是皱皱眉，又生一计。晋文公私下里，对曹、卫两国国君说："我恢复你们的地位，但你们必须公开与楚国绝交。"曹、卫两个国君答应了。

这一下，终于把楚国激怒了。楚国派大将子玉，率军前来征讨。为了打败强大的楚军，晋文公费尽了心机。先是"退避三舍"，名义上是报恩，实际上是为了麻痹楚军，积聚晋军士气。在作战时，采取早已谋划好的战术，集中优势兵力，先击溃楚国较弱的右军，再击溃次弱的左军。大将子玉率领的中军，孤立不支，也溃败下来。晋军乘胜追击，打得楚军大败而归，这就是历史上著名的"城濮之战"。

"城濮之战"，决定了晋文公的霸主地位。战后，晋文公恢复了曹、卫两国的地位，显示了仁德，诸侯皆心悦诚服。周天子赏给晋文公黄金修饰的大车，还有弓箭等物，正式宣布晋文公为霸主。

晋文公称霸与齐桓公、宋襄公不同，宋襄公是徒有虚名，齐桓公全靠管仲。晋文公尽管也有贤人相助，但主要是靠个人的智慧能力和老谋深算，是货真价实的一代霸主。

# 楚庄王称霸一鸣惊人

晋文公死后，晋国依然强大，继续称霸。地处南方的楚国，依然不甘心。这时，楚国出现了一位英雄人物，被称为楚庄王。他振兴楚国，挥师北进，打败晋国，问鼎中原，赫然成为一代霸主。

《史记》记载，楚国的祖先，是颛顼帝。颛顼帝的玄孙，担任帝喾的火正之职，被赐予祝融的称号。其后代在周初时，被封到楚蛮之地，赐予子爵爵位。楚地辽阔，大多尚未开发，属于荒蛮之地。经过十几代人的辛苦努力，楚国地盘已经相当大了，国力也比较强。楚人嫌当初分封的爵位低，便自称为王。因怕周王怪罪，曾一度停用，到西周崩溃时，再度称王，周天子也无可奈何。

楚庄王是楚成王的孙子，他即位时，不到二十岁，面临的环境十分复杂。在外部，由于擅自称王，与王室和中原诸侯的关系都不好。齐桓公称霸时，曾经率领诸侯攻打楚国，逼着楚国尊奉周王。晋文公称霸时，打了一场"城濮之战"，使楚国长时间没有缓过劲来。在国内，大臣良莠不齐，矛盾重重，时有叛乱，特别是大家族专权，王令不通。

楚庄王采取了一个非常之举，就是三年不理政事，日夜寻欢作乐，并拒绝谏言。其实，他这是暗地里观察大臣们的表现，以辨忠奸，同时麻痹大家族势力，寻求最好的攻击时机。

终于，有贤臣进谏问："三年不鸣不飞的，是个什么鸟？"楚庄王拍案而起，豪迈地回答："三年不飞，一飞冲天；三年不鸣，一鸣惊人！"庄王下令，停止淫逸作乐，亲自处理政务。根据他三年来观察掌握的情况，一次处死几百个有罪之人，提拔几百个有功之臣，朝野上下，大为震惊。后来，楚庄王又果断铲除了大家族势力，把权力牢牢掌握在自己手中，开始实现他的宏图大业。

楚庄王这个三年不鸣的大鸟，确实非同寻常。他的一鸣惊人，首先表现在见识超群上。庄王亲自执政后，面临一场罕见的"天灾人祸"。这一年，楚国发生大灾荒，粮食紧缺，人心浮动。趁此机会，周边民族纷纷叛乱，就连一直臣服于楚国的庸国，也举兵造反，进攻楚国都城。各地告急文书雪片般飞来，一时间人心惶惶，甚至有人提出迁都躲避的主张。楚庄王自信地说："没有什么可怕的！叛乱者最主要的是庸国，只要打败了它，其他的都会归顺。"于是，楚庄王调集精锐部队，集中力量攻打庸国。庄王亲临前线指挥，士气大振，一举灭了庸国。其他叛乱者见势不妙，纷纷投降归顺，局势很快稳定下来。

楚庄王的一鸣惊人，也表现在他笼络人心的高超手段上。"摘缨会"是人们熟知的故事，还被编成了戏剧。有一次，打仗胜利归来，庄王大摆庆功宴，让爱妃许姬向众将敬酒。忽然一阵风刮来，吹灭了蜡烛。许姬悄悄对庄王说："刚才有个家伙，趁黑摸了我一下，我把他的帽缨扯了下来。点上蜡烛后看看是谁，一定要重重惩罚他。"楚庄王稍一思索，对许姬说："酒后失态，是常有的事，不要因此损我一员战将。"于是，庄王高声说："今晚，大家要喝个痛快。各位都把帽缨摘下来。"蜡烛点亮后，全场的人，帽子上都没有了帽缨，自然不知道那人是谁了。过了三年，在楚晋一场大战中，有位将领作战英勇，拼死相救楚庄王。楚庄王很感动，那人却说："那次酒后失礼，您没有惩罚我。从那时起，我就发誓，一定要用生命报答您。"楚庄王这种笼络人心的手段，确实不是一般人能够做到的。

楚庄王的一鸣惊人，还表现在他一往无前，敢于对抗强敌上。庄王为了称霸，多年来亲自领兵南征北战，先后平定了陈国内乱，讨伐了宋国，征服了郑国，灭掉了舒国，并且饮马黄河，问鼎中原，使楚国势力达到鼎盛。但楚庄王知道，要想真正称霸，必须打败强大的晋国，这与当年晋文公争霸时的心态，如出一辙。这时，晋文公虽然已经死了，但他留下的事业，仍然很兴旺，晋国依然处于霸主地位。

公元前 597 年，楚国讨伐郑国，作为霸主的晋国前来相救。但晋军到达时，郑国已经投降，楚军准备班师回朝了。晋国军队却渡过黄河，寻求与楚军作战。是撤，还是战？楚军意见不一致。有人认为，已经降服了郑国，没有必要再与晋国作战了。还有人担心打不过晋国，对"城濮之战"仍然心有余悸。

楚庄王却下了决心，要称霸，必须与晋国决战。两军互下战书，约好日期，定好战场，打响了历史上有名的"邲之战"。楚庄王亲自上阵，坐着战车，带头冲击敌营。将士见状，勇气大增，人人奋勇向前，打得晋军丢盔弃甲，大败而逃。

"邲之战"一雪"城濮之战"之耻，战后，中原诸侯纷纷背晋附楚，虽然没有周天子赐给的霸主名分，但楚国已经成为事实上的霸主。楚庄王一鸣惊人，成就了他的辉煌霸业。

# 秦穆公称霸面向西戎

秦穆公，也是春秋五霸之一。但他称霸，与其他四位不同，主要战场不是在中原一带，而是面向辽阔的西部地区。他的主要对手，是当时的少数民族戎狄。

《史记》记载，秦的祖先，是颛顼帝的后代子孙，叫作益。益帮助大禹治水有功，舜帝赐他一副黑色的旌旗飘带，保佑其后代兴旺昌盛，所以秦人崇尚黑色。禹去世之前，推举益为继承人，但最终是夏启继承了帝位。益的后代因此对夏不满，在商灭夏时十分卖力，而当周灭商时，又死心塌地维护商朝。由于站错了队，秦人在很长一段时期内，日子都不好过。直到西周末年，因秦人养马做出了成绩，周宣王才任命秦仲为西垂大夫。周朝实行公、侯、伯、子、男五级爵位，大夫不在其中，级别很低。

秦人时来运转，是利用了西周崩溃的机会。周幽王被犬戎攻击，诸侯无人来救。秦襄公则亲自率兵赶来救驾，可惜晚了一步，幽王被杀，西周灭亡。周平王即位后，为躲避戎狄侵扰，便把都城东迁至洛阳。秦襄公抓住这个机会，一路护送，精心侍奉。周平王十分感动，这才封秦为诸侯。

但是，周王朝已经没有土地了，周平王用手往西一指，很大方地说：“西边大片土地，都被戎狄夺去了。你如果能把戎狄赶走，那里的土地，就都是你的了。”虽然是空头支票，秦襄公仍然大喜，这一趟没有白跑。经过秦襄公、秦文公等几代人浴血奋战，终于从戎狄手里，夺得一片土地，建立了秦国。

到了秦穆公时期，秦国已经很像样子了。但由于秦国封侯时间晚、资历浅，而且长期生活在西部地区，中原诸侯瞧不起它，甚至以异族对待。秦穆公是个雄心勃勃的君主，一心想要强国称霸。

称霸首先需要人才。一天，有个大臣向他推荐了百里奚。百里奚原来是虞国大夫，晋灭虞时被俘，逃走后在楚国养牛。秦穆公本想花重金聘用他，又怕引起楚人警觉，于是就按一般奴隶的价格，花五张羊皮，把他买了回来。秦穆公与他谈了三天，非常高兴，就把国家政事，交给他管理，这就是著名的"五羖大夫"的故事。

除了招揽人才，秦穆公在笼络人心上，做得也很到位。有一次，秦穆公一匹良马走丢，被岐山山脚下三百多名农夫杀掉吃了。官吏捕捉到他们，想要治罪。穆公说："马再宝贵，也不如人啊。"就赦免了他们。农夫磕头谢恩。秦穆公又说："听说吃了良马肉，如果不喝酒，会伤身体的。"让人拿酒给他们喝，农夫热泪盈眶。后来，在一次秦晋大战中，秦穆公被晋军包围，危急时刻，忽见几百个农夫，高举农具，呐喊而来，不要命地攻击晋军，把秦穆公救了出去。这些人，就是那些吃马肉的农夫。在秦穆公的治理下，秦国日益强盛，足以与中原诸侯抗衡争霸了。

秦穆公争霸之路，是很曲折的。一开始，穆公倾心向东发展。东部地区辽阔富饶，中原文化深厚灿烂，都具有很强的吸引力。但是，秦国的东邻是强大的晋国，东进必须先过这一关。秦穆公实行友好策略，频频向晋国示好，还与晋国联姻，甚至夷吾和重耳上台，都是秦穆公扶持的。可是，晋国并不买账，特别在夷吾时期，经常出尔反尔，或者恩将仇报。秦穆公火了，不识抬举，那就打吧。可惜，晋国实力太强了，打了几仗，互有胜负，秦国没占到便宜。晋国看穿了秦国的意图，不管是给胡萝卜还是大棒，都死死扼住秦国东进道路不放。秦穆公没有办法，只好转身把目光投向了广袤的西戎大地。

西戎之地，生活着许多戎狄的部落和小国，他们生产落后，处于原始状态，部落之间不统一，像一盘散沙。以秦国的实力，称霸西戎，是完全能够做到的。

当时，西戎最强的部落，是锦诸。锦诸王有个谋士叫由余，由余是晋国人。有一次，由余奉锦诸王之命出使秦国，秦穆公与他交谈以后，认定由余是称霸西戎不可多得的人才。秦穆公想了很多办法，终于留住了由余。由余多年生活在西戎地区，对那里的情况了如指掌，为穆公谋划了许多好计策。

秦穆公先是给锦诸王送珠宝美女，腐蚀和麻痹他，然后突然出击，一战成功，灭了锦诸。其他部落，见最强的锦诸，都不是秦国对手，纷纷归顺投降。秦国就像秋风扫落叶一样，席卷西戎大地，很快开辟了千里疆土。秦国的地盘和人口，都大幅增加，成为一个令中原诸侯不敢小觑的大国。

周天子听到秦国大捷后，十分高兴，专门派召公去向秦穆公祝贺，并赐给他钲、鼓等器物，正式确立了秦穆公"西戎霸主"的地位。秦穆公称霸西戎，为后来秦国统一中原奠定了基石，也为中华开疆拓土、促进民族融合做出了重要贡献。

# "秦晋之好"只是秦对晋好

"秦晋之好"，是指春秋时期，秦晋两国相互联姻，关系很好。现在，人们还经常使用这个成语。但从《史记》记载来看，所谓"秦晋之好"，只是秦国对晋国友好，而晋对秦并不好，甚至经常干出尔反尔、忘恩负义的事来。

当时，晋国强大，秦国正在崛起。秦穆公为了谋求东进，制定了与晋友好的战略。秦穆公向晋献公求婚，迎娶了公主，就是太子申生的亲姐姐，也是重耳、夷吾的异母姐姐。这是秦晋之好的开端。

晋献公为了让小儿子接班，逼死申生，逼走重耳和夷吾。晋献公死后，一些大臣为太子鸣不平，接连杀了献公的两个小儿子，想迎接重耳回国继位，但重耳不愿意回去。夷吾却跃跃欲试，他与国内大臣联络好，就去找姐夫秦穆公，许诺说："您如果扶我登位，我愿意割让河西八城给秦国。"秦穆公听了很高兴，既有人情，又有好处，何乐而不为呢？于是派兵护送夷吾回国继位，就是晋惠公。

不料，晋惠公登位以后，竟然食言了，派人对秦穆公说："大臣们都不同意，说祖先拼命流血打下的土地，不能随便送给别人，只好对不起了。"秦穆公气得直瞪眼，但为大局着想，也只好忍了。

晋惠公登位以后，恰遇灾年，粮食歉收，百姓流离失所，情况十分严重。晋惠公无奈，只好厚着脸皮，再去求姐夫援救。秦国大臣都气哼哼地不同意，秦穆公说："夷吾这小子，确实混蛋，但老百姓没有错啊，如果不给他粮食，不知道会饿死多少人呢。"于是，秦穆公下令，紧急征集粮食，水路用船，陆路用车，源源不断地运到晋国，援助晋国渡过了危机。

过了两年，秦国也遇到了灾荒。秦国人庆幸地说："幸亏当初援救了晋国，现在该他们给我们粮食了。"秦穆公派人去晋国求援，万万没有想到，晋国不仅不给粮食，反而趁着秦国闹灾荒，派兵打了过来。晋惠公还振振有词地说："当年，天降灾祸于晋，秦不灭我，是违背了天意；现在，天要降灾灭秦，我不能违背天意啊。"

秦穆公这回真火了，亲自领兵对敌。秦国军队义愤填膺，人人奋勇争先；晋国士兵自感理亏，个个不愿向前，结果可想而知，晋军大败，晋惠公也被活捉。惠公被擒以后，秦国上下，纷纷要求宰了他。

这时，周天子派人来说情，晋惠公姐姐穆公夫人，也苦苦求情。秦穆公心里的火气，忍了再忍，终于又忍下去了，还是从大局考虑吧。秦穆公对晋惠公施以诸侯之礼，答应放他回国。晋惠公羞愧，与秦国订下盟约，回国后献出河西之地，还让太子圉到秦国做人质。秦穆公把同族的女儿，嫁给太子圉，再结"秦晋之好"。

秦穆公以礼对待太子圉，但太子圉像他爹一样，也是不识好歹。他听说晋惠公有病，竟然不辞而别，自己偷跑回去继位了。其实，秦穆公完全可以名正言顺地护送他回去做国君，他却对秦国信不过，秦穆公很是失望和气恼。

这时，秦穆公另一个小舅子重耳到了秦国。秦穆公知道重耳贤明，愿意帮助他。重耳在外流浪多年，也想回国了。双方一拍即合，秦穆公派军队护送重耳回国，晋国人纷纷欢迎重耳。重耳推翻公子圉，登位当了国君。重耳果然贤明，他在位的那些年，两国关系不错，没有发生纠纷，算是做到了秦晋之好。

可惜好景不长，重耳一死，形势又急转直下了。一次，秦穆公派军队去偷袭郑国，需要经过晋国地盘。由于秦晋之好，秦军没有防备。没想到，晋国在险要之地崤山，埋伏重兵，把秦军杀得片甲不留、全军覆没，这就是历史上著名的"崤之战"。秦穆公悔恨不已，痛下决心，训练兵马，准备复仇。

几年以后，秦穆公亲率大军，浩浩荡荡渡过黄河，去攻打晋国。大军渡河以后，秦穆公下令焚烧船只，表示有去无回之决心，这比项羽的"破釜沉舟"，要早几百年呢。俗话说，哀兵必胜。秦军同仇敌忾，一路攻关夺隘，势不可当。晋军据城坚守，不敢出战，眼睁睁地看着秦军在城外耀武扬威。按当时秦国的实力，要想灭了晋国，还是不可能的。

秦穆公率军来到崤山战场，虽然过去了几年，但仍然是白骨遍野，阴气森森，惨不忍睹。全军将士号哭三天，声震寰宇。秦穆公为阵亡将士筑坟祭奠，然后率军回国。至此，秦晋之好彻底破裂。

# 赵盾扶立灵公伤透了心

赵盾，是晋国的执政大臣，尽心辅佐晋文公的儿子晋襄公。晋襄公在位时间不长，就患病去世了。临死之前，晋襄公紧紧抓着赵盾的手，再三嘱咐道："我把晋国的事情交给您了，先帝开创事业不容易，您一定要把晋国的霸主地位维护好。我把太子也托付给您了，您要好好教育辅佐他。他如果成器，我在地下感谢您；他要是不成器，我就怨恨您。"赵盾流着眼泪，点头答应了。

此时，太子还是一个婴儿。赵盾心里嘀咕，这孩子，什么时候能长大啊。晋文公千辛万苦开创的霸业，应该由一个年龄大的继承才有利啊。

晋文公有个儿子叫雍，是秦女所生，现居住在秦国。雍年长而且贤能，赵盾想立他为国君。再说，立了他，还可以改善与秦国的关系。大臣们觉得赵盾的想法有道理，都表示同意。赵盾就派出一名大臣，去秦国迎接公子雍回国登位。这时，秦穆公已经去世，他儿子秦康公在位。秦康公也想缓和与晋国的关系，听闻此讯，十分高兴，马上派出军队，护送公子雍回国。赵盾的做法，确实是为国家考虑，如果想自己专权的话，当然立个小的好对付了。

可没有想到，太子的母亲不干了。她怀抱太子，到朝廷号哭，边哭边骂："先君待你们不薄，他尸骨未寒，你们就想抛弃他的儿子。你们的良心让狗吃了！"大臣们面面相觑，无言以对。她又跑到赵盾家里，把头磕得咚咚响，说："先君临终前嘱咐您的话，现在还在耳边回响，您不会忘记吧？他的儿子是死是活，就全靠您了，我替先君恳求您。"说着，又磕头不止。赵盾也慌忙跪倒在地，他想起晋襄公对自己的好处，不由得流下泪来。面对太子母亲的哭闹，赵盾实在没有办法，只好答应立太子为国君，这就是晋灵公。

可是，秦国护送公子雍的人马，已经快到了，怎么办呢？赵盾咬咬牙，说："既然不让他们来，那肯定就是敌人了。"于是，派出军队，前去阻击。秦军高高兴兴地护送公子雍回国，没想到意外地挨了一顿痛打，立刻溃散逃回国去，这叫什么事啊？不仅秦康公气得暴跳，就连去迎接公子雍的晋国大臣，也气得破口大骂，一怒之下，大臣投降了秦国，不回晋国了。这又一次上演了所谓"秦晋之好"的闹剧。

国君年幼，赵盾只好大事小事一肩挑，整日里忙得焦头烂额，只盼着灵公快快长大。灵公长大了，却十分顽皮。他爬上高台，手持弹弓，见人就打。行人被打得东躲西藏，灵公哈哈大笑。再长大一些，灵公知道奢侈了，派人搜刮民脂民膏，用彩画装饰宫墙。长大成人以后，灵公变得十分残暴。有一次，厨师没把熊掌煮烂，灵公就下令杀了他。

眼见灵公越来越不像话，赵盾很是伤心失望，也悔恨自己忙于国事，没有把灵公教育好。赵盾只好一次次地规劝，说得多了，灵公开始厌烦，继而怨恨，最后竟然起了杀心。

晋灵公命令勇士鉏麑，前去刺杀赵盾。五更时分，鉏麑潜入赵府，见赵盾家中极其简朴，又见赵盾已经起床，穿好朝服，准备上朝，因天色尚早，便端坐等待。此时刺杀赵盾，易如反掌，但鉏麑却悄悄退了出去。他想，这是个好官啊，难怪老百姓都称赞他。如果杀了他，是不义；如果不杀他，违背国君命令，是不忠，怎么办呢？鉏麑仰天长叹，自言自语道："我终究是个不忠不义之人，唯有一死，才能保住名声。"他对准一棵大槐树，一头猛撞过去，顿时脑浆迸裂而死。在春秋时期，这样的人物不少。真是可悲可怜、可歌可泣啊！

晋灵公一计不成，又生一计。他训练了一条大狗，准备伺机攻击赵盾。一次，晋灵公请赵盾喝酒，事先把狗准备好，还怕不保险，又设下伏兵。赵盾没有怀疑，只带一名卫士前来。酒宴中间，卫士察觉情况异常，急忙上前对赵盾说："国君赐酒，不能超过三杯，超过三杯就失礼了。"说着，拉起赵盾就走。

晋灵公赶紧放出狗来，恶狗直扑赵盾。卫士挺身向前，一掌击毙恶狗。此时，伏兵四起，杀声响成一片。卫士一边保护赵盾，一边殊死搏斗，终因寡不敌众，壮烈殉职。赵盾趁乱逃走，晋灵公命令士兵急追，务必杀死赵盾。可怜赵盾一介文官，哪里跑得快啊，眼看就要被追上了。

在这危急关头，忽见追兵队伍里，有人倒戈。此人力大无比，手持长戟，横扫追兵，打得追兵东倒西歪，赵盾才得以逃脱。倒戈的人，叫灵辄，几年前饿昏倒地，恰遇赵盾路过，救了他一命。后来，灵辄加入了灵公卫队，此时见赵盾有难，便舍身相救。灵辄救了赵盾，自己也逃走了。

赵盾只身一人，仓皇奔逃，茫茫大地，该逃向何方啊。只好先跑出晋国再说吧。赵盾一边跑，一边伤心流泪，心想："千辛万苦扶立了晋灵公，怎么能如此对待自己呢？自己勤勤恳恳为国操劳，怎么会落得如此下场？"赵盾真是悲痛欲绝。

忽然，后面尘土飞扬，又有一队人马追来。赵盾再也跑不动了，听天由命吧。人马来到跟前，赵盾定睛一看，是他弟弟赵穿。原来，晋灵公的行为，早已引起百姓不满。赵穿率领众人，杀了灵公，来接赵盾回朝。赵盾一听晋灵公死了，心中五味俱全，流泪不止。

赵盾回朝以后，继续执政。他立重耳的另一个儿子继位，就是晋成公。事后，史官董狐在史书上写道："赵盾弑其君。"赵盾大惊，急忙辩解。董狐说："你不惩罚弑君之人，明显是你主使的；你没跑出国界，仍是晋国正卿，当然应该由你负责任。"赵盾无语，只是一个劲儿地伤心流泪。

后来，孔子听说了此事，十分感慨地说："董狐直书是对的，赵盾也是个好官，为守法制承受了坏名声。可惜呀，如果他跑出国界，就可以免除罪名了。"

# "赵氏孤儿"可能半真半假

  "赵氏孤儿"的故事，几乎妇孺皆知，人们无不被故事的悲壮曲折、侠肝义胆所感动。故事还被翻译成多国文字，广泛流传。法国大文豪伏尔泰，专门创作了一部《中国孤儿》的戏剧，足见其影响深远。那么，"赵氏孤儿"的故事，真实成分有多少呢？历代史学家看法并不一致。

  有关"赵氏孤儿"的记载，最早见于《史记》的《赵世家》。司马迁用了两千多字的篇幅，记叙了故事的全过程。

  赵盾死后，儿子赵朔承袭爵位。晋景公三年，曾经受到晋灵公宠信的屠岸贾做了司寇，他以晋灵公被杀为由，要诛杀赵氏家族。屠岸贾不请示国君，擅自率兵攻袭赵氏居住的下宫，杀死赵朔、赵同、赵婴齐等人，并灭绝其家族。这就是著名的"下宫之难"。

  赵朔夫人是晋景公的姑姑，已有身孕，逃到景公宫内避祸，不久生下一子，就是赵武。屠岸贾闻讯后进宫搜查，夫人把婴儿藏在裤子里得以脱险。赵朔的门客公孙杵臼和赵朔的朋友程婴，冒死从宫中抱出婴儿。两人见屠岸贾搜查婴儿甚紧，便定下一计，找了个别人家的婴儿，由公孙杵臼抱着，程婴则前去自首。屠岸贾信以为真，把那个婴儿和公孙杵臼都杀害了。程婴独自抚养赵武成人。十五年之后，晋景公为赵家平反，诛杀屠岸贾家族。赵武恢复爵位，后来做了正卿。程婴见心愿已了，含笑自尽。

  《史记》记载是否真实，历代史学家存有争议。争议的焦点，是《史记》记载与《左传》有很大不同。《左传》是中国最早的一部编年史，历史学家研究春秋时期的问题，主要参考《左传》。《史记》中的许多史料，也来源于《左传》。而《左传》对赵氏家族的记载是：灭门存在，孤儿没有。

据《左传》记载，晋景公十七年，赵氏被灭门，但遭受灭门的，只有赵同、赵括这两支，赵朔这一支没有被殃及。赵朔早在景公十一年就死了，当时赵武已经七八岁了，根本没有遗腹子。更令人无语的是，造成赵氏灭门的罪魁祸首，不是别人，竟然是赵武的母亲赵庄姬。

原来，赵朔死后，庄姬耐不住寂寞，与赵朔的叔叔赵婴齐有了私情。当时执政的赵同和赵括，也是赵朔的叔叔，对此事很气愤，就把赵婴齐流放到齐，后来死在那里。赵庄姬气昏了头，发誓要报复。她联合对赵家有积怨的栾氏、郤氏等大家族，诬告赵同、赵括谋反。晋景公信以为真，杀了赵同、赵括，并灭其族。这就是历史上的"庄姬之谗"。

不仅《左传》，其他先秦文献中，都没有"孤儿"的记载，也没有屠岸贾这个人。

当然，《左传》记载，不一定是准确无误的历史事实，《左传》没有记载的，也不一定没有此事。司马迁被公认为治学严谨，不可能无中生有，随意编造。那么，司马迁写"赵氏孤儿"的史料，从何而来呢？

据学者考究，可能来源于赵国史书。赵武的后代建立了赵国，赵国的史书，在写赵氏灭门时，有可能隐蔽"庄姬之谗"，编造"赵氏孤儿"，可惜赵史已经失传。

还有的学者考究，可能来源于民间口传史料。在山西一带，至今还保留程婴墓、公孙杵臼墓等遗迹。这些赵国史料和民间传说，恰好符合司马迁的心理需要。司马迁因受宫刑，心中愤懑之气难出，就借书中人物抒发情怀。

《史记》中的复仇故事，都写得有声有色，最典型的，是伍子胥为了雪恨，鞭打楚平王尸体。其实，楚平王已死十年之久，早已成了白骨一堆，哪里还有可鞭之尸？所以，先秦文献记载的，都是鞭坟，司马迁觉得不过瘾，改为鞭尸。这一改，的确是痛快淋漓，突出了复仇效果。司马迁因为有浓厚的复仇情结，就把"赵氏孤儿"的故事写进《史记》里。

由于《史记》的巨大影响，再加上描写精彩，故事感人，这个原本可能并不存在的"赵氏孤儿"，迅速被"历史化"了。自《史记》以后，历代官修史书，大多都对"赵氏孤儿"有记载、有认同，俨然成了历史。

到了元朝初期，有个叫纪君祥的人，写了一部《赵氏孤儿》杂剧，很快引起轰动。当时元灭宋不久，宋朝皇帝就是赵氏后代，人们以此激发民族情感。后来，《赵氏孤儿》被改编成多种剧种，广泛传播，而且故事情节越来越曲折感人，交出去的婴儿，也变成程婴自己的孩子了。

到清朝雍正年间，有个法国传教士，被该剧感动，把它译成法文，后又被翻译成英文、德文、俄文、日文等多种文字。《赵氏孤儿》入选"中国十大古典悲剧"，国学大师王国维赞道："列入于世界大悲剧中，亦无愧色也。"

现在来看，"赵氏孤儿"是真是假已不重要。司马迁讴歌赞扬了舍生取义、不屈不挠、正义必定战胜邪恶的精神，这是任何时代都需要的，也是"赵氏孤儿"广泛流传的魅力所在。

# 一声嬉笑引发一场战争

齐顷公，是齐桓公的孙子。他当国君的时候，还很年轻，有些顽皮，不拘小节，喜欢捉弄人。他的母亲叫萧同叔子，活泼好动。他娘俩由于对人不礼貌，引发了一场祸端。

《史记》记载，春秋争霸，晋楚两国持续时间最长，两国势均力敌，争得不可开交。到晋景公时期，为了扩大声势，想与齐、鲁、卫等国交好，结成联盟，就派大臣郤克出使三国。郤克先到鲁、卫两国，谈得很顺利，然后带着鲁、卫两国使者，一起来到齐国。

齐顷公招待很热情，但一看三国使者的模样，心中暗自发笑。原来，郤克驼背，鲁国使者跛足，卫国使者瞎了一只眼。齐顷公的顽皮劲上来了，安排了三个同样的残疾人，去招待宾客。郤克他们一时也没在意，以为是巧合。

到了正式会谈那天，萧同叔子的好奇心上来了，非要去瞧瞧。儿子拗不过母亲，齐顷公就在会场拉了一道帷幕，让母亲藏在后面偷看。会谈开始，宾客上场。只见前面驼背、瘸子、瞎子三人，引导着后面驼背、瘸子、瞎子三人，缓缓而来，样子十分滑稽。

萧同叔子一见，笑弯了腰，急忙用手捂嘴，还是"嘻"的一声笑了出来。郤克听到笑声，再看看他们几个人的样子，顿时明白了。残疾人自尊心都很强，况且郤克是晋国重臣，家族势力大，脾气也大，连晋景公都惧他三分，哪能受人嬉笑，简直是奇耻大辱。郤克肚子里的火气，直冲脑门，脸色铁青，没等会谈结束，就把事情交代给副使，自己头也不回地走了。

齐顷公知道闯祸了，但为时已晚。郤克一路上，气得肚子鼓鼓的，渡黄河时发誓："此辱不报，誓不再过此河。"郤克回国见到景公，张口就说："给我一支军队，我要去打齐国。"晋景公忙问原因，郤克把情况一说，景公笑了，说："咱们正想与齐国联盟，怎么能因小事坏了大事呢？何况人家笑的，不一定是你呀。"

郤克火气仍然不消，说："您要是不同意，我就带着自家队伍去打。"那个时候，晋国的大家族都能自己养兵，可见势力之大。晋景公只好应付着说："等有了机会，就让你领兵去报仇。"不料，时间不长，机会真的来了。齐国攻打鲁国，鲁国向晋国求救，郤克再次要求出兵，晋景公不得不答应了。

郤克率领八百辆战车，气势汹汹杀向齐国。那时候，这样的规模就相当大了，当年"城濮之战"时，晋文公才用了七百辆战车。齐顷公亲率军队迎敌，双方排列成阵，开始战斗。

齐军以逸待劳，一开始占了上风。齐顷公高兴地大叫："快冲上去，打败了晋军再吃饭，让你们喝酒吃肉。"战斗中，郤克挨了一箭，血流到脚下。他本来是逞血气之勇，一见血，气就泄了，想要后退。他的驭手却说："您是主将，如果后撤，我军就要败了。您才受一次伤，我都受两次伤了，仍在坚持，您怎么就不能坚持呢？"

郤克被驭手一激，勇气上来了，站起身来，猛力擂鼓。驭手拼命赶马，战车跑得飞快；鼓声震天，晋军士气大振，奋勇跟进。齐军招架不住，败下阵来，纷纷溃散。

晋国将军韩厥，正在追击溃兵，忽见前边一辆战车，与众不同，知道是齐国国君，便奋力追赶。齐顷公的卫士逢丑父，见追兵渐近，急忙让弓箭手放箭，并说："射中间那个，那个人是君子。"古代君子出自贵族之家，气质与众不同，容易辨认，而且君子一般都担任重要职务，所以逢丑父要射他。齐顷公一听，急忙阻止："明知道是君子，还射他，不仁义。"弓箭手只得作罢。

齐顷公在前边拼命跑，韩厥在后边拼命追。齐顷公战车被一棵树根绊翻，齐顷公和逢丑父摔倒在地。韩厥赶到，拜伏在逢丑父面前，很客气地说："您受惊了。我奉主将之命，请您前去叙旧。"原来，韩厥不认识齐顷公，见逢丑父高大威严，误认为是齐顷公。

逢丑父见他认错了人，心中暗喜，扭头对齐顷公说："我渴了，快去找点水来。"齐顷公可能被摔昏了头，一会儿，果真端着水，憨憨地又回来了。逢丑父又气又急，大声说："这水浑，不能喝，再去弄点清水来。"顷公这才醒悟，一溜烟逃走了。

韩厥美滋滋地带着逢丑父，去见郤克请功。郤克说："这哪是齐顷公啊？"就要杀了逢丑父。逢丑父说："我这么忠义的人都杀，你不怕坏了名声吗？"郤克就把他放走了。

齐顷公派人求和，为自己的不礼貌道歉，并送上重礼。郤克提出，要让萧同叔子去晋国当人质。齐国人当然不干，理直气壮地说："我们齐晋两国是兄弟，齐国的母亲，就是晋国的母亲，你怎么能这样无礼呢？"郤克无话可说，此时气也消了，就收下礼物，班师回国了。

# 晋国越打胜仗越危险

　　春秋时期，晋是强国，称霸百余年。楚国也是大国，不甘心居人之下。在很长一段时间内，中原争霸，是在这两个国家之间展开的。晋国与楚国为争霸主，曾经有过两次大战。一次是"城濮之战"，楚国失败，晋国称霸；另一次是"邲之战"，晋国失败，楚国称霸。

　　公元前597年，在晋厉公时期，双方又进行了第三次"鄢陵之战"。奇怪的是，晋国执政的范文子，事先极力劝阻，劝阻不成，又向上天祷告："晋军千万不要打胜了。"因为他知道，越打胜仗，晋国就越危险。

　　晋国的危险，不是来自外部，而是出自内部。早在晋献公时期，晋国就定了一条规矩，除了太子以外，其他公子，都必须到国外居住，不准在国内待着，以防止他们抢班夺权。

　　当时，各诸侯国有一个通病，就是公子们都死死盯着国君宝座，平日里培植势力，积蓄力量，国君一死，便饿狼扑食般地抢夺君位。最典型的是齐国，齐桓公死后，五个儿子相互攻打，结果葬送了桓公霸业，造成齐国衰落。

　　晋献公看到这种情况，就想出这样一条对策。可他没有料到，公子们的力量没有了，大臣们的势力却膨胀了，毕竟政务要有人管，官要有人当呀。特别是晋国为了称霸，不停地对外作战，打了胜仗，自然要奖赏有功人员，或升官，或封地，或赏钱财，大臣们的势力，也就越来越强了。

　　到晋厉公的时候，晋国权力多数掌握在郤氏、栾氏、范氏、中行氏等大家族手里，他们不仅管理政务，也掌握军权。晋厉公想把权力集中到自己手里，大家族想让自家势力变得更强，国君和大臣想的，不是一回事。如果打了胜仗，晋厉公就会更加自信，大家族的野心也会更加膨胀，双方的矛盾一定会爆发，晋国灾祸也就不远了。所以，范文子极力劝阻不要打仗，无奈晋厉公和大臣们都不听。范文子一筹莫展，只好祷告"不要让晋军取胜"。

《史记》记载，"鄢陵之战"，是晋楚两国势均力敌的一场大战。双方都铆足了劲，要一决雌雄。开战前，晋国中军主将栾书建议，等齐、鲁、卫等国联军到达以后再打。上军主将郤至则建议，趁士气旺盛，马上就打。晋厉公采纳了郤至的建议，栾书很不高兴。

晋楚两军摆好阵势，然后相互攻击。战场上杀声震天，尘土飞扬，从清晨一直打到天黑，好一场混战。晋国将军魏锜，一箭射伤楚共王眼睛；楚国神箭手养由基，又一箭射死了魏锜。天黑下来，双方息兵，准备明日再战。当晚，楚共王伤痛难忍，率军悄悄溜走了。这样，算是晋军取得了胜利。

晋国获胜以后，三军欢呼雀跃。晋厉公论功行赏，摆宴庆贺，一派欢乐气氛。只有范文子，悄悄回到家中，愁眉不展，唉声叹气。他沉思良久，请来巫师，嘱咐他说，每天诅咒他早死。巫师惊愕，范文子说，只有他死了，子女家族才能免祸。范文子年纪大了，再加上心情郁闷，不久就如愿死掉了。果然，在后来的内乱中，他的子女和家族没有被殃及，范文子真有先见之明啊！

晋厉公取得胜利以后，踌躇满志，便开始了铲除大家族势力的行动。他第一个目标，就是郤氏家族。栾书对郤至有怨，厉公想利用矛盾，逐个消灭。晋厉公重用宠姬的哥哥胥童，让他带领八百士兵，去袭击郤氏。郤氏猝不及防，郤锜、郤至、郤犨等重要人物，悉数被杀，郤氏家族被灭。

晋厉公旗开得胜，十分高兴，但没有想到，胥童趁势把栾书、中行偃也抓了起来。晋厉公担心动静搞得太大，引起大家族反抗，就把栾书、中行偃放了。栾书、中行偃磕头谢恩，口表效忠，心里却另有打算。晋国大家族经营多年，势力盘根错节。晋厉公先是打草惊蛇，后又放虎归山，必然是引火烧身。

栾氏和中行氏联合起来，推翻了晋厉公，杀死胥童。晋厉公被囚禁六天后死去，只有一辆车陪葬，被草草掩埋。栾氏他们从周京迎来公子周继位，公子周即位前，先杀鸡与大家族结盟，发了誓言，大家族才拥立他当上国君，这就是晋悼公。

晋悼公倒是颇有作为，继续称霸，九会诸侯，同时，与戎狄和解，对百姓布施恩惠。但是，他再也没有触及大家族的利益，也不敢追究晋厉公被杀之事。

国君权威愈衰，大家族势力愈盛。大家族之间，为了争夺权力和利益，相互攻占兼并。后来，栾氏、中行氏等家族被灭了，大权逐渐落到魏氏、韩氏、赵氏手中，最后导致"三家分晋"，晋国灭亡。

# 鲁国为何始终不能强盛

　　山东简称鲁，山东人对鲁情有独钟。鲁国是周公的封地，周公是周武王最亲密的弟弟，而且功勋卓著，他的封地，肯定是个好地方。鲁国长期作为华夏文化的中心，是儒学文化发源地，各方面条件都很优越。

　　然而，自周公建国以来，历时近千年时间，经历了三十四代君主，却始终没有强盛过。特别是在春秋战国时期，鲁国一直默默无闻，经常挨打受气，最终衰弱被灭。对此，笔者作为山东人，感到既遗憾又疑惑。读了《史记》以后，笔者认为，鲁国不能强盛，可能有以下几个原因，不一定对，敬请读者指正。

　　首先，鲁国的治国理念因循守旧。《史记》记载，周武王灭商建周以后，封周公于曲阜，但不让他去封地，而是留在朝廷辅佐武王，后来又辅佐周成王。周公就让儿子伯禽，代自己到鲁国受封，并治理鲁地。

　　伯禽到了鲁国，三年以后，才向周公汇报施政情况。周公问道："为何如此迟晚？"伯禽回答："变其风俗，改其礼仪，要等三年以后，才能看到效果。"伯禽所说的变风俗、改礼仪，就是按照周朝的礼仪，去改变当地的民俗。

　　而同时受封的齐国，却与之相反，尽量简化礼仪，一切按当地风俗去做。所以，姜尚只过了五个月，就向周公汇报了施政情况。姜尚听说鲁国搞的这一套，叹息说："为政不简约易行，人民就不会亲近；政令平易近民，人民必然归附。鲁国这样做，其后代将要成为齐国之臣了。"姜尚就是姜太公，他确实有远见。

长期以来，鲁国以周室正宗诸侯国自诩，奉行以周礼治国。而周礼，礼仪繁缛，等级森严，过于保守，泯灭个性。所以，鲁国死抱着陈旧观念不放，不能与时俱进，从未搞过革新变法，社会发展缺乏活力。这应该是鲁国不能强盛的根本原因。

　　鲁国重礼乐而轻武备。有一次，吴国的季札访问鲁国。他早就听说，鲁国的音乐水平很高，请求欣赏一下。鲁国的乐工，为他演唱了周朝的音乐，还演唱了各诸侯国的音乐，内容丰富，美妙动人，如同一场大型音乐会。

　　《史记》用了很长的篇幅，记载了这次音乐会的盛况。季札听得如痴如醉，感叹地说："五音和谐，八音协调，节拍尺寸整齐，旋律遵循法度，这是音乐的最高境界了。"鲁公听客人夸奖，也扬扬得意。可是，《史记》中却没有任何关于鲁国训练军队、加强武备的记载。

　　鲁国军队的战斗力很差，打的胜仗屈指可数，多数时候都是打败仗。鲁国倒也安分，很少主动出击，更不对外扩张。试想，在那个战乱动荡的年代，重视礼乐而不修武备，鲁国怎么可能强盛呢？

　　鲁国缺少明君贤臣。鲁国重视礼仪、创建儒学，俨然是"礼仪之邦"。可是，出的明君却不多，更没有雄心勃勃的君主，而昏君倒是不少。伯禽的第三代，就出现了弟弟杀死哥哥、夺去君位的事情，以后兄弟手足相残，屡见不鲜。

　　在礼仪道德方面，也很糟糕。鲁桓公的夫人与齐襄公通奸，造成鲁桓公被杀。鲁桓公儿子鲁庄公的夫人，又与小叔子庆父私通，造成了"庆父之乱"。鲁惠公见儿媳漂亮，就据为己有。这样的事情，在其他诸侯国也发生过，但出现在重礼仪的鲁国，就有点讽刺意味了。司马迁在《鲁周公世家》中说："我听说，孔子曾经说过'鲁国的道德，真是衰微至极了'。他们虽然一直遵循礼仪揖让之节，但实际行事，又多么与此违背啊！"

　　没有明君，自然就不会有贤臣。大军事家吴起，最早是在鲁国服务，曾经率领鲁军，打败了强大的齐国。但是，大臣们诋毁他，鲁公猜忌他。吴起打了胜仗，不仅不赏赐，反而把他赶走了。鲁国没有明君和人才，是不能强盛的关键因素。

鲁国长期由大臣专权。鲁国最有权势的，是孟孙氏、叔孙氏、季孙氏三家，号称"三桓"。起初，他们是鲁庄公的三个兄弟，后来各自发展成了大家族势力，掌控了鲁国大权，并分别统领鲁国三军。"三桓"家族控制鲁国长达一百多年，历经四代君主。有的君主，也想削弱"三桓"势力，但不是被杀死，就是被赶走。"三桓"之间，也相互争斗，鲁国政局长期处于不团结、不稳定状态。

晋国等其他诸侯国，也有大臣专权。他们虽有内讧，但在对外上是一致的，因为只有对外扩张，他们才能从中得到好处。而鲁国，内耗严重，对外又不行，只会搞"窝里斗"，怎么可能强盛呢？

周边强国限制了鲁国发展。鲁国北边是齐国，南边是楚国，西边是魏国，都比鲁国强大，而且都不希望看到鲁国强盛，一有借口，他们就讨伐鲁国，不断削弱鲁国实力。鲁国处于强敌包围之中，是很难发展的。

公元前496年，孔子代理国相职务，只用了三个月时间，就很有成效。商贩不敢漫天要价，掉在路上的东西没人捡走，各地来的客人得到很好的照顾，办事情也不用向官员送礼了。齐国听到这个消息，害怕起来，唯恐孔子长期执政，鲁国就会强盛，那对齐国是大大的不利。

于是，齐国精心挑选了八十个美女，个个能歌善舞，还选了一百二十四匹好马，一起送给鲁国。鲁国国君高兴坏了，一连三天不问政事，只顾享乐。孔子听说以后，叹息道："接近那些女人，足可以让人事败身亡。"孔子一气之下，辞掉官职，拂袖而去，带领一帮弟子，周游列国去了。

公元前255年，鲁国被楚国灭掉了。鲁国虽然长期没有强盛，更没有称霸，但却创造了灿烂的文化，特别是诞生了圣人孔子，创建和发展了儒学文化，这对于中华文明是一个重大贡献，足以令人称道。

# 孔子是怎样周游列国的

　　鲁国虽然国力不强，但却出了一位圣人，就是鼎鼎大名的孔子。孔子，是我国古代伟大的思想家、政治家、教育家。他创建了儒学，儒学的核心是礼和仁，儒家思想影响中国社会几千年。

　　孔子先是从政，从政不得志，便去周游列国，到处宣传他的儒家思想。那么，孔子都到过哪些国家，他是怎样周游列国的呢？

　　孔子的父亲叫叔梁纥。叔梁纥年老时，娶了颜姓女子，生下孔子，因其头顶是凹下去的，所以取名叫孔丘。《史记》说，孔子身高九尺六寸，人们称他为"长人"。虽然古代尺寸与现在不同，但孔子肯定身材高大，是个"山东大汉"。

　　孔子家境贫寒，年轻的时候，做过管理仓库的小官，也当过管理牧场的小吏。他工作认真，后来升任了主管营造工程的官员。孔子一边从政，一边潜心学习周朝礼仪。由于学习用功，曾经有三个月的时间，竟尝不出肉的味道。他还外出请教过老子。孔子五十岁以后，官开始当大了，先是担任中都长官，后来升为司空，又由司空提升为大司寇。在他五十六岁的时候，代理国相，这是他担任的最高职务。

　　与此同时，他的学问也做大了，形成了以礼、仁为核心的儒家思想和政治主张，跟着他学习的人越来越多。孔子代理国相的时间不长，效果却很明显。但是，孔子见鲁国君主沉湎于酒色，做事又不符合礼、仁，很是失望，就辞掉官职，带着一帮弟子去周游列国。

　　《史记》说，孔子周游列国，一共十四年时间，先后到过卫国、陈国、曹国、宋国、郑国、蔡国、楚国等国家，大多数是小国。因为齐、晋、秦等大国，关心的是如何称霸，孔子礼、仁那一套学说，对他们来讲，根本就是对牛弹琴。小国虽然愿意接受孔子思想和政治主张，但也是各为自己打算。所以，孔子周游列国之路，很不顺利，成效也不大。

孔子最先去的国家是卫国，而且去过多次。卫国实力弱小，常常被大国欺负。卫灵公觉得孔子那一套挺好，如果天下都讲仁义，不再打仗，卫国不就安全了吗？但卫灵公也觉得，这恐怕不够现实。所以，孔子第一次去卫国，住了十个月，没有任何作为，就离开了。孔子第二次去卫国，卫灵公与夫人南子同乘一车，让孔子乘坐另一辆车在后面跟着，招摇过市，孔子认为不符合礼仪，很生气，只住了一个月就走了。第三次又去卫国，卫灵公向孔子问起布兵打仗的事，孔子却说："排兵布阵的事，我不曾学过；祭祀祖先的礼仪，我倒知道一些。"卫灵公对祭祀的事不感兴趣，孔子滔滔不绝地讲着，卫灵公只顾抬头仰望空中飞翔的大雁。孔子见状，叹息一声，就又离去了。

孔子周游列国，受到欢迎的时候不多，遭到冷落、戏弄的事却不少。孔子在宋国时，与弟子们在一棵大树下演习礼仪，宋国的司马，就命人把大树砍了，恐吓孔子，孔子只好识趣地离开了宋国。

孔子到了郑国，与弟子们走散了，一个人站在东门口。弟子们到处寻找老师。有人对他的弟子说："东门有个人，额头像唐尧，脖子像皋陶，可是从腰部以下，比禹短了三寸，一副狼狈不堪的样子，真像一条丧家犬。"弟子们把这话告诉了孔子，孔子苦笑说："他形容我的相貌，不一定对，但说我像丧家犬，对极了。"

有一天，子路遇见一位肩扛农具的老人，就问他："您看见过我的老师吗？"老人说："你们这些人，四体不勤，五谷不分。谁是你的老师，我怎么会知道。"子路闹了个大红脸。

孔子周游列国，还时常遇到危险。孔子要去陈国，经过一个叫匡的地方。匡人看见孔子，误以为是鲁国的阳虎。阳虎曾经残害过匡人，匡人都恨他。孔子长得和阳虎有点像，匡人把孔子围起来，要杀掉他。幸亏弟子颜渊及时赶到，消除了误会，孔子才得以脱身。

有一次，孔子住在陈国和蔡国的边境上，楚国打算派人去聘请孔子。陈、蔡两国的大夫，不愿意让孔子去楚国，就派了一些服劳役的人，把孔子围困在野外。孔子和弟子们无法行动，食物也没有了，一个个饿得头昏眼花。孔子很无奈地问他的弟子："我们为什么沦落到这步田地，难道是我的学问不好吗？"

子贡小声说："老师的学问，博大到极点，所以，天下没有一个国家，能容纳老师，老师何不稍微降低一下您的主张呢？"孔子听了，很不高兴。

颜回慷慨激昂地说："老师的学问，博大精深，不被天下接受，有什么关系呢？不被接受，那是当权者的耻辱；不被接受，才能更显示出君子的本色！"孔子听了，大为高兴。

子贡叹口气说："现在空谈这些，有什么用呢？眼下最要紧的，是赶快想办法活命。"于是，子贡设法去了楚国，请求楚王派出军队，接走了他们，才免除了这场灾祸。

孔子周游列国十四年，没有多大成果，只好回到鲁国。鲁国不重用他，孔子也不想出来做官。孔子晚年，主要是编书和教授学生。孔子编修了《诗》《书》《礼》《乐》《易》《春秋》，被称为"六艺"。

孔子有学生三千多人，其中有七十二人被称为圣贤。孔子在七十三岁时去世，孟子则死于八十四岁。所以，民间便有了"七十三、八十四，阎王不叫自己去"的说法。也有人把七十三岁或者八十四岁去世的老人，称为"辞世于圣贤年"。

孔子周游列国，徒劳无功，主要原因是，礼、仁等儒家思想和政治主张，不适宜春秋时期动荡的现实，而到了汉朝，天下统一、人心思定，统治者需要稳定社会，孔子的儒家学说便有了用武之地。汉武帝"罢黜百家，独尊儒术"，儒家思想从此兴盛，影响中国社会几千年。

# 子贡口才高于苏秦张仪

　　子贡，是孔子的得意门生。他精通儒学，学识渊博，与苏秦、张仪并不是一路人，本不应该相提并论，然而，读了《史记》以后，才知道子贡还富有韬略，擅长游说，特别是"三寸不烂之舌"的功夫，丝毫不亚于战国时期著名的纵横家苏秦和张仪。

　　《史记》记载，孔子在周游列国的时候，有一天，忽然听说齐国要去攻打鲁国，鲁国十分危险。孔子心中着急，就向随行的弟子们说："鲁国是我们出生的地方，也是祖宗坟墓所在之地，现在危在旦夕，你们应该挺身相救。"

　　子路志气刚强，喜欢逞凶斗狠，又是孔子学生中武艺最棒的，自认为非己莫属，抢先要去。没想到，孔子却连连摇头。其他弟子也纷纷请战，孔子仍然摇头。孔子把目光转向身材瘦弱、文质彬彬的子贡。子贡心里明白，便请求前去。孔子舒了一口气，说："有子贡去，我就放心了。"

　　子贡首先摸清了齐国攻打鲁国的原因，分析了各国形势和国君的心态，谋划好此行的目的和计策。他知道，这次齐国攻打鲁国，是宰相田常的主意。原来，田常早有篡位之心，但忌惮几个掌握军权的将领，就想借攻打鲁国之机，消耗他们的实力。

　　于是，子贡首先去见田常，开门见山地说："您打鲁国是错误的，鲁国弱小，城墙单薄，护城河狭窄而水浅，兵力又不足，是很容易打下来的。如果灭了鲁国，将领立了大功，他们的实力就会更强。所以，您不如去打吴国。吴国城墙高大而厚实，护城河宽阔而水深，士兵作战勇猛，肯定很难打。"田常一听，心里就明白了，急忙说："可是，军队已经开到鲁国了，有什么理由和吴国打仗呢？"子贡说："我去见吴王，让他援助鲁国，与齐国为敌，这样不就可以打起来了吗？"田常说好，就让子贡赶紧去办。

子贡立即去见吴王夫差，直截了当地说："您要保住霸主地位，对手是齐国和晋国。您征伐过齐国，已经结了仇。如果齐国灭了鲁国，实力就会增强，于您不利。所以，您应该援助鲁国，击退齐国。"夫差觉得有理。子贡又说："齐国目前将相不和，正是打败它的好机会。您战胜了齐国，再率兵威逼晋国，天下畏惧，就没人敢挑战您的霸主地位了。"

吴王听得高兴，但由于听说越王勾践卧薪尝胆，似乎有复仇之心，担心越国趁机袭击吴国。子贡说："那好办，我去说服越王，晓之利害，他不仅不会袭击吴国，反而会派兵帮助您。"吴王大喜。

子贡马上去见越王勾践，劈头就问："您知道越国有危险吗？"勾践摇头不知。子贡说："我已经说服夫差，帮助鲁国，但夫差怀疑您想复仇，担心您在背后打他。吴国目前仍很强大，如果对您起了戒心，您岂不是很危险吗？您如果有心复仇，就绝不能让夫差有疑心。"

勾践忙问："那该怎么办呢？"子贡说："您赶紧去向夫差表忠心，并派军队帮助他，夫差就会消除怀疑了。吴国如果打败了齐国，有可能趁势去打晋国，不管胜败如何，吴国都会损耗实力，对您是有利的。"勾践听罢，起身叩拜，并送上黄金百镒。子贡没有接受，匆忙告辞，又马不停蹄赶往晋国。

子贡见到晋国国君，开口便说："听说吴国就要和齐国打仗了，吴王刚称霸不久，如果战胜了齐国，一定会来与您这位老霸主较量，您需要早做准备啊！"晋国国君立即安排备战。

子贡连续奔波，身心疲惫，他担心孔子挂念，顾不上休息，赶快回去复命。孔子听后，拍手叫好。

果然，事态的发展，完全是按照子贡的设计进行的。吴王夫差亲自率军援助鲁国，越国派兵参加。齐国放弃鲁国，转而与吴国作战，结果大败，损兵折将。吴王夫差取得胜利后，没有班师回朝，又率大军抵达晋国，企图以武力相威逼。没想到晋国早有准备，吴国吃了败仗，损失不小。越王勾践见时机已到，立即渡江袭击吴国。夫差闻讯后慌忙回撤，抗击勾践。吴国连续作战，损失了大量兵力，部队疲劳，处于劣势。最终，越国军队攻入吴国都城，夫差自杀，吴国灭亡。越王勾践，至此开始称霸东方。

就这样，子贡凭借智慧谋略和三寸不烂之舌，周旋于几国之间，实现了保鲁、乱齐、强晋、灭吴、霸越的战略设想。短短数日，就使五个国家发生了巨大的变化，乃至对春秋末期的格局产生了重大影响。

子贡游说各国，说的几乎都是真话，没有撒谎欺骗。这源于他对各国心态的深刻洞察，是苏秦、张仪他们所不能比拟的。孔子对子贡才能的深刻了解，也是令人称道的。

# 一个匪夷所思的魅女

有魅力的女人不少，一般都是年轻貌美的女子。然而，一个四五十岁的半老徐娘，也能人见人爱，迷倒一大片男人，这恐怕只有春秋时期的夏姬，才能做得到。

夏姬，是郑国人，出身还挺高贵，是国君郑穆公的女儿。夏姬从小就是个美人坯子，长大后杏眼桃腮，漂亮得不得了。被她第一个迷倒的，是同父异母的哥哥公子蛮。公子蛮"近水楼台先得月"，可惜好了不到三年就死了。

夏姬成年之后，由于名声欠佳，就远嫁陈国，做了陈国大夫夏御叔的妻子。婚后生有一子，名叫夏徵舒。后来夏御叔死了，御叔的同事孔宁和仪行父，早就对夏姬垂涎三尺，赶紧抓住机会，与夏姬勾搭上了，不久，国君陈灵公也加入其中。三个人整天往夏姬住的株林跑，时间一长，路人皆知。《诗经》中有篇诗歌叫《株林》，专门讽刺这三个不要脸的家伙。

《史记》对陈灵公等人与夏姬的事也有记载。记载说，一个国君和两个大夫，公然在朝堂上相互夸耀夏姬内衣，丝毫没有羞耻之心。大夫泄冶看不下去，劝谏陈灵公说："国君和大臣如此淫乱，让老百姓如何效法？"陈灵公不知出于什么目的，把这话告诉了孔宁和仪行父。两人一听火了，还想坏我们的好事，于是暗地里把泄冶杀了。国君是他们的淫友，当然可以为所欲为、毫无顾忌了。后来孔子评价说，泄冶死得不值，陈灵公无耻到那种地步，是不能劝谏的。

陈灵公为了取悦夏姬，任命夏徵舒为大夫。陈灵公等三人肆无忌惮，闹得越来越不像话。有一次，他们又在夏姬家里喝酒取乐，夏徵舒也在场。陈灵公指着夏徵舒，对孔宁、仪行父开玩笑说："我看这小子像你，也像你。"两人反唇相讥说："他长得更像您。"这等于当面说，夏徵舒是杂种。

夏徵舒心里的火气，早就满满的，这回再也忍不住了，拿出弓箭，射死了陈灵公，孔宁、仪行父仓皇逃往楚国，夏徵舒自立为国君。夏徵舒能当国君，年龄自然不小了。夏姬是他的亲生母亲，年纪应该在四十岁以上了吧。

孔宁、仪行父逃到楚国，请求楚国出兵，征讨夏徵舒。楚庄王当时正在争霸，对这种犯上作乱的事情，当然要管，于是率军讨伐陈国。在路上，楚庄王讥笑陈灵公说："为了一个老女人死了，真不值得。"楚庄王率领大军，杀了夏徵舒，趁机把陈国也吞并了，设为楚国的一个县。楚国是最早设县的国家，比秦始皇的郡县制早几百年呢。

群臣都因为扩大了地盘，向庄王祝贺，只有一个大臣，有不同看法。他向庄王进谏道："我们征伐夏徵舒，是为了伸张正义，可占领人家的土地，却是不义之举。这样，诸侯不服，我们就难以称霸了。"楚庄王顿时醒悟，马上恢复了陈国，立陈灵公的儿子为国君。后来孔子评价说："重一言而轻一国，庄王真是贤德。"

楚庄王把陈国的事情料理完了，就想看看让陈灵公丧命的老女人长什么模样。夏姬一进朝堂，全场的人，眼睛立刻都直了。楚庄王愣了半天，心想，陈灵公死得真值，于是说："这个女人，我娶了。"

大臣申公巫臣急忙劝谏，说："我们是为正义而来，您如果娶了她，一定会受到诸侯耻笑，不利于争霸大业。"申公巫臣是楚国有名的贤臣，楚庄王很敬重他。楚庄王沉思一会儿，觉得还是争霸大业重要，只好忍痛割爱。

楚庄王刚说不娶，话音未落，司马子反就迫不及待地大喊道："我娶！"夏姬进来以后，子反的眼睛就没有离开过她的身子。申公巫臣又急忙劝阻，说："这个女人不吉祥！你看，有多少人死在她的手里。"边说，边掰着手指头数。子反想想，还是性命要紧，也摆手不要了。

申公巫臣刚想再说什么，楚庄王发话了："连尹襄老将军刚刚丧偶，就赏给他为妻吧。"连尹襄老一听，喜出望外，立即扑倒在地，磕头谢恩。申公巫臣张了张嘴，没说出话来，确实也无话可说了。

夏姬嫁给连尹襄老几年后，连尹襄老死了。子反感到庆幸，幸亏没娶夏姬，真是不吉祥。连尹襄老的儿子黑腰，早就被夏姬迷得不知东南西北了，马上鸠占鹊巢。

申公巫臣一看，不能再失去机会了，赶紧找到夏姬，倾诉了满腔的爱慕之情，要夏姬先回郑国等待，一有机会，定去娶她。夏姬从前周旋于若干男人之间，也是没有办法，见申公巫臣一片真诚，就答应了，自己先回到了娘家。

申公巫臣焦急地等待机会，又等了好几年，楚庄王都去世了，换了新王，这才等来了出使齐国的机会。申公巫臣先到齐国，办完公事，让副使回国复命，自己火急火燎地赶到郑国，立马与夏姬完婚，遂了心愿。这时候的夏姬，恐怕有五十岁了吧。

郑国弱小，申公巫臣怕在郑国不安全，就带着夏姬逃到齐国，在齐国还怕不安全，又跑到晋国，晋国当时是霸主，有能力保护他们。申公巫臣素有贤德之名，但为了得到夏姬，他抛弃了高官厚禄、名誉地位、家庭财产，甚至不惜冒生命危险，一切统统都不要了，只要一个夏姬。可见夏姬魅力之大，无人能及。

至于夏姬为什么会有如此大的魅力，《史记》没有说。据说，汉代有人研究，说夏姬有返老还童之术，一生经历了三次十八岁时的容貌，不知道是真是假。假如现在有人会这门技术，一定会发大财的。

申公巫臣偷娶夏姬的消息，很快传到了楚国。子反这才恍然大悟，原来这小子是要自己娶啊！子反醋性大发，盛怒之下，杀死了申公巫臣整个家族。子反并不是残暴之人，平时很讲仁义，这次是因为夏姬，才失去了理智，又是夏姬魅力惹的祸。

申公巫臣闻讯后，痛哭流涕，发誓报仇。他向晋国献计，扶持楚国背后的吴国，使之不断袭扰楚国。楚国也如法炮制，扶持与吴国相邻的越国。这样，吴越逐渐强大，便有了两国相互攻伐的故事。从这个角度讲，夏姬还在一定程度上，影响了春秋末期的格局。

# 吴越两国仇怨多

春秋末期，中原各诸侯国为了争霸，打得疲惫不堪，实力损耗不小。这时，南方的吴国和越国，趁机崛起，先后称霸中原。吴、越是邻国，互有仇怨，先是越国杀死了吴王，后来吴国打败越国，最终越国灭了吴国，真是仇怨是非颇多。

《史记》记载，吴国的创立者，是吴太伯和其弟虞仲。他们是周文王的伯父，为了让位，跑到南方荆蛮之地。荆蛮人认为他们很仁义，追随附顺他们的，有一千余户。太伯和虞仲，后来建立了吴国，周武王时候，正式册封吴国为诸侯。

吴国处于蛮夷之地，生产力很不发达，长期以来默默无闻。到太伯十九代孙寿梦时，情况才有所好转。寿梦做王的第二年，申公巫臣为报楚国杀其家族之仇，专门来到吴国，教给吴国用兵之术和车战之法，让吴国在背后袭扰楚国，吴国从此开始与中原各国交往。寿梦的孙子阖闾，是个雄心勃勃的君主，他重用孙武、伍子胥，打败了楚国、陈国、蔡国，吴国开始强盛起来。

《史记》记载，越国的祖先，是夏禹的后裔，是夏朝少康帝的庶出之子，被封在会稽，历经二十多代以后，传到了允常。越国人身上刺有花纹，头发剪短，是真正的夷蛮之人。楚国见晋国扶持吴国，便支持越国，越国也开始兴盛。吴、越两国产生了矛盾，便相互攻打。

允常死后，儿子继位，就是大名鼎鼎的勾践。吴王阖闾知道，如果越国强盛起来，对吴国是心腹大患，就趁着越国办丧事，以为有机可乘，便举兵伐越。越王勾践可不是个善茬，早有防备，立即出兵迎敌。

勾践使用了蛮人之法，派出百余名士兵，排成三行，手持短刀，缓缓来到吴军阵前，说："越国得罪了吴王，我们愿意以死谢罪。"说完，这些士兵一起举刀，抹了脖子，倒地身亡。

吴国人没有见过这种情况，看得目瞪口呆，心中疑惑不解，纷纷下马查看尸体。就在这时，越国的精锐部队突然杀出，吴军猝不及防，被打得大败而归。吴王阖闾被箭射伤，不治而死。阖闾在弥留之际，再三告诫儿子夫差："千万不要忘了杀父之仇。"夫差流着眼泪，发誓说："杀父之仇不共戴天，一定要灭了越国。"

吴王夫差怀着满腔仇恨，日夜操练兵马，准备报复越国。越王勾践听说以后，知道吴越之间，必定有一场生死大战，就想趁着吴国还没有准备好，先发制人，于是举兵伐吴。

吴国动用了全国兵力，迎战越军。吴国军队士气高涨，很快就打败了越军。勾践聚拢起五千名残兵败将，退守会稽。夫差乘胜追击，把会稽围得水泄不通。勾践乱了方寸，毫无办法。

大将范蠡对他说："情况危急，只有向吴国称臣求和，才能避免亡国的危险。您可以送给吴王优厚的礼物，并且亲自前往侍奉他，把自身抵押给吴国。另外，听说吴国太宰伯嚭，是个贪财好利之人，您可以用重金贿赂他，让他为越国说好话。"

勾践照计而行，派大夫文种前去求和，同时贿赂伯嚭。文种见了吴王，跪倒在地，边爬行边磕头，说："勾践愿意做您的奴仆，他的妻子愿意做您的侍妾。"吴王想答应，伍子胥坚决反对。伯嚭却说："越王已经服服帖帖地当了臣子，如果赦免了他，对我国是有利的。"吴王夫差不听伍子胥谏言，赦免了越王，撤军回国。

越国遭此大难，差点被灭国。勾践从此卧薪尝胆，自己亲自耕作，夫人亲自织布，吃饭从未有荤菜，也不穿华丽衣服，并且体恤百姓，救济穷人，发展经济，增强实力，准备东山再起，向吴国复仇。

吴国征服了越国，实力大增，就想称霸中原。夫差听说齐景公死后，大臣争权，新立之君幼小无势，于是兴兵北伐齐国。伍子胥进谏说，越国才是心腹大患，不宜攻打齐国。夫差不听，伐齐取得胜利，夫差更是得意扬扬。接着，吴国又讨伐鲁国，也取得胜利。公元前

482 年春，吴王夫差北上，与诸侯盟会于黄池，确立了霸主地位。至此，吴国势力达到鼎盛。

吴王夫差一心称霸，两眼只盯着中原诸侯，却没有认真防备身边的越国。越国经过二十多年的休养生息，已经恢复了元气，国力增强。于是，趁着吴国精锐部队在黄池会盟之机，勾践兴兵攻打吴国。吴国留守的老弱士兵不是对手，被打得大败，吴国太子也被杀死。此时，吴王夫差还在黄池，忙着与诸侯订立盟约。夫差怕战败的消息于己不利，就封锁消息，同时派人带着厚礼，与越国讲和。越王估计自己还暂时灭不了吴国，就同意讲和了。

九年以后，越国趁着吴国连续与齐、晋作战，军队疲惫之际，再次兴兵伐吴，一举攻占了吴国都城，把夫差围困在姑苏山上。夫差没有办法，只好派使者前去求和。使者见到越王，学着当年文种的样子，跪倒在地，边爬行边磕头，请求赦免。勾践不忍心，想答应吴国。

范蠡坚决不同意，说："我们忍辱负重已经二十多年了，现在天要灭吴，我们绝不能放弃。"说完，范蠡就鸣鼓进军，大声喝道："越王把政事委托给我了，吴国使者赶快离去，否则，对你不客气。"吴国使者只好哭着走了。就这样，吴王夫差自杀，吴国灭亡了。

越王勾践灭了吴国以后，出兵向北渡过黄河，在徐州与齐、晋等诸侯会合，向周王室进献贡品。周元王派人赏赐祭祀肉给勾践，称他为"伯"。勾践为显示仁德，把淮河流域的土地送给楚国，把吴国侵占宋国的土地归还宋国，把泗水以东的土地给了鲁国，各国都宾服于勾践。当时，越军在长江、淮河以东畅行无阻，诸侯都来庆贺，称越王为霸主，越国势力达到鼎盛。

吴越两国相互征战的事情表明：世道无常，三十年河东，三十年河西，有时因一念之差，就可能铸成无可挽回的大错。

# 伍子胥被杀原因复杂

伍子胥，是春秋末期的著名人物。他帮助吴王阖闾建立大功，后因屡进忠言，惹怒夫差，被逼自杀。人们对伍子胥寄予深切的同情，他的事迹，被编为戏剧影视，广泛传播。

吴王夫差，并非昏聩之主，也很少滥杀无辜，对有杀父之仇的勾践，他都能够饶恕，为什么非要杀害忠良伍子胥呢？《史记》记载，伍子胥被杀的原因，是多方面的。

首先，伍子胥性情刚烈。伍子胥的父亲伍奢，是楚国太子的老师。楚平王夺了太子的未婚妻，怕太子怨恨，就要杀他，因而祸及伍奢。楚平王知道伍奢的两个儿子贤能，想召来一起杀掉，以绝后患。伍奢说："大儿子宽厚仁慈，一定会来；子胥为人桀骜不驯，绝不肯来。"知子莫若父，果然，大儿子应召前来，与父亲一同被杀，伍子胥则含恨逃往吴国，他要留下性命，为父兄报仇。

十六年以后，伍子胥带兵攻打楚国，攻占了楚国都城，掘开楚平王坟墓，拖出尸体，一口气鞭了三百鞭，才出了胸中恶气。后来，伍子胥被逼自杀之前，满腔愤恨，嘱咐道："把我的眼睛挖出来，悬挂在都城东门之上，我要亲眼看到越军进城。"

从以上记载来看，伍子胥的主要性格，是疾恶如仇，刚强暴烈。人们常说，性格决定命运。为人圆滑，固然不好，但过于刚烈，也无益处。这样的性格，是很难与国君搞好关系的。

伍子胥固执谏言惹怒吴王。从《史记》记载看，伍子胥向吴王大的谏言有三次。第一次，是吴国打败越国以后，勾践求和。伍子胥进谏说："勾践为人，能含辛茹苦，大王若不一举歼灭了他，今后一定会后悔的。"吴王不听，不仅与越国议和，还放虎归山。

第二次，是吴王征讨齐国，伍子胥再次进谏道："越国才是心腹大患，大王却要去打齐国，不是很荒谬吗?"吴王仍然不听，结果伐齐成功，从此，吴王很少听从伍子胥的计谋了。

第三次，是吴王听了子贡游说，要援鲁攻齐。伍子胥又谏言道："大王如果相信那些虚饰狡诈之词，吴国灭亡的日子就不远了。"吴王有些烦恼，就派伍子胥出使齐国，把他支走了。当时，吴王正想与齐国开战，却派伍子胥出使齐国，岂不是想借刀杀人吗?

伍子胥多次进谏，虽然出于忠心，但不注意方式，语气不平和，说得难听，不是"后悔"，就是"荒谬"，或者是"灭亡"，这肯定是会惹恼吴王的。

吴王夫差刚愎自用，猜忌子胥。夫差是一位有作为的君主，他父亲被越国杀害后，每次上朝，都让众臣高喊："夫差，不要忘记杀父之仇!"他励精图治，终于打败了越国，后来，又战胜楚国、齐国，称霸中原。越是有功绩的君主，越是自以为是，喜欢听奉承话，而且猜忌功臣。伍子胥是他父亲一辈的老臣，屡建奇功。俗话说"功高震主"，历史上因功被杀的事例很多。有些人，老老实实还难逃灾祸，何况伍子胥一而再、再而三地犯颜直谏呢。夫差的猜忌和刚愎自用，是伍子胥被杀的主要原因。

伯嚭挑拨离间，屡进谗言。伯嚭与伍子胥，有着相同的经历。他爷爷伯州犁，是楚国大臣，被楚王杀害，伯嚭也是含恨逃往吴国。起初，他和伍子胥同病相怜，关系不错。后来，伯嚭接受越国贿赂，经常为越国美言，惹怒了伍子胥，两人关系越来越差。

伯嚭多次向吴王进谗言，说："子胥为人强硬凶恶，猜忌狠毒，没有情义，置父兄死活于不顾，鞭打楚王尸体以泄愤，不是良善之辈。"伯嚭为人圆滑，深得夫差信任，被提拔为太宰，他的谗言对夫差影响很大。

后来，伯嚭又进一步诬陷说："伍子胥屡次谏言，大王不听，已有怨恨情绪。伍子胥自恃功高，十分强势，又有谋略，很容易引发祸端，大王不可不防。"夫差说："没有你这番话，我也怀疑他了。"可见，夫差对伍子胥已经动了杀心。伯嚭的谗言和诬陷，是伍子胥被杀的重要原因。

伍子胥留下把柄。伍子胥见吴王不听谏言，很是失望，便假装有病，不随吴王出征，吴王很不高兴。后来，伍子胥见吴国情况危险，就把儿子送到齐国，托付给齐国大臣鲍牧。伯嚭早就暗中注意伍子胥的举动，探察到此事后，马上报告吴王，说："子胥身为吴国大臣，却与敌国大臣串通一气，还把儿子送往敌国，明显是不忠。"

夫差终于抓到伍子胥的把柄，找到了借口。于是，夫差派人送去宝剑，逼着伍子胥自杀了。越国灭亡吴国以后，夫差后悔万分，说死后无颜去见伍子胥，夫差也落了个自杀身亡的下场。

伍子胥被杀，是他个人的悲剧，更是吴国的悲剧。伍子胥虽然死了，但他那忠勇刚烈、光明磊落、疾恶如仇的形象，永远受到人们的敬仰和怀念。

# 范蠡识人本领真到家了

范蠡，是春秋末期的著名人物。他辅佐越王勾践灭了吴国，称霸中原，然后，功成身退，不仅保全了性命，而且又在商界大展身手，再创辉煌。范蠡是一位集军事家、政治家和商人于一身的传奇人物，特别是他识人的本领，堪称一流，不得不佩服。

《史记》记载，范蠡侍奉勾践多年，早就看出勾践长颈鸟喙，只能同患难，不能共富贵，但为了国家和民众，还是帮助他成就了霸业。范蠡为勾践出谋划策，并且统领军队，指挥作战，建立大功。

事业成功之后，范蠡就向勾践辞别。勾践不准，说："我正想和你平分越国，共富贵呢。"勾践越是说得好听，范蠡越坚定了离去的决心。于是，范蠡携家人不辞而别，乘船漂海到了齐国。有传说范蠡带走了西施，《史记》并无记载。

范蠡到齐国以后，马上给好友文种写去一封信，让文种也赶快离开，并说了鸟尽弓藏、兔死狗烹那样的警世名言。文种犹豫没走，果真被勾践杀害。

范蠡到了齐国，更名改姓，在海边耕作，吃苦耐劳，不久积累了丰厚财产。齐人知道他贤能，让他做了国相。范蠡心里不安，说："当百姓就积累千金财产，做官就达到卿相高位，这不一定是好事。"于是，归还相印，散尽家财，秘密离开，到陶地住了下来，自称陶朱公。范蠡一家，在陶地耕作养畜，经商做买卖，很快，家资又积累到万万。陶朱公，也成了远近闻名的商界人物。

《史记》说，范蠡有三个儿子，都已成人。有一次，二儿子在楚国杀人被捕。范蠡很清楚"杀人抵命"的道理，但为了父子情谊，不得不尽力营救。范蠡就派小儿子，带着一千镒黄金，到楚国办理此事。不料，大儿子听说后，十分苦恼，对父亲说："家里的长子，叫家督，理应挑大梁。现在二弟出了事，父亲却派三弟去，分明是说我不肖，我没有脸活着了。"说完就要自杀。

母亲慌忙拦住他，说："派小儿子去，能否救二儿子尚不知道，不能先没了大儿子。"范蠡犹豫半天，只好让大儿子去了。范蠡给楚国的庄生写了一封信，再三叮嘱长子："一定要把信和千金都送给他，一切都要听他的。"

长子到了楚国，打听到庄生住处，只见庄生的家，靠近楚都外城，房屋简陋破旧，周围野草丛生。庄生衣着简朴，是一个清瘦老头。长子心中狐疑，但仍然按照父亲嘱咐，把信和一千镒黄金都给了他。庄生把黄金收好，说："你赶紧回家，不要留在楚国。"长子见庄生不像达官贵人，担心办不好弟弟的事情，放心不下，没有回去。

庄生虽然住在穷乡陋巷，但因学识渊博，在楚国很有名气。如何能救陶朱公儿子呢？庄生苦思冥想，终于想出一个好办法。一天，庄生入宫，去见楚王，说："我夜观天象，见星宿移位，这对楚国不利。"楚王平时很尊重庄生，急忙问："那怎么办呢？"庄生说："只有实行大赦，彰显仁义，才能免除灾祸。"楚王立即照办，派人安排大赦之事。

楚王将要大赦的消息，很快传开了。长子听说后，很是高兴，接着就心疼黄金，于是，长子又回到庄生家里。庄生见了，吃了一惊，说："你怎么还没走啊？"长子说："父亲让我来办事，没有结果，不敢回去。如今听说楚王大赦，我弟弟自然没事了。所以，特意来向您告辞。"庄生明白了，这是想要回黄金啊！庄生十分生气，说："你自己到里屋拿吧。"长子也没客气，拿着黄金走了，心中还很得意，这一千镒黄金，总算没有白白舍弃。

长子走后，庄生越想越气。庄生并不是贪财之人，本想事成之后，再把黄金退还陶朱公，不想长子来了这么一手，庄生感觉被戏弄了，十分恼怒。第二天，庄生又去见楚王，说："您实行大赦，是为了彰显仁德。但听人说，陶地富商的儿子犯了罪，富商送您很多钱，您才实行大赦的。"楚王一听，勃然大怒，下令先杀了富商儿子，再进行大赦。长子见弟弟被杀，十分悲痛，不知何故，只好哭着拉着尸体回家了。

回到家里，母亲和乡邻都十分悲痛。范蠡说："这是意料之中的事情，我就知道，大儿子可能办不好这事。"众人问是何原因，范蠡说："大儿子从小跟着我奔波，经受过各种辛苦，把钱财看得很重。而小儿子，没有吃过苦，把钱财看得很轻，舍弃了也不心疼。"

有人嗔怪说："明知这样，那就不该让大儿子去。"范蠡叹息说："大儿子生性敦厚，不让他去，他一定会自杀的。二儿子杀人偿命，乃是天理，没有成功，也是天意。"听了范蠡的一番话，众人都很诚服，缓解了悲痛。

可见，无论干什么事情，善于识人用人，都是最重要的，这是成就一切事业的前提和关键。

# 春秋无义战但有义举

"春秋无义战"，是孟子说的。春秋，是指东周前半段历史，因孔子著《春秋》而得名。春秋时期，天下无道，礼崩乐坏，诸侯混战，各为其利，确实无正义可言。但比起东周后半段的战国来，还是要好很多，战国更是充满了腥风血雨。通过读《史记》，感到春秋虽然无义战，但仍有一些信义之举。

首先，诸侯发动战争的目的，主要是争霸，而不是为了灭掉别的国家。春秋近三百年间，先后出现了齐、宋、晋、楚、秦五国霸主，后期又出现了吴、越两国小霸。可以说，春秋的历史，就是诸侯争霸的历史。大国称霸，是为了让别国顺从，而不是要夺取别国土地。那个时候，如果夺人土地，是被当作不义之举的。

所以，晋文公灭了曹、卫两国以后，很快就把他们恢复了。楚庄王灭了陈国以后，本想据为己有，听了谏言，认为是不义，不利于称霸，便马上放弃了。到战国时期就不同了，战争的目的，就是为了灭掉别的国家，兼并土地，扩大自己的地盘。

诸侯发动战争，讲究师出有名，而且往往打着周天子的旗号。有的国家出现内乱，大国就去帮助平定；有的国君不仁道，霸主就去纠正他的错误；有的国家冒犯了自己，就要去征讨。总之，打仗需要理由，不能出师无名。比如，楚国很想讨伐宋国，但没有理由，楚庄王就想了个办法。他知道，楚国大臣申舟与宋国有仇，就故意派申舟出使齐国，而去齐国，必须要经过宋国的地盘。果然，宋国把申舟抓住杀了。这样，楚庄王就以为申舟报仇为理由，堂而皇之地出兵攻打宋国了。而战国时期，根本不需要任何理由，只要对我有利，想打谁就打谁。

打仗要堂堂正正，讲究程序和规矩。去征讨某国，需要先发个战书，说明打它的理由。如果对方认错，即刻罢兵；如果不从，才去讨伐。开战之前，双方要互交战书，规定好时间、地点。战书写得委婉客气，十分谦虚，不能出言不逊。双方正式较量时，要排兵布阵，一切准备好了，然后再打，似乎不是在打仗，倒像是体育比赛。比如，宋襄公的"泓水之战"，我们今天说他像蠢猪一样，可在当时，确实是仁义之举。战后，宋襄公甚至说："即便亡了国，也不能丢掉仁义。不能没有列好阵，就去攻击对方。"《史记》记载的春秋时期几次大战，都是堂堂正正地布阵对垒，很少有用奇谋、出奇兵的。

战争中讲究仁义，不过分杀戮。春秋时期，虽然战争频繁，有的规模也很大，但在《史记》记载中，很少有伤亡人数的记录，多数时候，都是"击溃""溃散"。当然，肯定有伤亡，但伤亡不会过于惨重。而到战国时期，就截然不同了。很多战争记载，一次杀死几万人、十几万人，甚至坑杀四十多万人。

在你死我活的战场上，仍然有些人，不失仁义、不失礼节。这在今天看来，有点不可思议，而在当时，却符合礼仪要求。比如，晋楚"鄢陵之战"时，晋国大将郤至，遇见敌国国君楚共王，立即跳下战车，脱掉头盔，恭恭敬敬地施礼。楚共王对手下说："这是一个君子，你们不要伤害他。"并派人给郤至送上一张弓，表示问候。

晋国将军韩厥，奋力追赶一辆战车，赶上一看，是郑国国君。韩厥说："我已经侮辱过齐顷公了，不能再侮辱另一位国君。"于是放郑成公走了。

另一位晋国将军栾鍼，在战场上看见楚国大将子重的旗帜，对晋厉公说："前几年出使楚国，子重招待得很好。我曾许诺，再见面时，请他喝酒，现在他就在前面，我不能失信。"晋厉公答应了，栾鍼就派人给子重送去一壶酒。子重正在擂鼓，使者说明来意，子重接酒，一饮而尽，说声"晋国真信义也"，然后，继续擂鼓作战。当然，并非人人如此。魏锜见到楚共王，就一箭射了过去，射瞎了共王一只眼。

还有一个战例，也能体现当时的信义。楚国攻打宋国，包围了宋国都城，五个月未能攻破，两国都已筋疲力尽。宋国的司马华元，趁夜出城，找到楚国司马子反。两人原本熟悉，一见面就相互询问情况。华元说："城中粮食已尽，许多人易子而食，实在支撑不住了。"子反也说："我军粮食，只够两天了，没有了粮食，也只得撤兵了。"华元走后，子反去向楚庄王汇报。楚庄王一听火了，说："你怎么把实情告诉人家了。"子反理直气壮地说："宋国是个小国，尚且知道讲信义，把实情告诉我。我堂堂一个大国，难道能撒谎吗?"楚庄王听了无言以对，只好下令撤军回去了。

　　以上情况，是那个时代的产物，现在的人们，可能很难理解，当然也不能那样做。但是，讲仁义、守信用、重信义，在任何时代，都是需要的。

# 春秋时期小故事

春秋时期，是一个大动荡、大混乱、大变化的时代，也是一个"礼崩乐坏"、人性分化的时代。有些人仍然坚持礼乐文明，奉行君子之道；有些人则失去是非标准，肆意妄为。《史记》不仅记载了一些大事件，也记载了一些小事情。事情虽小，却能够反映当时的社会心态和人性。

## 讲信义的最高境界

季札，是吴太伯和虞仲第二十代孙。吴太伯，就是周太王时期，为了让位于弟弟，哥俩一起跑到荆蛮之地的那位贤人。孔子高度赞扬他是道德的巅峰。

季札兄弟四人，他是老小。季札十分贤能，是有名的君子。父亲想把王位传给他，季札坚决拒绝，说："不能坏了长幼有序的规矩。"他父亲只好把王位传给老大。他大哥继承王位后，没有传给自己的儿子，而是传给老二，老二又传给老三，目的最终还是要把王位传给季札，以完成父亲的心愿。吴太伯的高尚道德，在其后代身上，又一次得到体现。

有一次，季札奉吴王之命，出使各国。他先到了徐国，受到热情接待。徐君十分喜欢季札随身佩带的宝剑，拿在手里端详了半天，羡慕得不得了。徐君知道，这是季札心爱之物，心里留恋，嘴上没敢说。季札明白徐君的心思，想把宝剑送给他，但因为还要到其他国家访问，身佩宝剑是重要礼节，不可缺失。季札心里许诺，完成任务之后，一定回来把宝剑送给徐君。

几个月以后，季札完成了出使任务，又专程来到徐国。没想到，徐君已经生病死了。季札来到徐君坟墓，祭奠一番之后，把宝剑挂在墓前树上，郑重地说："我按照当初心里的许诺，现在把宝剑送给您了。"随行人员不解，说："徐君已经死了，再送他宝剑，还有什么用呢？再说，当初您并没有把心里的许诺说出来呀。"

季札很认真地说："做人就要讲信义，信义是发自内心的。当初我心里已经答应徐君了，不能因为他死了就食言，那就违背自己的心愿了。"众人都很受感动，说："嘴上没有说，仅在心里的许诺，季札都能够遵守，这应该是讲信义的最高境界了吧。"

## 父亲和丈夫谁更亲

郑厉公时期，大臣祭仲专权。祭仲在厉公父亲郑庄公时期，就执掌大权。庄公很信任他，当年郑国射伤了周桓王肩膀，就是派祭仲去慰问的。郑厉公对祭仲专权很不满意，但没有别的办法，就找来亲信雍纠，命他组织一帮人暗中下手。雍纠是祭仲的女婿，本不想接这差事，但君命不可违，只好悄悄找了一些人，准备找机会刺杀祭仲。

雍纠安排好以后，回到家中，一见妻子，想到要杀她父亲，立刻浑身不自在。雍纠和妻子感情很好，他的反常举动，自然逃不过妻子的眼睛。妻子问他有什么事，雍纠支支吾吾不肯说。他越不说，妻子越要问，并说："咱们夫妻这么多年了，彼此恩爱，你就是有天大的事，也不该瞒着我呀。"

雍纠被妻子追问得没有办法，只好叹口气，把事情一五一十地说了。说完，抓着妻子的手叮咛道："你千万不能说出去，你要说了，我肯定就没命了。"妻子万万没有想到是这种事，愣了半天，没有缓过劲来，脑子里一片空白，什么话也说不出来，只是不停地流泪。

愣了半天，妻子说："这事，能不能不去干啊？"雍纠说："没有办法，违背国君的命令，就得死。再说，我不去做，国君肯定还会派别人去干。"然后，又再三叮嘱妻子，千万不要说出去。妻子泪汪汪地看着他，说："放心吧，就是我死了，也不能让你死啊。"

妻子一晚上没有合眼，脑子里一团乱麻。这事实在太大了，要说出去，丈夫就得死；如果不说，父亲就没命了。妻子的脑海里，一会儿浮现出父亲的慈爱，一会儿又是丈夫的恩爱。两边都是她的亲人，到底谁更亲呢？这道选择题太难了！

一大早，妻子就跑去找母亲，一见面就问："母亲，您说，是父亲亲，还是丈夫亲啊？"母亲漫不经心地回答："都亲。"妻子又追问："两个比起来，哪个更亲？"母亲说："当然是父亲更亲了，因为丈夫没有了，可以再找，而父亲只有一个。"

妻子一听，号啕大哭，母亲忙问是怎么回事。妻子哭着说，"我只好对不起我的丈夫了"，就把事情向母亲说了。母亲没有听完，就急红了脸，顾不上哭倒在地的女儿，马上跑着去找祭仲了。祭仲大吃一惊，迅速调集兵力，把雍纠那伙人全部杀死了。同时，把郑厉公赶到边界的栎邑居住，另立了新君。

## 守孝三年和守孝一年

孔子有个学生，叫宰予。宰予口齿伶俐，能言善辩。一次，他问孔子："父母死了，是守孝三年好，还是守孝一年好呢？"孔子说："当然要守孝三年了，这是礼仪。"

宰予说："守孝三年，时间太长了，会耽误很多事情。君子三年不习礼，礼义必定荒废；三年不演奏音乐，音乐必定败坏。而一年时间，也不算短，一年内谷子从种到收都成熟了。所以，我认为守孝一年就可以了。"

孔子问："如果只守孝一年，你内心安不安呢？"宰予回答："心安。"孔子说："既然你感到心安理得，就可以这样做。"宰予高兴地退出去了。

宰予走后，其他的学生问孔子，宰予讲的对不对？孔子说："从他那个角度说，有一定道理，但从仁义角度说，就完全没有道理了。因为父母养育孩子很辛苦，孩子生下来，要三年才能离开母亲怀抱。所以，应该为父母守孝三年。而宰予觉得，守孝一年就不算短，而且还心安理得。我断定，他不是一个仁人君子。"学生们说："您怎么不用这个道理教育他呢？"孔子说："对不仁义的人，讲道理是没有用的。"

后来，宰予做了齐国大夫，参与谋反被杀，还被灭了族。孔子为有这样的学生感到耻辱。

## 小事情引发大灾祸

郑灵公手下，有两个大臣，一个叫子公，一个叫子家，郑灵公经常召他俩吃饭喝酒。郑灵公任性，没有国君的威严。一天，子公、子家在一起聊天，他俩关系很好。忽然，子公的食指颤抖了一下，就对子家开玩笑说："我的食指一动，就有好东西吃，很灵的。"子家不信。这时，郑灵公派人请他俩入宫。子公说："一会儿到了宫里，灵公一定会请我们吃珍异食物。"

他们进宫一看，果然摆好了宴席，其中有一锅汤。原来，楚国送给灵公一只大鼋，郑灵公让人杀了，煮了一锅鼋汤。子公一见，哈哈大笑，对子家说："你看，灵不灵啊。"子家也跟着笑起来。

郑灵公问为何发笑，子公就把以上情况说了。郑灵公也笑了笑，心里却在想，你说手指灵，我偏不让你灵。于是，让其他人都喝汤，唯独不让子公喝，还嘲笑子公，说："这回，你手指头还灵吗？"子公很生气，把手指头伸到锅里，蘸一下，往嘴里一抹，说："看，我吃到了，还是灵吧。"这当然是很不礼貌的行为，郑灵公发火了，大骂子公，宴席不欢而散。

事后，郑灵公越想越气，就找人商议，想杀掉子公。子公听到消息，与子家合谋，决定先下手为强，带领族人冲进宫去，杀死了郑灵公。

事后，老百姓都说，国君和大臣都不正经，为了一点小事，就闹成这样。看来，郑国快要完了。

## 一时激情杀国君

宋国有个将军，叫南宫长万，他孔武有力，很受国君宋闵公器重。不料，在一次对鲁国作战中，南宫长万做了俘虏。经过宋国请求，鲁国把他放了回来。从此，宋闵公就不那么器重他了，有时还讥笑他。南宫长万窝了一肚子火，又不好发作。

有一天，宋闵公与南宫长万在一块儿下棋，闵公又嘲笑他当俘虏之事。南宫长万一下子血涌脑门，恼羞成怒，抓起棋盘，砸向闵公脑袋。南宫长万是个大力士，一下子就把闵公脑袋砸开了花，脑浆都迸了出来。南宫长万自知闯了大祸，赶紧往外跑。闵公卫队拦不住，南宫长万一口气跑到了陈国。

宋国派人贿赂陈国，陈国使用美人计，灌醉了南宫长万，把他手脚捆住，再用皮革裹上，送回了宋国。宋国立刻把南宫长万处死了，为宋闵公报了仇。

老百姓都说，这世道真变了呀，随随便便就把国君打死了。

## 一碗羊汤见人性

有一次，宋国和郑国打仗。开战之前，宋国司马华元，为了鼓舞士气，杀羊犒劳将士，每人一碗羊汤。华元一时疏忽，忘记给他的车夫羊斟一碗。羊斟心怀不满，就想报复。

等到开战之日，两军按照约定，排好阵势，即将开打。忽然，羊斟回头对华元嘿嘿一笑，说："喝羊汤，你做主；驾车，我做主。"华元听了，感到一头雾水。不等华元明白过来，羊斟扬起鞭子，打马驾车，向郑军阵地跑去。

郑军纷纷围了过来，华元毫无防备，稀里糊涂做了俘虏。郑军乘机向宋军冲杀过去，宋军没了主帅，自然溃败。华元是宋国重臣，宋国打算用一百辆战车、四百匹马赎他回来。东西还没送到，华元自己逃回来了。

华元进城以后，在街上偶然遇到羊斟。华元是君子，不想与羊斟计较，还有意为他开脱，说："那天的事，是不是你的马受惊失控了？"没想到，羊斟仍然愤愤地说："不是马惊了，是我故意的。你不给我羊汤喝，我就要你好看。"说完，羊斟就跑出城，逃到鲁国去了。

老百姓都愤怒地说："羊斟不是人，为了那么一点私怨，就让主帅当了俘虏，使国家战败。羊斟哪里还有一点人性啊！"

# "三家分晋"开启战国时代

公元前 771 年，周平王把国都东迁洛阳以后，就开始了春秋时期。过了三百多年，历史的车轮，又走到了战国时代。开启战国时代的标志性事件，是晋国的赵、魏、韩三家，瓜分了晋国土地，建立了三个新的诸侯国，晋国自己反而沦为无足轻重的小国。

《史记》记载，晋国从晋献公开始，在国内"不蓄群公子"，国君的儿子们，都要到国外居住。这样，虽然避免了公子争权夺位，但也为大臣专权创造了条件。晋献公没有想到，公子们喜欢权力地位，大臣们同样喜欢。晋国实行军政合一的六卿制，就是把军队分成三军，每军设两个统帅，共六人。这六卿不仅掌握军队，还管理政务。这样，国家的军政大权，就都落到六卿手里了。

六卿的势力越来越大，国君的势力就越来越小。到了晋厉公时期，厉公想改变这种状况，把权力抓到自己手里，但为时已晚，树大难撼，自己反而被大臣杀死。以后的国君，几乎没有敢挑战六卿的，都老老实实地当个挂名君主。在晋顷公时候，六卿诛杀国君的宗族祁氏和羊舌氏，把他们的领地夺过来，分成十个县，由六卿的族人去管理，晋顷公竟然连屁都不敢放一个。

六卿之间，也相互攻打，争夺地盘。到晋出公时，智伯与赵、魏、韩联合起来，灭了范、中行两卿，瓜分了他们的领地。晋出公倒有点血性，请求齐、鲁两国帮忙，讨伐四卿。结果四卿反击，出公无力抵抗，只得逃奔齐国，结果在途中死去。

在四卿当中，智伯势力最强。智伯霸道，目空一切，经常欺凌三卿。在一次酒宴上，因赵襄子不善饮酒，智伯就抓着脖子硬灌，赵卿恼怒，智伯一拳打了过去，打得赵卿鼻血直流。后来，智伯要三卿每人献出一座城池。魏、韩两家乖乖给了，赵襄子不给。智伯就带着魏、韩两卿去打赵襄子，赵襄子退守晋阳，智伯包围晋阳，放水淹城。

看到晋阳城中一片汪洋，智伯哈哈大笑，扭头对魏、韩二人说："你们城外也有大河，也是可以用水淹的。"魏、韩知道，智伯灭了赵卿，一定会再收拾他们的。他们便与赵卿联合，趁智伯没有防备，突然倒戈，杀死智伯，瓜分了他的领地。原本智伯是最有条件独自称霸的，因其性格傲慢暴戾，导致身死族灭，真是"性格决定命运"。

到这时，晋君手里只有绛和曲沃两城，其余地方，都归赵、魏、韩三家所有了。晋君畏惧，反而要向三卿朝拜。公元前 403 年，长期被冷落的周天子，为了显示存在感，册封赵、魏、韩为诸侯，三家就名正言顺地建国了。

公元前 376 年，三家又把晋君所剩不多的土地瓜分了。晋国最后一个国君晋静公，安安静静地做了平民。晋国大地上，从此开始了赵国、魏国、韩国并立的新时期。

赵氏，和秦人是同一个祖先。他们祖先的一个后代，名叫造父，造父为周穆王驾车，被赐在赵城，后人就姓赵了。造父往下传十三代，就是赵衰。赵衰辅佐晋文公重耳有大功，从此家族开始发达，几代人都在晋国执政。中期因"下宫之难"，势力受到影响，后来赵家得到平反，赵武又做了正卿，赵武就是"赵氏孤儿"。

赵武的孙子赵鞅，也叫赵简子，十分贤能，众人顺从，宗族兴旺。赵鞅位于上卿，独揽晋国政权，他的封地等同于诸侯。赵鞅的儿子毋恤，是赵襄子。赵襄子继承了父亲的职位，进一步扩大了家族势力，终于和魏、韩一起"三家分晋"。

赵国建立以后，出现了赵武灵王等有为君主，还出现了不少贤臣名将，如蔺相如、廉颇、赵奢、李牧等。赵国在战国时期北征戎狄、东防燕齐、西拒强秦，谱写了许多可歌可泣的英雄篇章。

魏氏的祖先，是毕公高的后代，毕公高与周天子都姓姬。毕公高的后代子孙中，有个叫毕万的，给晋献公当护卫，因有功被封在魏地，后人就姓魏了。毕万的儿子叫魏犨，跟随重耳流浪十九年。重耳即位后，魏氏开始发迹。

魏犨有个小妾，聪明伶俐，楚楚动人。魏犨十分疼爱，常对儿子说："我死以后，别耽误了她，给她找个好人家嫁出去。"可是，当魏犨临死时，又对儿子说："你让她给我陪葬吧，我不舍得她。"儿子魏颗十分仁义，不忍让小妾殉葬，就对大家说："父亲这话，是病重糊涂时候说的，我们还是按照他清醒时候说的去做吧。"

后来，在一次战斗中，魏颗被敌军将领追赶，十分危险，后因敌军将领频频摔倒，魏颗才逃脱了性命。原来，是一老人把草打成结，绊倒了敌人，那老人，就是小妾的父亲，这就是著名的"结草报恩"的故事。

魏犨的孙子叫魏绛，也十分有名。他执政期间的最大功绩，是主张与北方的戎狄修好，免除了后顾之忧，使晋国在八年之中，九会诸侯，重振霸业。魏绛的玄孙是魏桓子，魏桓子也不简单，光大了祖先事业，与赵、韩一起瓜分了晋国。

魏国建立以后，在战国时期"虎头蛇尾"。战国初期，最先称霸，但以后逐渐衰落。最深刻的教训，是人才流失。吴起、商鞅、乐毅、孙膑、张仪、范雎等鼎鼎大名的人物，都是魏国人，或者最早在魏国服务，后来都跑到别的国家去了。所以，战国中期以后，魏国常常挨打受气，不得不臣服于秦国。

韩氏，祖先也姓姬，和周天子同姓。其后代侍奉晋国，被封在韩原，后人就姓韩了。韩氏兴盛，是在韩厥这一代。韩厥作战勇猛，屡立战功。在与齐军作战时，差点俘虏了齐顷公。韩厥还很仁义，在另一次战斗中，他遇到了郑国国君，说："我已经侮辱过齐顷公了，不可以再侮辱另一位国君。"就放他走了。在赵家有难时，韩厥挺身相助，后来又仗义执言，帮助赵武恢复了爵位。

韩厥的后代韩康子，和赵襄子、魏桓子一起打败智伯，瓜分了他的领地。韩国在战国七雄中最为弱小，也没有出过有为君主和贤臣，因而在战国时期表现平平，名人也不多，出名的是韩非。韩国实力最弱，是"软柿子"，因而被秦国最先吃掉了。

"三家分晋"，代表了新兴力量崛起，加快了中原大地由分到合的进程，是有积极意义的。

# 魏国重视人才率先崛起

在分晋的三家当中，魏国面积狭长、土地贫瘠、人口不多，论实力，比不上赵国，更比不上齐、楚等老牌大国。然而，魏国却很快脱颖而出，在战国七雄中率先崛起。它内政清明、军事强大，向西夺取秦国的河西之地，向北灭了中山国，向南攻伐郑国。这种强盛持续了百余年，大有吞并天下之势。

魏国之所以崛起，最重要的原因，是出了一位贤明君主魏文侯。魏文侯最大的特点，是特别能够尊贤用才。历史上重视人才的君主不少，但从《史记》记载来看，能做到魏文侯这样的，却不是很多。

魏文侯首先改变了贤才标准。现在我们所说的贤才，是指道德高尚而且有能力的人。但是，在西周和春秋时期，贤是指有钱的人。《说文解字》注释："贤，财多也。""贤"字下部，是贝，即钱财。过去，人们提到人才，首先看他是否有钱。有钱的都是贵族，所以，人才大多出自贵族。魏文侯改变了这个标准和偏见，不论贫富，也不管出身贵族还是平民，只要有才能，就加以重用。他的大臣中有贵族，但更多的，则是出身平民。

魏文侯尊重贤人诚心实意。当时，魏国有三个有名的贤人，是卜子夏、田子方和段干木。魏文侯欲拜他们为师，卜子夏、田子方答应了，魏文侯就虚心向他们学习，经常请教治国方面的问题。段干木清高，不愿意与官府打交道。魏文侯几次想去拜访，他都谢绝不见。魏文侯干脆就直接去了，没有事先通报。段干木见魏文侯已到了大门外，就翻墙跑了。

魏文侯虽然吃了闭门羹，但对段干木依然敬重有加，每次坐车经过段干木住的地方，都站起身来，凭轼敬礼。众人都说，段干木不识抬举，不值得尊重。魏文侯却说："他不贪图荣华富贵，是真正的贤人。给什么他都不要，我只能给他尊重了。"魏文侯如此尊贤，自然有很多的贤人投在他的麾下。

魏文侯使用人才不拘一格。魏文侯既重视本地人才，也重用外来人才。他任用戎狄出身的翟璜为相，主持政务。重用平民出身的李悝，让他主持革新变法。魏国是战国时期第一个实行变法的国家，通过变法革新，魏国迅速强大。

魏文侯善于发挥人才的特点。吴起去投奔魏国，魏文侯对他不了解，就问李克。李克说："听说吴起贪婪好色，但要论带兵打仗，司马穰苴也不如他。"魏文侯说："好，那就让他带兵打仗。"吴起率军，一战就夺取了秦国五座城池，占领了河西地区，充分展示了其军事才能。

魏文侯培养人才不遗余力。魏文侯不仅重视武功，而且重视文治。他在河西地区建立了河西学院，聘请名家授课，培养了大批人才。儒家、法家、墨家等各种学派的人纷纷前来，一时间人才济济。各种思想和学术十分活跃，形成了历史上著名的河西学派，为"百家争鸣"拉开了序幕。

华夏文化中心由鲁国转向了魏国，使魏国占据了思想文化高地，俨然成为中原各国的文化宗主国。魏国重视文化，对于教化百姓，崇尚道德，形成清明社会，发挥了重要作用。魏国之所以能够称雄百年，不仅在于它军事强大，还在于它文化发达。

魏文侯驾驭人才很有分寸。魏文侯重用平民出身的乐羊，拜他为主将，率军攻打中山国。战争十分激烈，打了三年都没有攻克。这期间，魏文侯收到大量对乐羊不利的奏折，说什么的都有。魏文侯坚持"用人不疑"，不为所动。中山国快招架不住了，使出毒辣的一招，把乐羊儿子杀了，做成肉羹，送给乐羊一碗，想摧毁乐羊的意志。乐羊竟然眉头都不皱一下，就把他儿子的肉羹吃了。中山人大惊，他们的意志反倒垮了，很快被乐羊灭掉。

魏文侯听说以后，十分感叹，说："乐羊因为我，竟吃了自己儿子的肉，真是忠臣。"旁边大臣提醒他说："他连自己儿子的肉都敢吃，还有谁的肉不敢吃呢？"魏文侯一想也对，他对儿子都不仁慈，能对别人好吗？

乐羊得胜回国以后，十分得意，魏文侯就把那些奏折拿给他看。乐羊看后，脖子里直冒冷汗，立即下跪磕头，说："臣这才明白，打下中山国，全是仰仗君主的信任。"魏文侯既然对乐羊起了疑心，就"疑人不用"，以后没有再重用他，但给了乐羊丰厚的赏赐，让他过着舒服的日子。

魏文侯在位五十年，魏国国力强盛，社会开明，成为战国七雄中的佼佼者。可见，"得人才者，事业兴旺"，是一条古今中外永恒不变的规律。

# 魏国人才流失逐渐衰落

魏文侯为魏国开创了兴盛局面，如果这样发展下去，魏国是最有希望统一天下的。魏文侯死后，儿子魏武侯继位。魏武侯武功方面还可以，但文治不行，尊贤用才方面更不行。他最大的失误，是逼走了吴起。

到了他儿子魏惠王时期，由于魏文侯打下的老底厚实，勉强还算强国。但魏惠王只知道夜明珠是宝物，不重视人才，致使人才外流，已经露出衰败之象。再到其后代，在重视人才方面差得更远了，就像黄鼠狼生小老鼠，一代不如一代，魏国自然衰落下去。

《史记》记载，魏武侯当太子的时候，有一次，路上碰见文侯老师田子方。太子下车拜见，田子方因其是晚辈，没有还礼。太子很不高兴，质问田子方："是富贵的人可以骄傲，还是贫穷的人可以骄傲呢？"田子方明白他的意思，硬气地回答："当然是贫穷的人可以骄傲了。因为诸侯骄傲了，就会失去国家；大夫骄傲了，就会失去家族。而贫穷者，没有可以失去的东西，所以可以骄傲。"太子生气地拂袖而去。

魏武侯即位以后，一次和吴起泛舟黄河，看到地势险峻，很是高兴，说："山川如此险要，这是魏国的瑰宝啊！"吴起说："国家稳固，在于施德于民，在于使用人才，而不在于地形险要。过去的夏商，险要的地方很多，不是也亡国了吗？"魏武侯口头称是，但内心仍然重视地利，忽视人才。

当时，有很多人才都是魏国人，或者最早在魏国服务，但不是被逼走，就是不被重用，甚至被迫害。人才纷纷外流，削弱了自己，壮大了敌国。

第一个被逼走的，是吴起。吴起是著名军事家，为魏国建立大功。有他在，秦国就不敢东进一步，赵、韩两国就对魏国顺从。魏文侯很器重吴起，把军事大权都交给他。魏武侯也重视吴起，但又担心他不能对魏国全心全意。

魏武侯有个女婿，叫公叔。魏武侯觉得还是女婿可靠，便任命他为相国。公叔忌妒吴起的功劳和才能，就设了一计，陷害吴起。一天，公叔对魏武侯说："吴起是个人才，就是不知道他是否会长期为魏国服务。"

这话正说到魏武侯心坎里。武侯问："那怎么办？"公叔说："吴起没有妻子，您可以把公主嫁给他。他如果答应了，就表明会长期留在魏国；如果不答应，那肯定就有二心了。"武侯说："这个办法好！这样试探一下，就搞清楚了。"

随后，公叔特意请吴起到家里吃饭，他与妻子演了一出双簧。妻子当着吴起的面，对公叔不是奚落，就是训斥，或者责骂。吴起看得目瞪口呆，心想："原来君主的女儿这么刁蛮，娶什么人也不能娶公主啊。"

第二天，魏武侯召见吴起，要把公主嫁给他。吴起自然百般推托，不敢答应。魏武侯既失望又生气，从此不再信任吴起，并削弱了吴起的权力。吴起怕有灾祸，就独自一人跑到楚国去了。吴起在楚国实行变法，使楚国很快强大起来。后来，魏、赵、韩三国联合进攻楚国，都不是楚国的对手。

第二个流失的人才，就是大名鼎鼎的商鞅。商鞅是卫国国君姬妾生的儿子，他从年轻时候，就喜欢刑名法术之学，看到魏国强盛，就来到魏国，想施展自己的才能。商鞅投奔在国相公叔座门下，公叔明明知道商鞅是个人才，就是不向国君推荐，而是留在家里，辅佐自己的儿子。

直到公叔病重临死前，才向国君推荐商鞅。当时的国君，已经是魏惠王了。魏惠王根本没有听说过商鞅，一点也不了解，便没有任用他。商鞅在魏国得不到任用，只好到秦国去了。商鞅在秦国实行革新变法，很快使秦国强盛起来，成为魏国最强大的敌人。

孙膑，是孙武的后代，精通兵法。他学成之后，先去投奔魏国，不料，魏国大将庞涓嫉贤妒能，假借罪名砍掉他双脚。孙膑成了残疾，流落街头，乞讨为生。齐国使者见到他以后，认定孙膑有奇才，就把他偷偷带回齐国。孙膑帮助齐国壮大军队，打得魏国一败涂地，并杀了庞涓。

乐毅，就是魏国人，是乐羊的后代。他从小喜欢军事，十分贤能。年轻时曾在赵国生活，赵国人举荐他做官。为了报效国家，乐毅从赵国回到魏国。魏国却不重用他，不让他领兵，只让他干一些出使之类的差事。乐毅出使燕国时，燕昭王看出乐毅是个人才，千方百计留住了他，封他为亚卿。后来乐毅率军攻打齐国，几个月就攻下七十多座城，差一点灭了强大的齐国。燕昭王儿子继位后猜忌乐毅，乐毅被迫离开燕国，但他并没有回魏国，而是到赵国居住。

范雎，也是魏国人，很有才干，因家境贫寒，就到魏国大夫须贾门下当差。一次须贾出使齐国，范雎也跟着去了。须贾能力平庸，齐襄王看不起他，却看出须贾手下的范雎很有本事。齐襄王送给范雎十斤黄金和酒肉之类的东西，而须贾什么也没有。范雎只留下酒肉，没有接受黄金。须贾忌妒加恼怒，回来以后，就向国相魏齐诬告范雎里通外国。

魏齐不做调查，就命人毒打范雎。范雎被打得皮开肉绽、肋折齿断，昏死过去。这还不算，魏齐命人把范雎扔在厕所里，众人轮番往他身上撒尿，极尽侮辱之能事。后来见范雎没气了，就把他扔到乱石岗上喂狗。没想到，范雎被人救活，历经曲折到了秦国。

范雎后来当了秦国丞相，提出并实施著名的"远交近攻"策略，打得魏国屁滚尿流、胆战心惊，几乎到了低三下四哀求的地步。范雎说要国相魏齐的脑袋，魏国就不敢不从，乖乖地把国相的脑袋送了去。

纵横家张仪，也是魏国人。他同样没有被魏国重用，而是当了秦国的丞相。后来，张仪也做过魏国国相，但那是秦国建议的，魏国不敢不从。张仪身为魏相，实际上是秦国"间谍"，一心只为秦国谋利益，真是魏国的悲哀啊！

以上诸位，都是战国时期叱咤风云的人物，都在一定程度上影响着战国走势。魏国如果能够重用他们，就有希望统一天下，即便重用其中一两位，魏国也不至于沦落到挨打受气、卑躬屈膝的地步。可惜，他们都被魏国逼迫着为别的国家服务去了。

如果魏文侯泉下有知，不知是何心情？可见，"失人才者，事业衰败"，也是古今中外永恒不变的规律。

# 屡遭流言诽谤的吴起

　　吴起，是战国初期著名的军事家、政治家、改革家。他一生历仕鲁、魏、楚三国，通晓兵家、法家、儒家三家思想，在军事、内政等方面都有极高的成就。他爱兵如子，用兵如神，几乎每战必胜，深受士兵爱戴。然而，就是这样一位了不起的英雄人物，竟然也有流言蜚语和诽谤之词。

　　《史记》记载，吴起是卫国人，出身富户，家里积蓄足有千金。吴起年轻的时候，外出四处求官，结果官没求到，反而荡尽了家产。同乡邻里的人，都笑话他是败家子。吴起一怒之下，接连杀掉三十多人，然后从卫国的东门逃走了。吴起与母亲告别时，咬着自己的胳膊，发誓说："我吴起不做卿相，决不再回卫国。"后来，他母亲死了，吴起果然没有回家奔丧。

　　吴起跑到鲁国，先是学习儒学，后来又学习兵法，慢慢地就出了名。有一次，齐国军队攻打鲁国。当时，齐国强大，鲁国弱小，每次作战，鲁国必败。这一次，鲁国国君想任用吴起做将军。吴起很高兴，终于有施展才能的机会了。

　　不料，有人进谗言，说吴起的妻子是齐国人，怕吴起心向齐国。鲁国国君犹豫了。吴起眼见施展才能的机会就要失去，情急之下，杀了妻子，来表明自己的心迹。鲁国国君这才消除了怀疑，任用吴起为将军，让他率军迎战齐国军队。

　　吴起精心谋划战术，在战斗中又身先士卒，一举打败了齐军。弱小的鲁国，战胜了强大的齐国，全国惊喜，诸侯震动。此时，又有人进谗言了，说："鲁国是个小国，本来不引人注目，现在却有了战胜国的名声，以后，诸侯各国都要谋算鲁国了，鲁国从此就危险了。再说，鲁国和卫国是兄弟国家，鲁君要是重用吴起，就等于抛弃了卫国这个兄弟。"这都是些什么谬论啊，但鲁国国君却听进去了。于是，鲁国国君客客气气地把吴起赶走了。

关于吴起"杀人止谤"和"杀妻求将"的说法，应该不是事实，而是诽谤。因为《史记》在记载这个事情的时候，用的是"鲁人或恶吴起曰"的字眼。意思是说，鲁国有的人恶意诋毁吴起，故意造谣中伤，诽谤吴起。另外，从吴起一生的行为来看，他也不是那种滥杀无辜的人。

吴起为鲁国打了胜仗，不仅没有得到封赏，反而落了一屁股臊，还被驱逐出境。没有公理，吴起那个窝囊啊！吴起听说魏文侯招揽人才，便去了魏国。魏国又有人说他"贪而好色"，幸亏魏文侯贤明，知道吴起善于用兵，就任用他为主将，攻打秦国，一连夺取了五座城池。

吴起做主将，与众不同。他跟最下等的士兵穿一样的衣服，吃一样的饭菜，睡觉不铺垫褥，行军不乘车骑马，而且与士兵一样，身背粮食和武器，与士兵同甘共苦。古今中外的将军，能做到吴起这样的，恐怕不多。

有个士兵生了恶性毒疮，疼痛难忍，吴起就用嘴为他吸吮疮液。这位士兵的母亲听说以后，放声大哭，别人认为，她是被吴起感动而哭。这位母亲却说："我是哭我的儿子啊！吴将军这样对待他，打仗时，他肯定会不要命地往前冲。当年，吴将军也为他的父亲吸吮过毒疮，他父亲就在战场上勇往直前，结果战死了，我儿子恐怕也会死在战场上。所以，我才哭他啊。"从吴起的所作所为来看，哪里有一点贪，哪里有一点好色呀？事实证明，说吴起"贪而好色"，明显也是诽谤。

魏文侯后来评价吴起，说他"廉洁不贪，待人公平"，魏文侯的评价是对的！魏文侯不愧是贤明君主，十分信任吴起，让他担任了西河地区最高长官。吴起据守西河，使得秦国不敢向东侵犯，韩国、赵国都来服从归顺。后来，魏文侯更加重用吴起，除了负责全国军事以外，还让他管理文武官员，参与政务，使得百姓亲附，国库充实。

魏文侯时期，吴起的文治武功才能得到充分发挥，为魏国称雄做出了巨大贡献。魏文侯死后，国相公叔设计陷害吴起，逼得吴起不得不离开魏国，去了楚国。

楚悼王早就知道吴起大名，听说吴起要来，非常高兴。吴起一到，马上任命他为国相。楚悼王也是求贤若渴啊！当时，楚国虽然国土面积大，但国力并不强，主要原因是贵族多、冗官多，国库空虚，军队战斗力弱。吴起经过认真分析，向楚悼王提出了革新变法的建议。楚悼王十分赞同，全力支持吴起实行变法。

吴起变法的主要内容有：取消贵族历代世袭，已经三代的停止爵禄；裁减冗官，将节省下来的费用用于强兵；严明法律；整顿吏治；奖励军功；等等。吴起变法成效显著，楚国国力强盛了，军队战斗力提高了。之后，吴起率兵，向南平定了百越，向北吞并了陈国和蔡国，向西打败了秦国，还击退了魏、赵、韩三国的联合进攻。诸侯各国对于楚国的强大深感忧虑，照这个趋势发展下去，楚国足可以称霸天下。

可惜好景不长，楚悼王不幸去世。楚悼王一死，吴起失去靠山，那些利益受损的贵族趁机作乱。楚悼王还没下葬，贵族们就迫不及待地追杀吴起。吴起见无路可逃，就趴在楚悼王的尸体上。那些贵族们对吴起恨之入骨，没有多想，一阵乱箭射了过去，吴起被射死了。同时，也有不少箭，射中了楚悼王的尸体。

按照楚国法令，侮辱楚王尸体的，要被灭族。所以，等把楚悼王安葬完毕，太子即位以后，就开始追究楚王尸体被射的责任，把他们全部处死，并灭其族，当时被灭族的达七十多家。吴起临死之前，还拉了一大群人为他垫背，他用最后的智慧，为自己报了仇。

吴起一死，楚国的革新变法就夭折了。从此以后，楚国再也没有强盛过，最终被秦国灭掉了。

吴起的功绩和才能，被人们广泛认同，也被后人尊奉纪念。唐朝把吴起列为"武庙十哲"之一，历代都为吴起设庙纪念。如今，陕西省的吴起县，也是为了纪念吴起而命名的。

# 齐国国君先姓姜后姓田

"三家分晋"不久，齐国又出现了"田氏代姜"。这也是开启战国时代的标志性事件。齐国，是泱泱大国，在诸侯中很有影响。"田氏代姜"以后，国号虽然仍称齐国，但国君却悄无声息地由姜姓变成了田姓。对此，各诸侯国并没有什么反应，显然是水到渠成的事情。

《史记》记载，齐国的开国君主，是大名鼎鼎的姜太公。姜太公有多个名字，叫姜尚，字子牙，又叫吕尚，因祖先曾被封在吕地，所以姓吕。周文王见到姜尚时说："太公盼望贤人很久了。"因而又叫"太公望"。姜尚助周灭商，建立大功，被封在营丘，国号为齐。之所以叫齐，是因为传说那一带有个天齐神。

姜太公到营丘以后，首先打败了前来进犯的异族莱侯，稳定了局面。然后，修明政事，顺其风俗，简化礼仪，开放工商之业，发展渔业盐业，民众多来归附，齐国逐渐成为东方大国。太公活了一百多岁，到第四代胡公时，把国都从营丘迁到薄姑。不久，献公又把国都迁到临淄，此后临淄一直作为齐国国都。从姜太公往下传第十二代，就是齐桓公。齐桓公是春秋第一霸主，齐国势力十分强盛。

在齐桓公称霸期间，陈国发生内乱。陈厉公被杀，厉公的儿子陈完逃到齐国。齐桓公知道陈完贤能，要任他为卿。陈完说："我能够到齐国避祸，已经是您给我的恩惠了，不敢担当这么高的职位。"陈完再三推辞，齐桓公只好让他担任工正，并把同族女儿嫁给他为妻。

陈完将陈姓改为田姓，叫田完。现在很多姓田的，都是陈完的后代，所以有"陈田一家"的说法。

田完担任工正，尽心尽力。工正是管理手工业的官职，手工业在当时属于先进生产力，利益丰厚。田完及其子孙凭借这个优势，埋头苦干，艰苦创业，积累了大量财富。田氏不到三代，就成了富甲一方的大富豪。

田氏富足以后，重视行慈善之举，借给别人粮食时，用大斗；别人还粮食时，用小斗；贩卖盐、海产品和木材时，往往按照成本价出售。田氏很快成了享誉一方的大善族。

到田完玄孙的时候，侍奉齐庄公，很受宠信。到田完第五代孙田乞时，被齐景公任命为大夫。田乞借鉴前辈的做法，向老百姓征收赋税时，用小斗；赐给老百姓粮食时，用大斗，受到老百姓广泛赞扬。田氏得到民心，家族势力越来越大，与此形成鲜明对照的，是齐国国君做事越来越荒唐，越来越不得人心。

齐桓公一世英名，但他的子孙很不成器。桓公死后，他的儿子们红着眼睛，相互攻打，争夺君位。在不到五十年的时间内，齐桓公的五个儿子，先后都抢到了君位，人人过了一把国君瘾。不过，都没有坐长久，有的屁股还没坐热，就被杀了，最短的不到三个月。

后来的国君，有些也很荒唐。比如，齐懿公砍了一个大臣父亲的脚，又夺了另一个大臣的媳妇，竟然还让这两个大臣陪同自己外出游玩。这两个大臣，早就怀恨在心，趁机把齐懿公杀死，扔在竹林里。还有，齐庄公跑到一个大臣家里，调戏大臣妻子，被家丁当场捉奸，并杀死了他。

国君昏庸，田氏施恩，人们都希望田氏能够管理国家。著名的贤臣晏子就私下说："田氏虽无大的功绩，但有恩德于民，人民拥戴，齐国政权最终将归田氏。"

田乞觉得时机成熟，就在朝中结党，大臣们都依从他。齐景公病重时，让宰相国惠子和高昭子，立公子荼为太子。齐景公死后，国、高两位宰相，就扶持公子荼当了国君。田乞不满意，想立景公的另一个儿子阳生当国君。

田乞与大臣们串通好，带领自己的部下，去攻打两位宰相。结果高昭子被杀，国惠子逃走。于是，田乞立阳生当了国君，就是齐悼公。齐悼公即位后，田乞任宰相，开始独揽齐国政权。一个大夫，竟然打败两个宰相，废立国君，可见田氏势力之强大。

田乞死后，儿子田常接替宰相职务。田常继续采取施恩于民的做法，仍然大斗出、小斗进，老百姓都编成歌谣颂扬他。此时齐简公在位，他意识到，自己的地位很危险，想要除掉田常，结果反被田常杀了。田常立了简公的弟弟当国君，就是齐平公。

田常一边收买人心，一边排除异己，把势力较强的鲍氏、晏氏等诛杀掉。田常还不断扩大家族实力，他把从安平以东到琅邪（今多作"琅琊"）的土地，作为自己的封地，这比齐平公的领地还要大。田常还使了一招，他挑选了一百多个女子充实后宫，做齐平公的姬妾。这些女子，个个都在七尺以上，身强体壮。这一大群高大女子，整天缠着齐平公饮酒作乐，实际上等于把他软禁了。这样，齐国政权就全部落到田常手里了。

田常死后，儿子田盘继续当宰相。这时，晋国的赵、魏、韩三家，杀死智伯，瓜分了他的领地。田盘与三家互通使臣，学着他们的样子，让田氏家族的人，都去做大小城邑的大夫，田氏实际上已经拥有整个齐国了。

到田盘孙子田和的时候，齐国国君就有名无实了。田和干脆把国君赶到海滨，只给他了一座城，作为食邑，田和成了事实上的国君。

魏文侯为了与齐国通好，派使臣去向周天子请求，册封田和为诸侯。公元前386年，周天子正式册封田和为齐侯，开始纪元年。这样，齐国国号没有变，但国君却由田姓取代了姜姓。

"田氏代姜"与"三家分晋"一样，也是有积极意义的。田氏集团代表了新兴力量，推动齐国向新的阶段发展。

田和的孙子齐威王，雄心勃勃，励精图治，重用人才，使齐国重新称雄于七国，留下了许多佳话。

# 两个"一鸣惊人"的故事

"一鸣惊人"的故事，人们都很熟悉。故事的主角，有人说是春秋时期的楚庄王，有人说是战国时期的齐威王。其实，这两种说法都对，因为在《史记》中，就记载了两个"一鸣惊人"的故事，而且两个故事几乎完全一样。

《史记》在《楚世家》中记载，楚庄王即位三年来，从未发布过任何政令，日夜寻欢作乐，还下了一道诏令："有敢进谏者，死无赦。"大臣伍举实在看不下去了，硬着头皮入宫进谏。

伍举进宫后，见楚庄王坐在歌舞乐人中间，左手抱一美女，右手抱一美女，一副荒淫君主的模样。伍举没敢直接谏言，而是讲了个隐语，说："有一只鸟，落在土山上，三年不飞也不鸣。这是什么鸟呢？"

庄王回答："三年不飞，飞将冲天；三年不鸣，鸣将惊人。你下去吧，我知道你的意思了。"除伍举外，还有其他大臣冒死进谏。于是楚庄王停止淫逸作乐，开始管理政务，杀死几百个罪人，擢升几百个贤臣，任用伍举等管理政务。楚国很快强盛起来，楚庄王成为一代霸主。

《史记》又在《滑稽列传》中记载，齐威王在位时，喜好说隐语，又好彻夜宴饮，淫乐无度，把政事委托给卿大夫。而卿大夫们荒淫放纵，国事荒废，各国都来侵犯，国家危在旦夕。

齐威王身边的近臣，都不敢进谏。大臣淳于髡就用隐语规劝齐威王，说："都城中有只大鸟，落在大王庭院里，三年不飞也不鸣，您知道这是怎么一回事吗？"

齐威王回答："此鸟不飞则已，一飞冲天；不鸣则已，一鸣惊人。"于是，诏令全国七十二个县的长官，都来入朝奏事，奖赏一人，诛杀一人。然后，发兵御敌，收复了被别国侵占的土地。齐国从此强盛起来，声威维持达三十六年。

这两个"一鸣惊人"的故事，其实真正的主角是楚庄王。《史记》的记载，来源于《韩非子·喻老》。《韩非子·喻老》记载，当时，伍举对楚庄王说："阜山上有一只鸟，三年不展翅、不飞翔，也不鸣叫，沉默无声，这是什么鸟呢？"

楚庄王回答："三年不展翅，是为了生长羽翼；不飞翔鸣叫，是为了观察民情。虽不飞，飞必冲天；虽不鸣，鸣必惊人。"从这个记载来看，当时楚庄王并非真的是淫乐废政，而是在观察民情，等待时机。而齐威王，则是真的淫乐废政，于是，淳于髡就拿二百年前的这个典故规劝他。

淳于髡的规劝起了作用，齐威王不再淫乐畅饮，而是励精图治，勤于政务。他首先整顿吏治。前面说的被奖赏的一人，是即墨大夫，被杀的一人，是阿城大夫。即墨大夫勤恳做事、不善逢迎，而阿城大夫只拉关系不干事。齐威王身边的近臣，都诋毁即墨大夫，称赞阿城大夫。

齐威王派人实地考察之后，把即墨大夫召来，说："虽然很多人说你坏话，但我派人考察，你的政绩却很好。田野得到开发，百姓生活富足，社会安定，官府没有积压的公事。"于是，封给他一万户食邑作为奖赏。

齐威王又把阿城大夫召来，说："虽然很多人说你好话，但你那里田野荒废，百姓贫苦。你荒废政务，连卫国夺去薛陵这样的大事，你都不知道。而且，你还用财物贿赂我的左右。"于是，齐威王下令，烹杀了阿城大夫，并把称赞他的人一块儿烹杀掉。结果，举国震惊，人人不敢文过饰非，齐国得到很好的治理。

齐威王还十分重视人才，有一个著名的比宝故事。有一次，魏惠王向齐威王炫耀说："我的国家虽小，但有十颗夜明珠，直径都达一寸。它的光芒，能照亮前后各十二辆车。这样的宝物，您有吗？"

齐威王回答说："这样的宝物我没有，因为我喜欢的宝物与您不同。我有个大臣叫檀子，由他镇守南城，楚国人就不敢侵犯，附近的十二个诸侯都来朝拜。我有个大臣叫盼子，由他镇守高唐，赵国人就不敢到黄河捕鱼。我有个官员叫黔夫，派他镇守徐州，燕国人和赵国人都吓得求神保佑不受攻伐。我有个大臣叫种首，让他负责治安，结果就道不拾遗。我认为这才是宝物，他们的光芒，都能照亮千里，怎么能与十二辆车的光照相比呢？"魏惠王听了，感到惭愧。

　　孙膑被使者带到齐国以后，齐威王就像捡了一个大宝贝，非常高兴。齐威王经常向孙膑请教兵法，把他当作老师。同时重用孙膑，采用孙膑的"围魏救赵"之计，把魏国打得大败。此后，齐国取代魏国地位，开始称雄于诸侯。

　　在齐威王的治理下，齐国重振雄风，大有当年齐桓公争霸的风采，显示出新兴力量的勃勃生机。

# 燕国搞了一出"禅让"闹剧

禅让，是远古时期才有的事情。经过夏、商、周三朝近两千年时间，父死子继、兄终弟及的世袭制，已经根深蒂固了。可是，在战国时期，燕国却搞了一出"禅让"。燕王哙想效法尧，把君位禅让给自己的相国子之，结果引发一场战乱，自己也被杀了，"禅让"闹剧，则成了后人的笑柄。

《史记》记载，燕国的开国之君，是召公。召公和周公，都是周武王的弟弟，周公被封在鲁国，召公被封在燕国。两人都没有去封地，而是在周室辅佐周成王。召公贤能，备受赞誉，召公的后代，却没有大的作为，除燕昭王外，也没有出过像样的君主。

燕王哙是燕国第三十八代国君，是燕昭王的父亲。他对历史上尧禅让于舜非常仰慕，是一位理想主义者，书生气十足。燕王哙的国相子之，是个野心家。他一方面把持朝政，另一方面极力迎合燕王哙的思想和让贤推能的心理，使燕王哙认定他就是"大贤"。

子之与苏秦是儿女亲家，与苏代关系也很密切。这哥俩可是出色的游说家，白的能说成黑的，死的能说成活的。经他俩一忽悠，燕王哙就像脑袋被驴踢了，竟然产生了让位给子之的想法，并异想天开地想通过自己的实践，建立一套"有德者继之"的君位传承制度，以便扬名天下。

一个叫鹿毛寿的人登场了，他对燕王哙说："人们之所以称赞尧为圣贤，是因为他把天下让给了许由，而许由并没有接受。尧只是得到了美名，并没有失去天下。所以，您不如把国家让给子之，子之一定不敢接受，您就会得到与尧同样的美名。"鹿毛寿很可能是苏秦、苏代一伙的，他们利用循序渐进的方式，哄骗燕王哙上钩。果然，燕王哙喜欢沽名钓誉，就把国家托付给了子之。子之独揽大权，地位更加尊贵。

这时，又有一位神秘人物出场了，他对燕王哙说："禹推举益为继承人，却任用启的臣子当官吏，使启的实力扩大。禹死后，启就攻打益，夺走君位。所以，天下人都说，禹名义上传位于益，但实际上是倾向自己的儿子。现在，大王虽然把国家托付给了子之，但官吏都是太子的臣子。这正是名义上让给子之，实际上还是太子执政啊！"

燕王哙其实是有太子的，而且太子平还很贤明。但此时，燕王哙的脑袋已经彻底被驴踢坏了，于是，他把俸禄三百石以上官吏的印信都收回来，交给子之，由子之随意任免。燕王哙还正式把君位禅让给了子之，让子之坐在君主座位上，面南称君；自己却站在下边，俯首称臣。

子之当了国君，自然有很多人不服。子之采取高压政策，百官人人恐惧，百姓人心浮动，社会不稳定。子之当国三年，燕国终于大乱。太子平和将军市被合谋，想推翻子之。

这时，齐王派人找到太子平，说："听说太子主持正义，将要废私而立公，整饬君臣之义，明确父子之位。齐国愿意听从太子的差遣。"有强大的齐国相助，事情一定能够成功，若一般人，肯定大喜过望。但太子平知道齐国居心叵测，没有答应。还真是贤明！原来，在几年前，齐国趁着燕国办丧事的机会，兴兵攻打燕国，夺去了十座城池，虽然后来齐国又归还了城池，但两国已心存芥蒂。

太子平谢绝了齐国的"好意"，依靠自己的力量去攻打子之。子之既然能够轻而易举地夺取君位，自然不是等闲之辈。太子平他们的行动很不顺利，将军市被战死，双方混战几个月，死了几万人。燕国大乱，民众遭难。

面对这种情况，齐国众将纷纷请战，说："趁这个机会攻打燕国，一定可以取胜。"连素以仁义著称的孟子也说："现在讨伐燕国，正是武王伐纣那样的好时机，千万不能丢失。"

于是，齐王兴兵讨伐燕国。齐军到后，燕国士兵并不迎战，也不关闭城门，只有子之的人马抵抗，自然是以卵击石，子之被灭。齐国大军顺利平定燕国内乱，可惜军纪不严，纵兵抢掠，滥杀无辜，连"圣贤"的燕王哙都被杀了。燕国百姓多有怨恨，齐国只好撤兵回国。

燕人拥立太子平为国君，就是燕昭王。《史记》在《赵世家》中又说，当时，是赵武灵王护送燕王哙的另一个儿子，叫公子职的回国即位。那么，燕昭王到底是太子平呢，还是公子职？不过，这并不重要，重要的是，燕昭王从此发愤图强，治理破碎江山，富国强兵，后来讨伐齐国，报了杀父之仇。燕昭王成为燕国历史上为数不多的一代贤君。

燕王哙"禅让"闹剧表明，历史发展有其自身规律，如果逆历史规律而动，肯定会碰得头破血流。

# 弱小燕国差点灭了强大的齐国

燕昭王即位以后，吊祭死者，慰问孤儿，与臣子们同甘共苦，一心想富国强兵，然后伐齐，报杀父之仇。可是，面对伤痕累累的现状，应该怎么办呢?

《史记》记载，燕昭王首先招揽人才。没有人才，什么事都办不成，这个道理，燕昭王是很清楚的。燕国本地人才缺乏，外部人才愿意来的也不多。燕昭王询问大臣郭隗的意见，郭隗先给燕昭王讲了一个"千金买马骨"的故事。

郭隗说，古代有个国君，最爱千里马，派人四处去找，三年都没有找到。一次，国君听说某地有千里马，就派侍臣带一千两黄金去买。侍臣到后，千里马却病死了，侍臣就用千金把马骨买了回来。国君大怒，侍臣却不慌不忙地说："只要这件事情传开，大家都知道您如此爱马，肯定会有人把活马送来。"果然，时间不长，国君就得到好几匹千里马。

郭隗讲完这个故事，又说："大王可以把我当作'马骨'试一试。"燕昭王觉得有道理，于是，燕昭王就像对待老师那样，用最高的礼节对待郭隗，并给郭隗建了豪华住宅，同时还建了好几处，以备招揽人才之用，被人们称为"金台招贤"。

这个办法果然奏效，各地贤士纷纷投奔燕国。这时，乐毅从魏国出使来到燕国。燕昭王与他交谈后，知道他有军事才能，就千方百计留下乐毅，拜他为亚卿，委以国政和兵权。

乐毅倾全力帮助燕昭王，改革内政，严明法纪，奖励有功之士，发展经济，很快就改变了燕国风貌。乐毅又着重进行战法和军事训练，燕军的战斗力明显提高。这样，经过多年的艰苦奋斗，燕国实力大增。

在燕国蒸蒸日上之时，齐国却从强盛开始走下坡路了。齐国在位的国君，叫齐湣王，是齐威王的孙子。他骄横狂妄，好大喜功，对内不恤民力，横征暴敛，失去民心；对外不断用兵，四处征伐，招致诸侯反对。齐湣王觉得王的称号不显赫，就自称东帝。忍辱负重的燕昭王，认为报仇雪恨的时机到了，就与乐毅商量伐齐大计。

乐毅对燕昭王说："齐国，它原来就是霸国，现在仍然留着霸国的基业。它土地广阔，人口众多，燕国单独打它比较困难，应该联合赵、魏、楚等国家，共同对付它。"

怎样才能联合其他国家呢？燕昭王想了一个计策，派人去游说齐国，诱使齐国攻打宋国。这正符合齐湣王的心思，他正想对外扩张，便出兵攻打宋国。当时楚、赵、魏等国，都想染指宋国，便与齐国产生了矛盾。齐湣王伐宋取胜以后，头脑发热，继续扩张，向南占据了楚国淮水以北的土地，向西侵入三晋，还想吞并周室，自立为天子。

齐湣王这样四面树敌，必然引起众怒。燕昭王抓住这一时机，赶紧派人去联络赵、魏、韩、秦等国。各诸侯国都觉得，齐湣王是个祸害，争着与燕国联合，共同伐齐。燕昭王动员了全国的兵力，任命乐毅为上将军。乐毅统一指挥着燕、赵、魏、韩、秦五国军队，浩浩荡荡杀向齐国。

此时，齐湣王正在做着天子美梦，没想到各国军队一起杀来。齐湣王仓皇调集全国之兵，西进拒敌。各国军队都是精锐之师，齐国连续征战，军队疲劳。双方在济水以西展开大战，结果齐国大败，主力被歼，齐湣王狼狈逃窜。燕昭王闻讯大喜，亲自跑到济西战场慰问将士。

济西大捷以后，其他国家认为已经惩罚了齐湣王，不想再打了。乐毅则认为，这是灭掉齐国的好机会，不能半途而废。于是，乐毅单独率领燕国军队继续东进，一口气攻占了齐国都城临淄。然后，又兵分五路，继续攻占齐国各地。仅半年时间，就占领齐国七十多座城池，都划为郡县归属燕国。只剩下莒和即墨两城没有攻克，但也被燕军团团包围。

齐湣王如丧家之犬，先后跑到卫国、邹国、鲁国。到了这种地步，齐湣王依然摆出一副"东帝"的架子，傲慢无礼，各国都不欢迎他。最后，齐湣王被楚国将领杀掉了。齐国没有了国君，只剩下两城，几乎就亡国了。

可是，天不灭齐，事情瞬间发生逆转。燕昭王死了，儿子燕惠王即位。燕惠王与乐毅有矛盾，齐国的田单，趁机实施反间计，燕惠王派亲信骑劫，代替了乐毅。

骑劫是个笨蛋，燕军将士不服。齐国趁机反攻，田单巧施计策，大摆"火牛阵"，燕军一败涂地，七十多座城池又被夺了回去。"煮熟的鸭子又飞了"，这对燕国来说，甚是遗憾；而对齐国而言，却是万幸！

可见，强弱是相对的，可以相互转化。因此，且不可因一时之强而松懈，也不可因一时之弱而气馁。

# 田单复国却有国难回

　　齐国失而复得，第一功臣是田单。没有田单，可能就没有了后来的齐国。田单建立了盖世奇功，人们无不为之景仰。可想不到的是，田单复国以后，日子却并不好过，以至于在国内待不下去，只好去了赵国，最后客死异乡，这不能不令人痛惜！

　　《史记》记载，田单虽然是王族本家，但关系较远，只在临淄当了个管理市场的小官。临淄陷落以后，田单和族人逃到安平。他让族人把长长的车轴两端锯掉，再包上铁箍。不久，燕军攻打安平，人们夺路逃亡。很多人因为车轴太长，相互碰撞，轴断车毁，做了俘虏。只有田单带领族人逃出，一路跑到即墨。

　　后来，燕军又围攻即墨。即墨守城官员出城迎战，战败被杀。城中无主，人心浮动。人们听说田单有智谋，就推举他当将军，带领大家守城。国难当头，义不容辞，田单就做了这个民选的"草根"将军。

　　田单知道，围城燕军有数万之众，而城内，连士兵加青壮年，只有五千人，敌众我寡，非用计谋不可。他苦思冥想，接连出了几条奇计。

　　第一计，借助神灵，树威服众。田单心里清楚，虽然众人推举他做将军，但因过去官小，缺少威望。面对强敌，城里人心也不稳定。于是，田单下令，各家在吃饭之前，都要祭祀祖先。结果饭食撒在地上，引来无数飞鸟抢食，在空中盘旋飞舞，十分壮观。田单扬言："这是神人到来的征兆。"接着，他找了一个机灵士兵冒充神人，下命令时，就说是神人的指示，无人敢不服从。这样，田单假借神灵树立了威望，城中人心也稳定了。城外燕军，听说城内有神人相助，不免心里发怵。

第二计，散布谣言，促敌换将。田单知道，要想获胜，最大的障碍是乐毅。由乐毅统率燕军，即墨城迟早会被攻破。恰在这时，对乐毅十分信任的燕昭王死了，儿子燕惠王继位。田单让人四处散布谣言，说"乐毅在半年之内，就打下七十多座城池，而即墨城，这么长时间都打不下来，明显是要收买人心，乐毅想当齐王"。燕惠王本来就对乐毅有疑心，听到谣言，信以为真，派骑劫替换了乐毅。燕军将士为乐毅鸣不平，军心动摇。

第三计，诱敌犯错，激励士气。田单让人悄悄对燕军说："我们最怕的，是燕军割掉俘虏的鼻子，毁坏祖先坟墓。"骑劫愚蠢，果然下令，割了俘虏鼻子，挖了齐人的祖坟，并把坟中尸体拖出来焚烧，肆意凌辱。城里人见了，个个痛哭流涕，人人咬牙切齿，都想与燕军拼命。

第四计，诈降欺骗，麻痹燕军。田单派人去见骑劫，说城中支撑不下去了，请求投降，骑劫大为高兴。田单又让城中大户，给燕军将领送去黄金，请求进城以后，不要侵扰其家族。燕军将领满心欢喜，一口答应，从此放松戒备。

第五计，火牛上阵，出奇制胜。田单在城中收集了一千多头牛，牛角上绑上尖刀，牛尾上绑上芦苇，芦苇上洒上油。一切准备妥当，田单一声令下，士兵点燃牛尾上的芦苇，一千多头牛疼痛难忍，狂怒地撞向燕军。五千壮士高举刀枪，随后砍杀。老弱妇孺登上城头，拼命敲锣呐喊，杀声震天。燕军胆战心惊，溃散逃命，死伤无数，骑劫也被杀死。

田单率军紧紧追赶，各地齐人顺势暴动，田单兵力越聚越多。燕军的战斗意志被彻底摧毁，溃不成军，原来丢失的七十多座城池，很快又被收复了。

田单复国以后，亲自去莒城，迎接齐湣王的儿子，回到临淄，登上王位，就是齐襄王。齐襄王任命田单为相国，封为安平君。

田单复国之后的事情，《史记》在《赵世家》中写道："齐安平君田单将赵师而攻燕中阳，拔之。又攻韩注人，拔之。二年，田单为相。"这表明，田单又到赵国领兵打仗去了，还做了赵国的相国。那么，田单为什么跑到赵国去了呢？

原来，田单复国以后，大家都认为他应该自立为王，可田单却立了齐襄王。王位就像天上掉下的一个大馅饼，齐襄王既高兴又感激，同时也很担心。高兴和感激的心情很快就过去了，担心却越来越强烈。他担心田单的功劳太大，威望太高，对他的王位构成威胁，这就是"功高震主"。田单觉察到齐襄王的担心，更加小心谨慎地处理国政。越是这样，田单威信越高，齐襄王越是担心和猜忌，最后，竟然起了杀心。

有一次，田单遇见一个冻僵的老人，脱下皮裘救活了他，老百姓纷纷称赞。齐襄王听说以后，却大为恼火，自言自语说："他都那么高的威望了，还在到处收买人心，不如趁早杀了他。"说完抬头一看，不想旁边还站着一个侍臣。齐襄王厉声喝问："我刚才说的话，你听到了吗？"离得这么近，侍臣不敢说没有听见。齐襄王又追问："那你觉得我说的对吗？"侍臣为难了，说对或者不对，都可能招祸。侍臣也算机灵，说："我听说，相国做的那些好事，都是您让他干的呀。"齐襄王"嗯"了一声，脸色好看了一些，侍臣抹着冷汗退下去了。

有一天，齐襄王急召田单入宫。田单慌得没顾上穿鞋，光着脚就跑去了。襄王盯着跪倒在地的田单，看了半天，冷冷地说："召你来没什么事，我这是尽国君的职责；你来了，也是尽臣子的职责。"这叫什么事啊！就这样，田单整日生活在君王的猜忌之中。俗话说，伴君如伴虎，况且，这老虎已有了吃人之心，田单的日子能好过吗？

不仅国君猜忌，大臣们对田单也心态各异。对于田单这天大的功劳，有的忌妒，有的羡慕，有的不服气，田单心里憋屈啊！不仅大臣，甚至市井流氓也敢诋毁他。

有个叫貂勃的人，经常在大庭广众之下污蔑田单。田单并不认识他，更无仇怨。田单不理解，就备了酒宴，很客气地把貂勃请来，问他缘由。貂勃竟然厚颜无耻地说："谁都知道，尧是贤圣，但街上的狗仍然会咬他。这不是尧不好，而是尧不是狗的主人。"田单听明白了，就推荐貂勃做了官，貂勃以后果然不再咬他了。田单心里，却像吃了苍蝇那样恶心。

后来，赵国有事，请求齐国让田单去帮忙，齐襄王很高兴地答应了。田单到了赵国以后，就不敢回齐国了，齐襄王也不希望他回来。赵国对田单很尊重，任他为相国。田单为相的那几年，赵、齐关系比较融洽。

田单虽然客居赵国，但心里仍然装着齐国，每当夜深人静的时候，田单就独自面向东方，暗自垂泪。

# 秦国连出明君迅速崛起

自秦穆公以后，秦国没有出过有为君主，自然也没有大的作为，在战国初期处于弱势。魏国和过去的晋国一样，死死扼住它东进的道路，秦国势力只能局限于黄河以西。从战国中期开始，秦国连续出了几位贤明君主。他们顺应时代，革新变法，短短几十年时间，秦国就迅速崛起。

《史记》记载，首先使秦国复苏的，是秦献公。秦献公十多岁的时候，就跑到魏国避祸，一住就是三十年。这期间，在魏文侯治理下，魏国变法图强，而秦国却内乱不止。秦献公目睹了魏国的崛起，深为秦国衰落所忧虑。后来，秦国又发生内乱，贵族们拥立秦献公回国，当上了国君。秦献公年富力强，在外流浪多年，具有丰富的阅历和经验。他雄心勃勃，着手进行改革，医治秦国弊政，力图富国强兵。

秦献公首先采取的重大举措，是果断废除了野蛮的活人殉葬制度。用活人殉葬，在商朝比较流行，到春秋战国时期，虽然还有这种现象，但基本上被废止了。中原国家流行用木俑、陶俑来陪葬，就是这样，也有人反对。孔子就曾经愤恨地说，用木俑、陶俑陪葬的人，必定会断子绝孙。

而秦国，却一直沿用活人殉葬制度。当年秦穆公死的时候，陪葬的多达一百七十七人。殉葬的还不是一般人，有些是重要的文臣武将，当时秦国最有名的武将奄息、仲行、铖虎也在其中。老百姓为他们悲痛惋惜，专门作了一首题为《黄鸟》的诗。中原各国纷纷谴责秦国野蛮、愚昧，视其为夷族。秦献公即位第一年，就坚决废止了活人殉葬制度，显示其改革的决心和魄力。

秦献公采取的另一个重大举措，是把都城从遥远的西部，迁到东部的栎阳。这是为了便于向东发展，更重要的是为了摆脱贵族们的势力。推行革新，必然会触及贵族利益。秦献公是贵族拥立的，不想得罪他们，于是干脆躲开，到新的地方去发展，这是明智之举。果然，以后的改革，没有遇到大的阻力。

秦献公最重要的改革举措，是允许人们开垦土地，开垦的土地归自己所有，并向国家纳税。这样，秦国很快出现了大批的自耕农和地主。这是新的生产力，为社会发展注入了新的动力。同时，也为商鞅推行土地私有制提供了借鉴。经过二十多年的改革发展，秦国初步达到了民富国强。

秦国积累了一定实力以后，开始向东扩张。东进的第一道关口，就是魏国。过去秦和魏打仗，总是败多胜少，这次与魏国打了两仗，都取得了胜利，杀了魏兵六万人，周天子送来礼物表示祝贺。秦献公在位二十四年，他推行的改革，为秦国全面革新变法拉开了序幕。

秦献公死后，儿子秦孝公继位。秦孝公向天下颁布《求贤令》，广招人才。这时，商鞅从魏国来到秦国。秦孝公重用商鞅，在政治、经济、军事、社会各个领域，全面推行革新变法。秦国的真正强大，是从商鞅变法开始的。商鞅变法的直接结果，是打造了一台适用于战争的强大国家机器，建立了一支虎狼般的军队。后来，秦国与魏国又打了几仗，皆大获全胜，魏国再也不是对手。周天子赐予秦国霸主称号，中原诸侯都不敢小瞧秦国了。秦孝公在位二十三年。

秦孝公死后，儿子惠文君继位。惠文君也很有作为，他虽然因私怨杀了商鞅，但并没有改变其制定的法令，而是继续推进革新变法，使秦国更加强大。秦国大军轻而易举地收复了河西之地，声势浩大地渡过黄河，攻占了汾阴、皮氏等地。魏国乖乖服输，献给秦国十五个县。秦国接连灭了义渠国、蜀国，打败韩国、赵国。看到秦国咄咄逼人，中原各国害怕了，韩国、赵国、魏国、燕国、齐国、匈奴一起联合进攻秦国，尽管人多势众，仍然被秦军击败，被杀八万两千人。

惠文君十四年（前325年）正式称秦王，表明与周王子是一个级别了。秦惠王实现了祖先秦穆公的夙愿，秦国势力迅速向东方发展。秦惠王在位二十七年。儿子秦武王继位时间不长就死了，另一个儿子秦昭王继位。秦昭王更是雄心勃勃，而且能力很强，他在位五十五年，为秦国统一天下奠定了基础，做出了重大贡献。

秦国所以能够强大，是因为连续出了这几个贤明君主，持续推进革新变法，催生了新的生产力，为经济社会发展注入了新的动力。这是秦国迅速崛起和强盛的根本原因。

# 商鞅变法致使秦国强大

　　秦国连续出了几个有为君主，使秦国迅速复苏和崛起。然而，使秦国真正强大的，是商鞅的革新变法。商鞅是战国时期著名的政治家、改革家，他为秦国强盛做出了卓越贡献。《史记》专门写了《商君列传》，记载了他的事迹。

　　《商君列传》记载，商鞅出身高贵，是卫国国君的儿子，姓公孙。他原本叫卫鞅，或叫公孙鞅，后因封地在商邑，所以也叫商鞅。商鞅最早是在魏国服务，因不被重用而去了秦国。

　　到了秦国以后，商鞅通过受宠太监的关系，见到了秦孝公。商鞅对秦孝公大讲了一通尧舜治国的方法，劝秦孝公实行"王道"。秦孝公不爱听，边听边打瞌睡。事后，秦孝公埋怨太监，说他推荐了一个大言欺人的家伙。

　　商鞅不死心，要求再见秦孝公，又讲了一通夏商周的治国方法，孝公有些动心了。当商鞅再一次见到孝公时，详细讲述了春秋五霸的治国方法，劝秦孝公奉行"霸道"。秦孝公听得入了迷，不知不觉移动膝盖，靠近商鞅，一连谈了好几天，都不觉得累。秦孝公决定重用商鞅，推行革新变法，实现称强图霸。

　　商鞅变法，首先是从推行《垦草令》开始的。《垦草令》主要是刺激农耕、抑制商业、提高农业的社会认知度、实行统一的税租制度等。《垦草令》实行两年后，效果明显。于是，公元前356年，秦孝公任命商鞅为左庶长，在全国推行变法。

　　商鞅的革新变法，吸取了吴起、李悝、秦献公等人的变法经验，又根据时代需要，在许多方面进行了创新。变法不是一次完成的，而是进行了多次。

商鞅变法是全方位的，涉及多个领域。在制度方面，主要是废除奴隶制、土地国有制，实行土地私有制，推动奴隶社会向封建社会转变。这是一项涉及生产关系的带有根本性的改革措施，为秦国发展注入了强大动力，也是秦国强盛的根本原因。

在经济方面，主要是重农抑商，奖励耕织。生产粮食和布帛多的，可以免除劳役和赋税，这极大地调动了百姓的生产积极性，促进了秦国经济快速发展。

在政治方面，主要是废除旧的世卿世禄制度，抛弃旧的血缘宗法制度，开始创立中央集权。这也是一项带有根本性的改革举措，使封建国家机制逐渐健全，为后来秦始皇建立中央集权国家做了有益探索。

在行政体制方面，主要是推行县制。把全国合并划分成四十一个县，每县设置县令、县丞，这为秦始皇实行郡县制奠定了基础。

在社会方面，主要是推行"什伍制"和"连坐制"。五家为伍、十家为什，相互监视检举；一家犯法，十家连带治罪。

在军事方面，主要是奖励军功。制定了军功爵制度，按斩杀的人头数量，来奖赏爵位，使秦国军队成了"虎狼之师"。

在法律方面，主要是实行严刑峻法、轻罪重罚。制定了一系列严酷的法律，一切按照法律，来约束人们的言行。

另外，商鞅还采取了改变戎狄风俗、统一度量衡、焚烧儒家经典、禁止游宦之民、迁都咸阳等一些重大措施。

商鞅变法，是战国时期最彻底的一次封建变法改革运动，顺应了时代潮流，推动了历史发展和社会进步。商鞅变法获得巨大成功，只用十年时间，秦国就迅速强大起来。国库充足，百姓富裕，社会安定；人人勇于为国家打仗，不敢为私利争斗；秦国军队横扫天下，所向无敌。商鞅变法，达到了富国强兵的目的，打造了一台强大的国家机器，这台国家机器，适应于战争，适应于称霸。依靠这个强大的国家机器，秦国实现了吞并六国、统一天下的宏伟大业。

商鞅变法虽然取得了成功，但却留下一个很大的后遗症。这就是在国家治理过程中，一味地依靠强制手段，不注意解决思想意识问题，不重视教化百姓，不推行道德教育，而是长期实行酷法严刑。而酷法严刑，容易造成人们暴戾的性格，以致秦国统治者崇尚暴力，不讲仁义，缺乏道德，甚至干出一次坑杀降兵四十万人的暴行。秦国则被认为是虎狼之国，被称为"暴秦"。秦统一天下以后，继续实行这样的政策，只立威，不立德，这是秦朝很快灭亡的重要原因。所以，要想长期实现国泰民安，就必须实行依法治国与以德治国相结合的政策。

由于过多地使用严刑峻法，商鞅自己也面临着极大的危险。有人劝告商鞅说："您用严刑酷法残害百姓，这是积累怨恨、聚集祸患啊。您应该普施仁义，教化百姓。教化百姓比命令百姓更得人心，效果更好。"这话说得非常在理。

商鞅的靠山秦孝公一死，太子继位，商鞅的厄运就来了。那些仇家纷纷告发商鞅谋反，太子因为老师曾被商鞅惩罚，想为老师报仇，明知是诬告，仍然下令逮捕商鞅。商鞅知道自己积怨甚多，性命堪忧，就潜逃到魏国。魏国拒绝收留他，商鞅打算逃到别的国家去，魏国也不允许，而是把他送回了秦国。

商鞅回到秦国以后，跑到他的封地商邑，发动邑中的士兵，向北攻打郑县，想谋求一条生路。结果，秦国军队赶来，把商鞅杀死在郑国的黾池。商鞅死后，他的尸体又被五马分尸，而且全家都被诛灭。

商鞅虽然死了，但他革新变法的政策仍在继续实行，秦国继续强大。面对强大的秦国，东方六国感到了威胁，就想联合起来，共同抗秦，这便出现了战国时期著名的合纵。

# 苏秦游说六国实现合纵

秦国强大了，开始向东扩张，六国只有联合起来，才能与之抗衡。但六国之间，矛盾重重，并不齐心，要想联合，绝非易事。这时，出现了一位著名的纵横家，名字叫苏秦。苏秦游走于六国之间，凭借其三寸不烂之舌，或激或励，或诱或辱，最终实现合纵，使秦国闭函谷关达十五年。

《史记》记载，苏秦是洛阳人，出身平民，年轻时在齐国鬼谷子门下学习。学成以后，在外游历多年，结果一事无成，弄得贫困潦倒，只得狼狈回家。兄嫂、弟妹、妻妾全都讥笑他，说他不务正业，光会耍嘴皮子。苏秦暗自惭愧，闭门不出，把家中藏书重新阅读一遍，又找到一本周书《阴符》，埋头钻研。他还分析天下大势，用心揣摩各国君主心态。这样下了一年的苦功，苏秦感到胸有成竹，踌躇满志地踏上了游说之路。

起初，苏秦并没有搞合纵。他认为秦国有条件统一天下，便去了秦国，游说秦惠王吞并六国。这是何等的军机大事啊！秦惠王不想过早暴露自己的野心，搪塞说："鸟儿没有长全羽毛，不可能凌空飞翔。我的国家还很弱小，不会兼并天下。"苏秦热脸贴上冷屁股，十分不满，心想，"你不重用我，那我就去游说六国，共同对付你"。

游说六国，也不容易。苏秦先去求见周显王，吃了闭门羹。又去赵国，也无功而返。苏秦去了燕国，人家仍不理他。苏秦不死心，等了一年多，终于有机会见到了燕文侯。

苏秦抓住这一难得机会，赶快展示其口才。他先是大大地吹捧一番，夸赞燕国物产丰富、国家富裕、百姓安居乐业，一派和平景象，这都是君主治理有方的缘故。燕文侯被戴上一顶高帽，听得津津有味，闭目微笑。

苏秦话锋一转，说："不过，现在燕国既有远虑，也有近忧。近忧，是您的两个邻国赵和齐都很强，它们要想攻击燕国很容易，只不过现在它们常和秦国打仗，腾不出手来；远虑，是秦国十分强大，它如果灭了赵国，肯定会顺手也把燕国灭了。"

燕文侯猛地睁开眼睛，问："那该怎么办呢，先生有何良策？"苏秦便把六国合纵、共同抗秦的主张，滔滔不绝地说了一通。燕文侯觉得有道理，就赞助苏秦车马钱财，让他去搞合纵了。

苏秦旗开得胜，扬扬得意地又去了赵国。此时赵肃侯在位，他即位时间不长，很想有一番作为。

苏秦说："现在东方六国之中，最强大的莫过于赵国。赵国区域纵横两千里，地势险峻，军队有几十万，战车千辆，战马万匹，兵强马壮。而昔日商汤、周武，战车不过三百辆，士兵不足三万，就能夺取天下。赵国有这么好的条件，为什么不可以称霸呢？"这番话，说到赵肃侯心坎里了，肃侯连连点头称是。

苏秦接着说："您称霸的主要对手，就是秦国。您如果允许我去联合各国，共同抗秦，六国结成一个整体，秦国不就很容易对付了吗？到那时，您的霸主事业，就大功告成了。"赵肃侯大喜，送给苏秦豪华车子一百辆，载上黄金一千镒、绸缎一千匹、白璧一百双，用来游说各诸侯加盟。

此时，苏秦财大气粗，说话也硬气了。他又去了韩国和魏国。韩、魏挡在秦国东进道路上，被秦国打得怕怕的，正在向秦国称臣服软。苏秦见了韩王，劈头就是一顿讽刺挖苦，说："有句俗话，叫宁做鸡头，不做牛后。如果向秦拱手称臣，和做牛后，又有什么不同呢？凭大王的贤明，有强大的军队，现在又有赵、燕等国支持，再蒙受做牛后的丑名，我都为大王感到羞耻。"韩王被激得变了脸色，捋起袖子，愤怒地瞪大眼睛，手按宝剑，仰天长叹说："我虽然没有出息，也绝不能去侍奉秦国。"这样，韩、魏两国都同意加盟了。

苏秦又兴致勃勃地赶到齐国，对齐王一顿鼓吹，说齐国地大物博、人口众多，临淄城中，车辆多得相互碰撞，人口多得举起衣袖，就可以成为遮幕。然后又说，连韩、魏那样的小国，都敢联合抗秦，齐国还能惧怕秦国吗？于是，齐王也就随大流了。

最后，苏秦来到楚国。他知道楚王贪利好色，引诱说："现在最强大的，是楚国和秦国。如果打败了秦国，韩、魏、齐、燕、赵、卫等国的美女和好听的音乐，一定会充满您的后宫，燕、代等地产的良马、骆驼，一定会充满您的畜圈，您可以尽情享乐。反之，如果秦国称霸了，这些好东西，可就都归秦国所有了。"听苏秦这么一说，楚王毫不犹豫地加入了抗秦联盟。

这样，苏秦凭着对六国国君心态的深刻洞察，使用不同的说辞，终于实现了合纵。各国盟约，联合抗秦，推举苏秦当了合纵联盟的盟主。秦国听说六国联盟了，十分担心，有十五年的时间，没有出兵攻打东方国家。

# 张仪破掉合纵实现连横

苏秦搞成了合纵，对秦国造成很大威胁，秦国当然要想办法破解。这时，另一位著名纵横家出现了，他叫张仪。张仪同样凭借三寸不烂之舌，利用欺诈权变之术，或打或拉，或逼或骗，破掉了合纵，使六国纷纷与秦和好，实现了连横。

《史记》记载，张仪是魏国人，也是平民出身，与苏秦一起侍奉鬼谷子，学习游说之术。张仪学成之后，就去游说诸侯。他先去了楚国，投在楚相门下。

在一次酒宴上，楚相丢了一块玉璧，怀疑是张仪偷的，把他打得遍体鳞伤。张仪回家后，妻子又气又急，埋怨道："你如果不去游说，怎么会有这样的屈辱呢？"张仪张开嘴问："你看我的舌头，还在不在呀？"妻子抢白他，说："当然在了，不然怎么会说话呢。"张仪笑道："只要有舌头在，就足够了。"

这个时候，苏秦已经完成了合纵。张仪觉得，可以通过破坏合纵，为自己谋取功名，便去了秦国。秦惠王正在为合纵的事犯愁，听了张仪破合纵、搞连横的一番宏论之后，喜笑颜开，连声说好。

张仪趁机献上一计，说："破合纵，可以先从魏国开始。建议您集中优势兵力，迅速拿下它的蒲阳，然后再还给它。这样，既能展现军威，又能显示仁厚，我就可以从中做文章了。"秦惠王马上照办了。

魏国被搞蒙了头，不知道秦国葫芦里卖的是什么药。这时，张仪来到魏国，对魏王说："您离强大的秦国这么近，一个早晨，秦国就能攻占您的城池，而东方各国离得那么远，根本来不及救援。所以，您与东方各国盟约，与秦国为敌，不是很危险吗？"魏王听着有道理。

张仪又说:"那些搞合纵的人,相约六国为兄弟。然而,即便是亲兄弟,还相互争权夺利呢,合纵哪里靠得住啊!现在秦国不费吹灰之力,就攻占了您的蒲阳,然后又奉还给您,这明显是想与您交好。这可是个好机会啊,千万不要错过。"魏王被说动了心,答应背弃合纵盟约,与秦国交好。

张仪搞定了魏国,又去游说韩王。张仪先是一顿恐吓,绘声绘色地说:"韩国土地,不足九百里,民贫国弱,士兵不足三十万。而秦国军队有百万之众,战马万匹。那些战马精良,奔跑起来,前蹄扬起,后蹄腾空,一跃就是两丈多远。那些士兵威猛,打起仗来,甩掉战袍,赤足露身扑向敌人,左手提着人头,右手挟着俘虏,勇不可当。"韩王听了,脸都吓白了。

张仪又说:"那些搞合纵的人,目的就是为了封侯。如果相信他们的花言巧语,一定会引来祸端。现在秦国最希望的,是削弱楚国的力量。您如果帮助秦国进攻楚国,秦王一定高兴。这样,您既能在楚国那里得到利益,又能转移自己的祸患,没有比这更划算的了。"于是,韩国也被搞定了。

楚、齐是大国,靠威逼恐吓是不行的,张仪早就想好了"一箭双雕"之计。他一见楚怀王,就喜滋滋地说:"大王走好运了,秦国愿意与楚国交好,为了表示诚意,想把商於一带六百里土地献给大王,但必须要与齐国绝交。天底下没有比这更好的事了。"

楚怀王一听,心里乐开了花。有大臣进谏,说秦国是想破坏楚齐盟约,不怀好意。楚怀王不乐意了,说:"闭嘴!白白得到六百里土地,多大一块肥肉啊!不要,才是傻瓜呢。"楚怀王马上给齐国写信,废除了盟约。楚怀王为了讨好秦国,还专门派人手持符节,去齐国辱骂齐王。齐王大怒,斩断符节,与楚绝交,转而与秦结交。事成之后,张仪耍赖,楚国一寸土地也没有得到,但楚齐联盟已经破裂,无法修复了。

张仪又去赵国,咄咄逼人地说:"大王受苏秦迷惑,可苏秦在齐国已被五马分尸了,合纵已经不存在了。现在,秦国已与楚、齐两个大国结盟,韩、魏已向秦国臣服。秦王准备联合四国,分三路攻打赵国，大王打算怎么办呢？"赵王惶恐，忍气吞声地说："当年我还年轻，即位时间不长，受了蒙蔽。现在，我打算改变心志，割让土地，弥补过失，一心侍奉秦国。"

最后，只剩下弱小的燕国，自然不在话下。张仪三言两语，就逼迫燕王认错服软。燕王甚至低三下四地说："我们地处荒远的地方，就像蛮夷一样落后。别看我们长得高大，其实就像婴儿一样不懂事。我愿意侍奉秦国，并献出恒山脚下五座城池。"

张仪没费多大力气，就破掉合纵，实现连横。张仪之所以能够成功，根本原因是六国并不齐心，各有各的算计，合纵的基础很不牢固。

苏秦、张仪之后，仍有一些纵横家，穿梭于各国之间，时而合纵，时而连横，闹得不亦乐乎，成为战国时期一道独特的风景线。

# 苏秦为燕国充当间谍

苏秦，是著名的纵横家、游说家。除此之外，他还有一个身份，就是充当燕国的间谍，到齐国做卧底，刺探军情，收集情报，耗费齐国财力，为燕国谋利益。

《史记》记载，苏秦完成合纵以后，住在赵国，被赵王封为武安君。苏秦功成名就，十分得意。不料好景不长，合纵出了问题，齐国联合魏国，去攻打赵国。赵王很生气，把苏秦狠狠地责备了一通。齐国打了赵国以后，又趁着燕国有丧事的机会，发兵攻打燕国，一连夺取了十座城池。

刚刚即位的燕易王埋怨苏秦，说："先王资助您去搞合纵，现在合纵搞成这个样子。燕国没有受到秦国侵扰，反倒被盟友夺取了城池。您不怕被天下人耻笑吗？"苏秦脸上白一阵红一阵，心中怨恨齐国，就对燕王说："我现在就到齐国去，想办法报复齐国。一定要为您谋利益。"

苏秦见了齐宣王，弯下腰，拜了两拜，庆贺齐国得到了燕国城池，齐宣王很高兴。接着，苏秦仰起头，又向齐宣王表示哀悼，齐宣王很惊讶。

苏秦说："我听说，饥饿的人，即便再饿，也不会吃乌头这种有毒的植物。因为吃了毒物，虽然能填饱肚子，但离死亡也就不远了。大王得到城池，固然是件值得庆贺的事。但您想过没有，燕国虽弱，可燕王是秦王的女婿啊，后台很硬。您占了燕国的城池，却得罪了强大的秦国。如果秦王联合赵国、燕国，从三个方向攻击您，您不就像吃了乌头一样吗？"

齐王听了，变了脸色，说："我没想那么多，现在该怎么办呢？"苏秦说："贤明的人，往往能把灾祸转化为吉事。我为大王着想，建议您立即归还城池，燕国一定高兴。秦王知道是由于他的原因，您才归还了城池，也一定很高兴，这不就使齐国的灾祸，变成吉事了吗？"

见齐王动了心，苏秦进一步忽悠，说："如果秦国、燕国都支持您，那么大王向天下发出的号令，有谁敢不听呢？您实际上是用十座城池的小代价而取得了天下，是很划算的。"齐王连声说好，于是就把城池归还给燕国。苏秦凭着口舌之利，为燕国谋取了十座城池的利益。齐王还很感激他，任用他为客卿。

苏秦从此就住在齐国，进行间谍活动。齐宣王死后，齐湣王继位。苏秦劝齐湣王把葬礼办得豪华隆重，说："天下都知道齐国富裕，如果葬礼不够规模，会让天下人耻笑的。规模越大，越能显示您的孝道。"于是，齐湣王就大操大办，耗费了大量财物，引起老百姓不满。

苏秦又劝齐湣王说："您的宫殿太小了，不足以显示您的高贵和权威。"于是，齐湣王就大兴土木，建设高大雄伟的宫殿，还大规模开辟园林，浪费了不少财力。国库空虚，苏秦就建议增加赋税，导致民怨沸腾。齐湣王好大喜功，苏秦利用他的这一弱点，今天劝他攻打宋国，明天劝他征讨魏国，四面树敌。最终，乐毅率领五国联军伐齐，差点灭了齐国。

苏秦在齐国干的勾当，有的大臣察觉了，向齐王进谏，齐王不听，大臣就派刺客去杀苏秦。苏秦被刺后，没有马上咽气，对齐王说："我死以后，您假装说我有罪，在闹市把我五马分尸。这样，就能抓到凶手了。"齐王照办了。凶手以为杀苏秦有功，果然自动出来了，结果被杀。苏秦在生命最后一刻，用计谋为自己报了仇。

不过，苏秦死后不久，他破坏齐国的事实泄露出来，证据确凿。齐王又恨又恼，迁怒于燕国，两国关系迅速恶化。

关于苏秦的间谍活动，《史记》只是透露了这方面的信息，并没有事实记载，大概是缺乏史料的缘故。不料过了两千年以后，苏秦的间谍行为，却完全暴露出来了。

1973 年，在长沙马王堆三号汉墓中，出土了大量帛书。这些帛书，多数是战国时期的私人信件，整理后定名为《战国纵横家书》。全书二十七章，一万一千多字，具有极其珍贵的史料价值。其中涉及苏秦的，有十六章。这些史料，证实了苏秦的间谍身份。

史料上说，燕王给苏秦的任务是："大者可以使齐毋谋燕，次者可以恶齐赵之交。"意思是说，苏秦的任务，主要是不让齐国攻打燕国，其次是挑拨齐赵之间的关系。苏秦任务完成得很好，他在齐国五年，齐国多次东征西伐，就是没有打过燕国。

另外，史料中还收录了苏秦写给燕王的八封书信。苏秦在信中，向燕王汇报了齐国很多秘密情况，比如，齐国伐宋时的作战计划、军事部署等。由于苏秦出色的间谍活动，燕国对齐国的政治、经济、军事等方面的情况，皆在掌握之中。后来，燕国在伐齐过程中，一路所向披靡，半年时间就攻占了七十多座城池，这恐怕与苏秦的间谍活动，也不无关系吧。

# 张仪玩弄楚国于股掌之上

张仪，是战国时期著名的纵横家。他游说的一个重要特点，是为达目的不择手段，经常使用欺诈行骗之术，说话不算数，翻脸不认人。最典型的是，为了打破楚齐联盟，他编瞎话，耍无赖，把楚国玩得团团转。虽然事情办成了，但其手段却为人所诟病。

《史记》记载，张仪在游说楚国时，红口白牙地说，只要楚国与齐国绝交，秦国就送给楚国商於一带六百里土地。商於之地，位于秦楚交界处，是重要的战略要地。这诱惑实在是太大了，于是，楚国就同齐国断绝了关系。有大臣进谏说："可以先表面上与齐国断交，等得到土地以后，再真断交也不晚。"楚怀王说："秦是大国，怎么会出尔反尔呢？"楚国与齐国断交以后，把楚国相印授予张仪，馈赠他大量财物，派了一位将军，跟着张仪去秦国接收土地。

张仪回到秦国，下车的时候，假装跌了一跤，受了伤，三个月没有上朝，接收土地的事，自然无法办理，那位将军只得傻乎乎地等着。一直等到齐国与秦国正式结盟，张仪才露面。楚国将军赶紧前去索要土地，张仪假装吃惊，说："你怎么还没回去呢？我已经安排家人，把秦王赐给我的六里封地，献给楚王了。"

楚国将军急忙说："您答应的，是商於一带六百里土地。"张仪冷笑一声，说："商於一带是战略要地，怎么可能送给别人呢？再说，秦国的土地都是国君的，我怎么能够做主呢？我能送的，只能是自己的六里封地，楚王肯定是听错了。"张仪耍了无赖，楚国将军没有办法，只好回去汇报。

楚怀王一听，鼻子都气歪了，说："张仪小人竟敢耍我！"怒火填胸，马上出兵攻打秦国。秦国早有准备，齐国也去帮忙。秦齐联军大败楚军，杀死楚军八万。秦齐联军乘胜进军，夺取了丹阳、汉中。楚怀王仍不甘心，又派出更多军队，结果仍然大败。楚国没办法了，只好又割让两座城池，与秦国讲和。楚怀王打不过秦国，只能背地里咬牙切齿，痛恨张仪。

后来，秦国想要得到楚国黔中一带的土地，打算用秦国的土地做交换。楚怀王很干脆地说："不用土地交换，只要得到张仪，我就把黔中之地送给秦国。"黔中之地也是战略要地，得到它，秦国就形成了对楚国的半包围圈。秦惠王很是动心，但不好意思说出口。

张仪知道秦惠王心思，主动要求前去。惠王吃了一惊，说："楚王对您恨之入骨，去了肯定就没命了。"张仪胸有成竹地说："未必！我和楚国大夫靳尚关系好，靳尚能与楚王夫人郑袖说上话，而郑袖的话，楚王没有不听的。我已经谋划好了，应该没有问题。即便我死了，大王能得到黔中土地，也是很值的。"于是，张仪又一次冒险出使楚国。

不出所料，张仪一到楚国，马上就被囚禁起来，准备用大锅烹死他。靳尚赶快求见郑袖，对她说："我听说，秦王为了赎回张仪，打算送给楚王大批美女。这些美女，经过精心挑选，不仅美貌如仙，而且能歌善舞。我担心，这些美女一来，您可能会失宠的。不如劝说楚王放了张仪，那样秦国就不会送了。"

郑袖信以为真，就对楚怀王说："张仪做的那些事，固然可恨，但作为臣子，各为其主，也没有错。"又说："秦王派张仪来，是对大王的尊重。您如果杀了张仪，会被天下人耻笑的。"郑袖还哭哭啼啼，说："张仪是秦国重臣，如果杀了他，秦王必定不肯善罢甘休。秦军的厉害，您是知道的。我请求，让我们母子搬到江南去住吧，不要受到秦军的欺凌屠戮。"枕边风果然厉害，楚怀王对张仪的满腔怒气，都被枕边风吹走了。

楚怀王不仅赦免了张仪，而且仍然像过去一样，优厚地款待他。张仪趁机又是一阵猛忽悠，说："秦国的土地，已经占了天下一半。军队的实力，可以抵挡四方的国家。那些搞合纵的人，聚集了一群弱小国家，与最强大的国家为敌，无异于一群羊与一只凶猛的老虎较量，结果可想而知。大王是想亲附老虎呢，还是想亲附那群羊？"楚怀王听了，觉得有道理。张仪接着忽悠："楚国与秦国连壤接境，从地理上看，应该是亲近的国家，楚国只有亲附秦国，才是最可靠的。建议您派太子到秦国做人质，再进献有一万户居民的城邑。这样，楚国就可以永保平安了。"楚怀王傻傻地接受了张仪的建议，和秦国相亲善。可是，楚怀王做梦也没有想到，几年以后，他去秦国访问，却被秦国羁押，死在了秦国。秦国为达目的，也是不择手段的。

张仪这次去楚国，不仅化险为夷，而且还为秦国争取到了利益。秦惠王大喜，封张仪为武信君，赏给他五个城邑。张仪凭着三寸不烂之舌，得到了荣华富贵。

# 胆大包天的赵武灵王

战国后期，赵国出了一位杰出君主，被称为赵武灵王。他最有名的事情，是搞胡服骑射，促进了民族融合，增强了赵国实力。梁启超评价他是"黄帝之后第一伟人"。著名历史学家翦伯赞写诗赞他："胡服骑射捍北疆，英雄不愧武灵王。"

另外，赵武灵王还有一个骇人之举。他竟然冒充使者，亲自去秦国侦察敌情，堂堂一国之君，去干侦察兵的事，这在历史上恐怕找不出第二个。且不说此举是否妥当，仅论其胆量，那可是足够大的。

《史记》记载，赵武灵王即位时，国力不强，经常受大国欺侮。他父亲死后，秦、楚、齐、魏、燕国同来参加葬礼，但各带精兵万余人，明显是不怀好意。当时，赵武灵王只有十五岁，却毫不畏惧，命令全国戒严，部队集结，准备拼个鱼死网破。同时，联络韩、宋、越等国作为外援。举行葬礼时，只准五国使者前来吊唁，不许军队入境。五国见赵国重兵待客，戒备森严，没敢轻举妄动。赵武灵王小小年纪，就经受了如此严峻考验，足见其胆量过人。

赵武灵王在位时，选贤任能，政治清明，不搞"一朝天子一朝臣"。他首先重用先王的重臣肥义，给他增加品级和俸禄。对八十岁以上的德高老人，每月都给他们送礼。当时，秦、楚、齐等国已经称王，魏国联络韩、燕、赵、中山等国，也想称王，赵国却不同意。赵武灵王说："没有实力，要那个虚名，有什么用呢？"他让国人称他为"君"。以后赵国强盛了，也没有称王。赵武灵王是后人给他的谥号，他生前终身没有称王，足见其见识超群。

赵武灵王最大的功绩，是不遗余力地推行胡服骑射。《史记》用了很长篇幅，对他搞胡服骑射做了详细描述。所谓胡服，就是穿胡人的衣服。当时，中原流行宽衣长袖，看起来风度翩翩，实际上很不方便。所谓骑射，就是学习胡人骑马射箭的技术。胡服骑射，不仅是风俗改革和军事装备改革，更重要的是，能够增强少数民族的认同感，有利于向北拓展疆土。从地理上看，赵国南有魏、韩，东邻齐、燕，西靠强秦，都很难扩展，只有北边，是胡人居住的地方，地域辽阔，便于扩展。

推行胡服骑射，具有战略意义，但实行起来，阻力相当大，上至贵族，下至群臣，反对声一片。赵武灵王毫不动摇，强势推行。他带头穿上胡服，上朝时，他短衣紧袖坐在上面，下面一片长袍大褂，很不协调。赵武灵王耐心地讲了一通道理，第二天，长袍就少了一大半，没过几天，就寥寥无几了。对拒不穿胡服的贵族，赵武灵王亲自登门劝说。通过推行胡服骑射，赵国军队的战斗力明显增强，灭了心腹大患中山国，向北拓土千余里，国力大增，能够抵挡秦国了。

赵武灵王知道，赵国与秦国迟早必有一战。如果袭击秦国，从赵国的云中、九原一带出击最佳。赵武灵王身穿胡服，带领士大夫去巡视这一带的地形。而秦国那边的地形怎么样呢？他很想去看一看。他想冒充使者，深入秦地，亲自去侦察，并借机观察秦昭王的为人。

众臣都被他的大胆想法吓坏了，拼命劝阻，说："秦国是虎狼之地，秦人不讲信义。楚怀王，就是被这个秦昭王扣留的。现在没有哪个国家，敢去秦国了。这事实在太危险，万万不能去！"

赵武灵王很有把握地说："公然以国君名义去，可能有危险。我以使者的名义去，他们根本想不到，秦国也无人认识我，所以没有危险。"于是，赵武灵王带了几个随从，潇潇洒洒地出使秦国去了。

赵武灵王一路上，仔细侦察了秦国的山川河流、地形地貌，然后，到咸阳去见秦昭王。秦昭王一见赵武灵王，便感觉此人气度不同寻常，一番交谈过后，秦昭王更是觉得，此人谈吐非凡、见识高远，绝非一般的使者。秦昭王很是疑惑，盯着赵武灵王看了半天，猜不透是何等人物。赵武灵王见秦昭王起了疑心，心里有点发虚，赶紧告辞退出。到了驿馆，不敢停留片刻，立即乔装打扮，连夜奔走，留下随从应付。

果然，第二天一早，秦昭王就派使臣来，说还想与赵国使者会谈。随从很客气地说："对不起，使者昨晚偶感风寒，现在卧床不起，明天再去拜见秦王吧。"第二天，使臣又来了，随从说病还没好，再等一天吧。

秦昭王越想越不对头，第三天亲自来了，说是探望使者病情。随从看瞒不住了，只好说了实话："使者，其实是我们的国君，仰慕秦王风采而来。不料国内有事，就急着回去了。"

秦昭王一听，恍然大悟，心中大悔，急令骑兵追赶，哪里还追得上？赵武灵王早已安全回到赵国了，真是胆大包天啊！

# 英雄难过感情关

一代英雄赵武灵王，推行革新大刀阔斧，处理国事多谋善断，文韬武略很有一套。可是，他在处理个人感情方面，却是那么幼稚、轻率，以至于造成国家衰落，他本人被活活饿死。

《史记》记载，赵武灵王即位以后，娶了韩国宗亲之女为夫人，生下儿子叫赵章，被立为太子。夫人贤惠，太子孝顺，赵武灵王很爱他们。

在他即位十六年的时候，有一天，赵武灵王做了一个梦，梦见一位妙龄少女，名叫吴娃，长得光彩艳丽，貌若天仙。吴娃边弹琴、边唱歌，歌声美妙动人。赵武灵王醒了以后，对梦中情景、少女姓名、容貌以及歌词等，都记得十分清晰。他感到奇怪，屡次对人说起。恰巧，有个叫吴广的大臣，家中有个漂亮女儿，也叫吴娃。吴广通过赵王夫人，把女儿献给了赵武灵王。赵武灵王见了吴娃，感觉就像梦中少女一样，因此十分宠爱。吴娃生下一子，取名赵何。爱屋及乌，赵武灵王对赵何也十分疼爱。

吴娃楚楚动人，善解人意，精心侍奉赵武灵王，从来不提任何要求。赵武灵王对吴娃特别宠爱，视为上天赐给他的宝物，好几年不出她的宫。吴娃趁机向赵武灵王进谗言，诬陷王后韩姬和太子行为不端，赵武灵王听信，废掉了王后和太子。于是，太子就由赵章变成了赵何。

吴娃死后，赵武灵王魂不守舍，经常在梦里与她相会。过了两年，赵武灵王举行盛大朝会，把王位传给吴娃的儿子赵何，就是赵惠文王。当时，赵武灵王只有四十岁出头，正是年富力强、大有作为的时候，而赵何，还不到十岁，不能理政，完全没有必要这么早就把王位传给他。众人都不理解，其中原因，可能只有赵武灵王自己心里清楚吧。新王年幼，赵武灵王派他最信任的大臣肥义，辅佐新王处理国政。他自己称作主父，主要考虑军事问题。

吴娃死得久了，赵武灵王的情感，又回到了夫人和原太子赵章身上。赵章从十几岁就跟随父亲南征北战，多次立下战功，而且长相、禀性更像父亲。上朝的时候，赵武灵王看到身材魁梧的哥哥，却要向还是小孩子的弟弟跪拜行礼，想到长子有功无过、无故被废，心中很是不忍；又见赵章一副颓丧的样子，心中很是可怜。赵武灵王突发奇想，询问大臣说，能不能把赵国一分为二，两个儿子都当王呢？大臣们大吃一惊，一致反对。赵武灵王只好叹口气，封赵章为代地的安阳君，并派大臣田不礼辅佐他。

赵章年轻力壮，心气很高，早就对赵何当王心中不服，只是畏惧父亲，没有办法而已，如今，知道父亲有这等想法，心中欲望一下子被点燃起来了。辅佐他的田不礼，也是一个野心家，为人傲慢强横。两个人互相投合，常在一起密谋，准备寻找机会，杀掉赵何，夺回王位。赵国处在阴谋作乱的危险之中。

对这种危险，大臣们看得很清楚，人人忧心忡忡。大臣李兑，是肥义的好友，悄悄对肥义说："主父这样感情用事，肯定会给国家造成祸灾。一旦祸乱发生，您首先就会没命的，不如趁早躲开吧。"肥义不愧是忠臣，丝毫没有犹豫，十分坚定地说："主父把新王托付给我，我必须尽到人臣的责任，明知是死，也决不能退缩。"

李兑见劝不动肥义，只好痛哭流涕地走了。李兑去找公子成等大臣，想竭力阻止祸乱发生，并做好平息祸乱的准备。肥义回到宫中，立刻下了一道命令，说："以后新王到任何地方，都由我先去看看。就是主父召见，也是我先去，确保没有问题，新王再去。"

祸乱终于来了。有一次，赵武灵王和赵惠文王一同离开王宫，父子俩到沙丘游览，晚上住在那里，分住两处宫室。赵章和田不礼觉得这是个好机会，就率领党徒，悄悄潜入沙丘。赵章派人诈传主父命令，要召见赵惠文王。肥义自然先去探路，到了以后，立刻被杀了。赵章他们知道，赵惠文王不会来了，就率众攻打他住的宫室。没想到，李兑、公子成他们早有准备，迅速领兵赶了过来，一举把赵章党徒全部消灭，只有赵章仓皇逃走。

赵章无路可逃，只好跑进父亲的宫室，哀求父亲救他。赵武灵王明知赵章作乱，但还是把他藏了起来。李兑、公子成见赵章躲进主父宫室，立刻率兵包围起来。公子成问李兑怎么办，李兑咬着牙说："事已至此，必须斩草除根，否则后患无穷。"他们不顾一切，冲进宫去，搜出赵章，当场杀死。赵武灵王阻止不住，眼见爱子被杀，悲痛流泪。

赵武灵王这一哭，李兑他们心里发了毛，后背直冒冷汗，心想，虽然剿灭了叛乱，于国有功，但擅闯王宫，杀死王子，主父怎么能饶了他们？干脆，一不做、二不休，李兑高声喊道："宫里所有人，赶快出去，出去晚的杀头。"

宫中侍从纷纷夺路而逃，等到赵武灵王反应过来，宫中只剩下他一个人了。大门"哐当"一声关闭了，宫外有士兵紧紧围着，任凭赵武灵王呼喊怒骂，就是没人理他。偌大的王宫，只有赵武灵王孤零零地一个人游荡。

赵武灵王被关在宫室，要吃没吃，要喝没喝，实在饿急了，就挖老鼠洞，掏树上的鸟窝。此时，肥义已死，赵惠文王年少，李兑、公子成专权。赵武灵王叫天天不应，叫地地不灵，时间不长，就被活活饿死了。

据说，赵武灵王高大的身躯，死后缩小得像一段朽木。赵武灵王临死前，一会儿呼喊"夫人、赵章"，一会儿呼喊"吴娃、赵何"。那可怜的呼声，断断续续，长久不息。那凄惨的声音传到墙外，围宫的士兵听了，无不掩面痛哭。赵武灵王死时，只有四十五岁，正是人生黄金年龄。可惜一代英雄，本该大有作为，却过早辞世，死得又是如此凄惨！

李兑、公子成围宫达三个月之久，确信赵武灵王已死无疑，才敢打开宫门，收尸下葬。此后，赵国衰弱下去。后来，尽管有蔺相如、廉颇、赵奢等贤臣良将辅佐，也只能是勉强苦撑，再也没有赵武灵王时候的兴盛了。

# 赵国贪占便宜惹大祸

战国末期，爆发了著名的长平之战，交战双方是秦国和赵国。结果秦国大胜，坑杀赵军四十多万人。赵国元气大伤，彻底断送了赵武灵王开创的兴盛事业。

长平之战，是战国历史的重要转折点，此后，秦国统一天下，已是大势所趋，不可阻挡。那么，长平之战的起因是什么？赵国又为什么会败得那么惨烈呢？

《史记》记载，赵惠文王时期，因为有蔺相如、廉颇、赵奢等人辅佐，还能勉强与秦国对抗，赵奢还曾大败秦军。但到了赵惠文王儿子赵孝成王的时候，赵奢已死，蔺相如病重，已经很难与秦国抗衡了。不过，赵国仍属于东方六国中较强的国家。

公元前263年，赵国的南邻韩国，遭到秦国攻击。秦军来势汹汹，一举攻占了韩国的野王城，切断了上党郡与本土的联系，接下来，拿下上党已是易如反掌。韩国抵挡不住秦国进攻，请求献出上党郡求和，秦国同意了。

上党郡守将冯亭却不愿意投降秦国，想把上党郡献给赵国。得知消息以后，赵孝成王大喜，赶紧召集群臣商议。有人表示反对，说："圣人说过，无缘无故得到利益，不是好事，而是祸害。秦国辛苦打仗，马上就要得到上党郡了，如果我们接受了，秦国怎么会善罢甘休呢？冯亭的做法，是要嫁祸于赵国。"

平原君赵胜却说："出动百万大军，征战一年，也不一定能得到一座城池。如今不费半点力气，就能白白得到上党郡十七座城邑。这么大的便宜，不能丢掉。"其他大臣也随声附和。赵孝成王拍板说：

"好！"于是，派平原君去接收上党郡。

平原君到达上党后，想要封赏冯亭。冯亭流着泪说："我是个三不义之人，不敢接受封赏。不能拼死守卫国土，一不义；不听国君命令降秦，二不义；拿国君土地得到封赏，三不义。"赵国接收了上党郡，派大将廉颇领兵进驻长平，以防秦军。

秦昭王得知此事，勃然大怒，命令王龁率军攻打赵国，双方在长平一带交战。交战初期，两军互有胜负。廉颇见秦军势大，就采取固守策略，凭借有利地形坚守。不管秦军如何叫骂挑战，赵军就是不出战，秦军一时也无计可施。但是，赵国国力虚弱，这样长时间僵持下去，粮食会供给不上。赵孝成王着急，屡次催促廉颇出战。廉颇知道出战必败，仍坚守不出。赵孝成王对廉颇很不满意。

秦国拿廉颇没有办法，就使用了反间计，散布谣言说："廉颇越老越胆小，他就要投降了。我们根本不怕他，怕的是赵国用赵括做将军。"赵括，是名将赵奢的儿子，当时有些名气。赵孝成王听了，果然动了心，便让赵括去替换廉颇。

赵括从小熟读兵书，谈起军事来头头是道，连赵奢都说不过他。但赵奢不仅没有夸赞儿子，反而很担心，对赵括母亲说："兴兵打仗，十分凶险。我每次领兵作战，都战战兢兢。这小子把打仗说得这么轻飘飘，如果当了将军，一定会失败的。"现在听说儿子真的做了将军，赵括母亲急忙给赵王上书，把赵奢的话说了一遍。

赵孝成王不听，反而以为虎父无犬子，老子英雄儿好汉。赵括母亲又上书说："赵括和他父亲不一样。赵奢做将军时，朋友数以百计，大王赏赐的东西，他全部分给军吏和僚属。而赵括刚当将军，就面东接受朝见，下属没有一个敢抬头看他。大王赏赐的东西，他全部拿回家来。父子二人的心地不同，希望大王不要让他领兵。"

蔺相如在病中也向赵王进谏，说："赵括只会读兵书，不懂得灵活应变，不宜任他为将。"赵孝成王仍然不听，非任赵括为将不可。赵括倒是信心满满，夸下海口，说："若是白起领兵，我还要小心一些。王龁那小子，根本不是我的对手。"赵括兴冲冲地上任去了。

秦昭王听说赵国换了将军，心中大喜。秦国知道赵括徒有虚名，畏惧的还是老将廉颇，如今见反间计成功，认为是全歼赵军的好机会。于是，秦昭王立即赶到河内，封给百姓爵位各一级，紧急征调十五岁以上青壮年，全部集中到长平一带。秦昭王还亲自部署，在外围拦截赵国的援兵，截断赵军的粮道。同时，偷偷地把以勇猛凶狠著称的大将白起，派到了长平战场。秦昭王是下定了决心，非要置赵国几十万大军于死地不可。

赵括到了长平，首先撤换了一批军官，改变了原来的制度军令，然后下达命令，全线出击，企图一战功成。白起见赵军脱离了营垒和有利地形，心中窃喜，佯装战败撤退。赵括不知是计，心中大喜，率军猛追。白起派出两支精锐部队，一支迂回到赵军背后，截断其退路；一支穿插揳入赵军中间，把赵军分割成若干孤立的部分。赵括见状不妙，想要撤兵，已经来不及了。几十万赵军被百万秦军重重分割包围，暴露在旷野之中，无险可守，犹如待宰的羔羊。

白起不愧是名将，并不急于攻击，而是围而不打，坐等赵军自溃。赵军多次突围，均未成功。赵孝成王得知消息后，心中大急，忙派兵增援，但被秦军死死阻挡，不能前进一步。

秦军包围赵军长达四十六天。赵军内无粮草，外无援兵，陷入了绝境。士兵没吃没喝，斗志全无，人心崩溃，竟然到了相互残杀、抢食人肉的地步。实在无法支撑了，赵括瞪着血红的眼睛，亲自披挂上阵，率军做最后一搏。但秦军包围得像铁桶一般，赵军仍然冲不出去，赵括也被乱箭射死了。主将一死，部队溃散，纷纷向秦军投降。

面对四十多万降兵，白起恶狠狠地说："前时我军即将拿下上党，赵国却轻松得利，甚是可恶。赵国士兵反复无常，如不全部杀掉，恐怕会出乱子。"白起策划好阴谋，将降兵分散关押。在一天深夜，白起命令秦军全部出动，脸蒙黑巾，对手无寸铁的赵国降兵进行疯狂屠杀。脸蒙黑巾，是为了防止鲜血溅到脸上。

可怜赵国四十多万鲜活的生命，一夜之间化作冤魂。屠杀完毕后，秦军挖坑或利用山沟，将尸体掩埋，用了十天时间，才掩埋完毕。直到现在，长平一带仍然不断发现残缺不全的尸骨。真是惨绝人寰！

赵国为贪图便宜，引发如此惨祸，应了圣人所说"无故得利是祸"那句话。当然，从历史发展来看，即便赵国不贪占便宜，也迟早会被秦国灭掉。但从当时情况看，贪图那样的便宜，无异于虎口夺食，是很不明智的。白起如此丧心病狂地戮杀俘虏，也一定会得到报应的。

# 杀人大魔头白起

白起，是战国时期著名的军事家、秦国名将。他善于用兵，作战凶猛，一生征战，无一败绩，被称为常胜将军。然而，他凶狠残暴，嗜杀成性，被称为"人屠"。据梁启超考证，战国时期共死亡将士二百多万人，其中一半以上，是白起领兵杀的。特别是他滥杀俘虏，更是在历史上留下恶名。

《史记》在《白起王翦列传》中，开篇就列出了白起杀人的"成绩单"。公元前293年，白起率军攻打韩、魏，杀死二十四万人。公元前273年，白起率军攻打魏、赵，杀死十三万人，并将赵国两万降兵沉入黄河。公元前264年，白起进攻韩国，杀了五万人。公元前260年，白起在长平之战中，坑杀降兵四十多万人。

仅在以上四次战斗中，白起杀人就近九十万。白起一生征战七十多次，其中有不少大战。在进攻魏国时，一连夺取大小城邑六十一座；在攻打楚国时，攻占了楚国都城，放火烧毁了楚国先王的墓地。在这些战斗中，《史记》没有记载白起杀人的数量，但可想而知，他连死人都不放过，肯定是杀人如麻。说他是杀人大魔头，应该是不冤枉的。

长平之战以后，赵国朝野一片震惊，人人惶恐。白起想乘胜进军，攻下邯郸，灭了赵国，建立大功。赵孝成王悔恨交加，六神无主，想割地求和，派苏代前去秦国游说。

苏代是苏秦的弟弟，也是有名的纵横家。苏代到了秦国，找到丞相范雎，对他说："白起为秦国立有大功，已经平定了南方地区。这次如果再平定北方，那功劳大得连周公、姜尚，都不能相比了，秦王一定会给他最高的封赏。您能甘心居他之下吗?"

范雎与白起早就有矛盾,于是,范雎向秦昭王进谏说:"我军连续作战,已经十分疲劳。赵国虽然伤了元气,但要想很快灭掉它,也不容易。即便灭了赵国,我军也必定伤亡很大,成为强弩之末。到那时,燕国会乘机抢占赵国北边的土地,齐国会抢占赵国东边的土地,魏、韩两国会抢占赵国南边的土地。秦国不能同时与它们作战,那就白白给它们作嫁衣了。所以,不如让赵国割地求和,我军休养整顿,再寻机攻占邯郸。"

秦昭王对范雎十分信任,言听计从,便取了赵国六座城邑讲和了。白起接到停战命令,知道是范雎捣的鬼,心中怨恨,对天长叹,叹息失去这次建立大功的好机会。

九个月以后,秦国整顿好兵马,准备再次攻打赵国。白起说:"上次本应该一鼓作气拿下邯郸,现在赵国已经缓过气来了,再打无益。"于是称病不出。

秦昭王命王陵为将,率军围攻邯郸。没想到,赵国士兵作战意志十分顽强,个个拼死杀敌。出现这种情况,很好理解。一是赵国士兵要为长平死难的战友报仇,人人同仇敌忾;二是知道秦国滥杀俘虏,谁也不敢再有降心,唯有拼命抵抗。秦国见久攻不下,便派来大批增援部队,结果仍无进展,反而损失了五个军营。这时,楚、魏等国也感到秦国的巨大威胁,知道如果赵国灭亡了,下一个就是它们,于是准备前来救援。

秦昭王见此情景,着急了,想让白起代替王陵,尽快攻占邯郸。白起还是不肯。一来是他怨气未消;二来是知道战况不好,赵国士兵对他积怨甚深,他去了也未必能获胜。白起向昭王进言说:"赵军顽强,在城内死战,诸侯救援很快就能到达城外,到那个时候,他们里应外合,我军非败不可,这个仗不能打了。"

秦昭王不听,坚持要让白起领兵,又让丞相范雎亲自到白起府上去请。白起始终推托,称病不出。秦昭王有些恼怒了,改派王龁代替王陵统率部队。秦国大军围困邯郸八九个月,硬是没有攻破,可见赵国军民意志之坚强。这时,楚国和魏国几十万援军赶到,内外夹击,秦军伤亡惨重。

在秦军危急关头，秦昭王又强令白起出战。白起不仅不接受命令，反而幸灾乐祸地说："不听我的意见，结果怎么样啊？现在让我收拾残局，我也没有办法。"秦昭王让范雎再去请，白起仍然坚辞不从。秦昭王终于大怒，下令撤掉白起一切职务，并把他驱逐出咸阳。

白起离开咸阳时，仍然口吐怨言，一副不满意、不服气的样子。秦昭王闻之，怒不可遏，派使者追上他，赐给一把利剑，命他自杀。直到这时，白起那股狂妄劲头才不见了。他仰天长叹，流着泪说："我对上天有什么罪过，竟落得这个结果？"过了一会儿，又说："我一生杀人无数，本就该死。长平之战，我坑杀降兵几十万，这就足够死罪了。"说完，手持利剑，抹了脖子。

在战争中杀死敌人，不可避免，但杀戮过重，特别是滥杀俘虏，那就应当受到谴责了。所以，白起尽管位居"战国四大名将"之首，但他的名望和声誉，远不及吴起、乐毅和李牧。

# 恩怨分明的丞相范雎

　　范雎，是战国时期著名的政治家、军事谋略家。他足智多谋、远见卓识，提出并实施"远交近攻"策略，使秦国兼并六国有了明确的方向和目标，加快了统一天下的进程。

　　此外，范雎还有一个鲜明的个性，就是"一饭之德必赏，睚眦之怨必报"。意思是说，别人给他一顿饭吃的小恩，都要报答；而瞪他一眼的小怨，也要报复，真是恩怨分明啊！

　　《史记》记载，范雎是魏国人，很有才干，但家境贫寒，只好到大夫须贾门下混口饭吃。有一次，范雎跟随须贾出使齐国。齐王看不起平庸的须贾，倒觉得其随从很有才干，便赏给范雎黄金和食物。须贾以为范雎将魏国机密告诉了齐王，回国以后，诬告范雎里通外国。相国魏齐将范雎丢在厕所中来羞辱他。范雎买通看守者将他释放。魏齐后来又追捕范雎，落魄的范雎被魏国人郑安平收留。伤好以后，范雎住在郑安平家里，改名叫张禄。在交往中，郑安平觉得范雎是个人才，就想找机会帮助他脱离险境。

　　机会来了。秦昭王派使臣王稽出使魏国，郑安平假扮差役，侍候王稽，趁机向他推荐了范雎。王稽与范雎见了面，没谈多大一会儿，就认定范雎是个人才，很高兴地把他带回了秦国，郑安平也跟着去了。

　　进了秦国境地，远远望见一队车马奔驰而来。范雎顺口问是谁，王稽说是丞相魏冉。范雎吃了一惊，说："我听说，魏冉是昭王母亲的亲弟弟，权势很大。他最讨厌各国来的说客，我应该躲一躲。"于是便在车中隐藏起来。

不一会儿，魏冉迎面来到，与王稽寒暄几句，然后问："先生这次有没有带说客来呀？这种人一点好处也没有，只会祸乱国家，应该趁早杀掉。"王稽连忙说没有。魏冉走后，范雎急忙跳下车来，对王稽说："魏冉是个疑心很重的人，一会儿，他可能要回来搜查车子。"果然，不大一会儿，魏冉就派骑兵回来搜查。王稽、郑安平暗称范雎料事如神。

范雎到了秦国以后，逐渐得到秦昭王信任，授给他客卿的官职。范雎如鱼得水，经常与昭王一起谋划军政大事。当时，秦国兼并天下的趋势已很明显，六国都很担心。一些游说家伺机活动，经常聚在一起鼓吹合纵，秦昭王十分忧虑。范雎说："这事好办，不费力气就能搞定。"秦昭王很感兴趣，忙问有什么办法。

范雎指着堂前一群狗说："大王您看，这些狗，现在都很安静，彼此之间也很友好。但是，只要往它们中间扔一块骨头，它们立刻就会争抢撕咬起来。"秦昭王大笑，明白了范雎的意思，于是派人用车载着黄金，去收买离间那些游说家。结果没用三千金，那些游说家就为黄金而大起内讧，合纵之声自然消失了。

范雎还为秦昭王出谋划策，削弱了贵族势力，加强了王室集权。魏冉也倒台了，范雎当了丞相，并被封为应侯。秦国在公元前309年，从秦武王开始，就正式设置了丞相官职。

范雎为秦国做出的重大贡献之一，是提出了"远交近攻"策略。他向秦昭王进谏道："过去秦国打仗，缺乏计划性。有些仗虽然打胜了，但由于离秦国远，土地、人口都不能得到。所以，我们应该采取远交近攻的策略。远处的国家，我们要与之交好，让它们保持中立；近处的国家，我们要夺取它的土地，像蚕食一样逐步扩大。最后，天下的土地，就都是大王您的了。"

秦昭王一听，茅塞顿开，连声叫好，从此就按照范雎的策略实施。近攻，离秦国最近的是魏国，秦国就不断地派兵攻打魏国，攻占它的城邑和土地。魏国不是秦国对手，被打得狼狈不堪，范雎心里暗暗解恨。

魏国被打得没办法，就派须贾去秦国，乞求称臣归顺。须贾只知道秦国丞相叫张禄，并不知道其实就是范雎。须贾多次求见丞相不成，在驿馆焦虑发愁。范雎却故意穿着破旧的衣服，一个人步行到了驿馆。须贾见了，大吃一惊，说："你原来没死呀？"又问："现在做什么？"范雎说："当时死了，又醒过来，流浪到秦国，现在给人家当差役。"

须贾为过去的事有些内疚，就留范雎吃饭，见范雎衣服破旧，又送给他一件粗丝袍。吃饭间，须贾说起求见丞相很难，范雎说："我的主人和丞相是好朋友，我和丞相也很熟。明天，我借用主人的马车，来拉你去见丞相吧。"须贾大喜，一再拜谢。

第二天，范雎驾车，把须贾拉进丞相府，让须贾在外边等候，说自己先去通报。须贾拽着马缰绳，等了很长时间，不见人来，就问门卒："刚才范雎进去这么长时间了，这么还不出来？"门卒回答道："刚才进去的，是我们丞相。哪里有什么范雎啊？"

须贾一听，大惊失色，赶紧脱掉上衣，光着膀子，双膝跪地而行，托门卒向范雎认罪。范雎将须贾痛骂一顿，说："本来是要杀了你的，看在你留我吃饭和送袍的分上，饶你一条狗命。但魏齐的脑袋，我是非要不可的！"

吃饭时，范雎命须贾坐在堂下吃马料，狠狠地羞辱了他一番。须贾回国，把情况一说，君臣皆惊愕。魏齐匆忙抛弃相位，跑到赵国。后来，范雎逼得紧，魏齐没有办法，只好自杀，魏国拿着他的脑袋，当礼物给范雎送去了。

范雎有仇必报，对有恩的，自然也要报答。他散发家中财物，用来报答所有曾经帮助过他的人。凡是给过他一顿饭吃的小恩小惠，他必定报答；而瞪过他一眼的小怨小仇，他也是一定要报复的。郑安平、王稽对他有大恩，当然要报答。

范雎向秦昭王举荐，让郑安平当了将军，王稽做了河东郡守。可惜，这两个人很不争气。郑安平在与赵国作战时，被赵军包围，他就带领二万人投降了。王稽更是可恶，他利用河东郡守的职权，大肆贪污受贿，怕罪行暴露，竟然勾结诸侯图谋叛乱，结果阴谋暴露，王稽被杀。

按照秦国法令，官员犯了罪，举荐他的人，负有同样的罪责。秦昭王不愿意对范雎问罪，还再三安慰他。但范雎心里有愧，十分懊丧。百姓和官员也颇有微词。范雎终于推托有病，举荐贤臣蔡泽担任丞相，自己回到封地去了。

可见，恩怨分明，固然应该，但必须要有底线。对待公事，不能以个人的恩怨为标准。至于每饭之恩，可以报答；而睚眦之怨，就没有必要计较了。

# 孝义两全的侠士聂政

忠孝节义，是封建社会基本的道德准则。忠臣节妇，具有特指性，而孝和义，却是对每个人都适用的。要真正做到孝和义，并不容易。战国时期的聂政，就做到了孝义两全。

《史记》记载，聂政是轵邑深井里人，家里有母亲和姐姐。聂政十分孝顺，他杀人躲避仇家，不是自己一走了之，而是带着母亲、姐姐一起逃走。聂政一家隐姓埋名，在齐国居住下来。聂政以屠宰牲畜为职业，收入不多，生活贫苦。聂政悉心奉养母亲，经常买些甘甜松脆的食物给母亲吃。母亲的衣服用具，也都供养齐备。日子虽然清苦，但一家人的生活，却是和睦平静。没有想到，这种平静的生活，很快就被打破了。

有一天，一位不速之客登门拜访。来者衣着华丽，手提厚礼，自我介绍叫严仲子，是濮阳人。严仲子曾经做过韩国的卿相，得知聂政侠义，特来拜访。聂政本不想与他结交，但严仲子十分诚恳，让人不好意思拒绝他。严仲子多次往返聂家，后来又备好宴席，亲自捧杯，为聂政母亲敬酒。喝到畅快兴浓时，严仲子献上黄金一百镒，到聂政母亲跟前祝寿。聂政坚决拒绝，并问缘由。严仲子把聂政拉到一边，悄悄说出了心中的秘密。

原来，严仲子在做卿相时，与相国侠累结下仇怨。侠累是韩国国君的叔父，势力很大，心狠手辣。严仲子怕被杀害，便逃走了。他四处游历，希望能找到替他报仇的人。这次到了齐国，打听到聂政是个侠义之士，很重义气，就献上百金，想让聂政帮他报仇。

聂政听后，沉吟一会儿，说："我之所以屈辱身份，在这市场上做个屠夫，只是希望借此奉养老母。我如果死了，老母怎么办呢？所以，老母在世，我不敢对您以命相许。"严仲子表示理解，愿意交个朋友，执意赠送黄金。聂政始终不肯，终于没有接受。

过了很久，聂政母亲去世了。聂政安葬了母亲，直到丧服期满。聂政心想，我只不过是个平民百姓，严仲子贵为卿相，却不远千里，屈尊与我结交。他把天大的秘密告诉了我，是对我的信任，也是对我的了解。严仲子把我当作知己，如今母亲享尽天年，我应该为他出力了。

于是，聂政向西到了濮阳，找到严仲子，表示愿意为他尽力。严仲子没有想到，聂政会主动前来，非常感动。严仲子热情招待聂政，并向他详细介绍了侠累的情况，两人进行了一番谋划。

严仲子说："侠累居住的地方，防卫十分严密，您要多带些人去。我已经安排好了车骑壮士，可以作为您的助手。"聂政说："此事非常危险，不要连累别人了。"聂政告别严仲子，独自一人去了。

聂政身带佩剑，来到韩国都城。到了相府，只见门口持刀荷戟的士兵很多。聂政毫无惧色，抽出剑来，径直闯了进去。相国侠累正好坐在堂上，忽见闯入一人，正要开口喝问，不想聂政身手敏捷，一个箭步向前，挺剑刺穿他的胸膛。护卫士兵没有想到，大白天有人行刺，等到反应过来，侠累已经死了。

士兵们纷纷围了上来，聂政一面高声大喊，一面奋力格斗，死在他剑下的有几十人。但士兵越聚越多，聂政被团团包围。聂政见不能脱身，决意一死。他挥剑逼退士兵后，趁机用剑毁坏自己的面貌，挖出眼睛，割开肚皮，掏出肠子，弄得浑身血肉模糊而死。

韩国不知道刺客是谁，就把聂政尸体陈列在街市上，悬赏查问凶手。青天白日刺杀国相，是何等大案啊！消息很快就传开了，传得很远。聂政的姐姐已经出嫁，听说此事以后，抽泣着说："大概是我的弟弟吧。母亲去世，他没了牵挂，一定是为严仲子效力去了。"

她马上动身，赶往韩国都城，到街市一看，果然是弟弟。聂政姐姐伏尸大哭，极为悲哀。街上的人都说："这个人杀了国相，君王悬赏千金，询查他的姓名。你怎么敢来认尸啊？"

聂政姐姐回答说:"我当然知道认尸的后果,但我弟弟怎么办?都说士为知己者死,有人在他贫困时与他结交,有恩于他,他除了以死报答,又有什么办法呢?弟弟毁坏面容身躯,是不想连累我。我怎么能害怕杀身之祸,就永远埋没弟弟的名声呢?"

于是,聂政姐姐高声大喊:"这是轵邑深井里的聂政,是真正的义士!"然后,对天高呼三声"天哪!"终因过度哀伤,死在聂政身旁。整个街市上的人大为震惊,许多人流泪叹息。

晋、楚、齐等国的人,听到这个消息,都说:"聂政是真义士,聂政的姐姐是真烈女。"

后世有人写诗称赞姐弟俩:"为母辞金义且仁,却甘为盗忍轻生。若非有姊扬风烈,千古谁知壮士名。"

# 信陵君养士建功名

战国时期，养士之风盛行。士，一般是指读书人，或有一定谋略和技能的人，从某种意义上说，也算是人才。各国贵族为了成就事业，或扩大影响，纷纷招贤纳士。最有名的是"战国四公子"，养士数量都达到几千人。

魏国的信陵君，被司马迁推崇为"战国四公子"之首。他以富贵之身，礼贤下士，在有德之士的帮助下，完成了"窃符救赵""却秦存魏"大业，成就了一世功名。

《史记》记载，信陵君，名叫魏无忌，是魏安釐王的异母弟弟，信陵君是他的封号。信陵君为人宽厚，士人无论贫富，他都谦恭有礼，真诚地同他们交往。方圆几千里的士人，都争相归附他，于是招揽食客三千人，信陵君尽量发挥他们的能力特长。

有一次，信陵君与魏王正在下棋，忽然传来警报，说赵国兴兵进犯。魏王跳起身来，就要去部署迎敌。信陵君淡定地说："没事，不过是赵王打猎罢了。"魏王半信半疑。过了一会儿，又有消息传来，果真是赵王打猎。魏王大感惊诧，信陵君解释说："我的食客中，有人潜伏在赵国。赵王的举动，我随时都会知道。"这本来是对魏国有利的事情，但魏王从此起了猜忌之心，不敢让信陵君掌握大权。

魏国有个隐士，叫侯嬴，已经七十多岁了。他家境贫寒，是城东门的看门人。信陵君知道他贤德，想与他交往，可送官职财物，他一概不要。信陵君心想，侯嬴能够接受的，恐怕只有尊重了。

于是，信陵君摆了酒宴，自己亲自驾车，去请侯嬴。侯嬴不好推托，只好上车去赴宴。走到半路，侯嬴故意说，去街市看个朋友，让信陵君等候。信陵君手握马缰绳，在闹市耐心等待，等了好长时间。侯嬴偷眼观看，信陵君丝毫没有不悦之色。到了宴席上，信陵君恭敬地把侯嬴请到上座，郑重地向贵宾介绍，并带头向他敬酒。满堂宾客无不惊异。

这次宴席之后，侯嬴就成了信陵君的贵客。侯嬴对信陵君说："我在街市看望的朋友，叫朱亥，虽是个屠夫，却十分贤能。"信陵君便常去拜访朱亥，朱亥却并不回拜答谢。

秦国在长平之战以后，整顿兵马，再次进攻赵国，围困邯郸。赵国向魏国求救，魏王命将军晋鄙，带领十万部队去救赵国。秦昭王知道以后，派使者前来恐吓。魏王害怕，就让晋鄙驻扎邺城，按兵不动。赵国频频告急，赵国的平原君，是信陵君的姐夫，也多次给信陵君写信催促他。

信陵君知道，如果赵国灭亡，魏国也就不保了。他心急如焚，屡次向魏安釐王进谏，又让食客中能言善辩之士劝说魏王。魏王不听，仍然采取观望态度。信陵君无奈，决定带领自己的食客，到赵国前线去拼命，食客都愿意随他去死。

信陵君带领食客，走过东门，向侯嬴诀别。没有想到，侯嬴态度十分冷漠。信陵君走出几里地以后，越想心里越不痛快，也十分纳闷，便又返了回来。

侯嬴见他回来，笑了，说："我知道您会回来的。你们这样去抗击秦军，无异于向老虎嘴里送肉，没有一点意义。我有一计，可救赵国。"信陵君连忙拜谢，询问计策。

侯嬴说："我听说，魏国兵符放在魏王卧室里，他的宠妾如姬能够偷出来。您曾为如姬报过杀父之仇，她一定会帮您的。有了兵符，取得晋鄙兵权，您就可以率领十万大军去救赵国了，不是比这区区千人强得多吗？"信陵君大喜，再三拜谢。

信陵君果然如愿拿到了兵符，准备上路。侯嬴又说："晋鄙是个精细的人，我担心，您虽然有兵符，他也不一定会把兵权交给您。朱亥是个大力士，可以随您同去，必要时就杀了晋鄙。"

信陵君一听，心中难过，流下泪来，说："晋鄙是我国老将，屡立战功，要杀了他，心中实在不忍。"侯嬴劝道："这是没有办法的事，到时候，您可千万不能手软。否则，会误了大事。"侯嬴又说："我老了，不能随您上阵杀敌，我会用别的方式来帮助您。"信陵君去街市，请朱亥一同前往。朱亥一口答应，没有丝毫犹豫。

果然不出侯嬴所料，晋鄙见了兵符，反复查看，虽然验证无误，但仍然满心狐疑，不肯交出兵权。朱亥见情况紧急，不等信陵君下令，取出藏在衣袖里的四十斤铁锤，一锤击死了晋鄙。于是，信陵君统率了晋鄙的部队。

信陵君向军中下令说："父子都在军队的，父亲回家；兄弟同在军队的，长兄回家；没有兄弟的独生子，也回家奉养父母。"军心大悦，人人称赞。信陵君率领整顿后的八万精兵，星夜奔赴赵国前线。这时，楚国援军也已到达。魏军与楚军、赵军联合作战，内外夹攻，秦军大败溃逃。

赵国得救之后，赵王连着两次拜谢信陵君，说："公子大义，救人危难，自古以来的贤人，没有一个赶上公子的。"

在信陵君夺取晋鄙兵权的时候，侯嬴在魏国面北自刎而死。侯嬴这样做，是为了向信陵君表明心迹，保证自己不会泄密。

信陵君救赵以后，让部将把军队带回魏国，自己没敢回去，就住在赵国。几年之后，秦国攻打魏国，情况十分危急。魏安釐王派人请信陵君回国，抵抗秦军。信陵君赶紧回去，见到魏王，两人不禁相对落泪。魏王把上将军大印授予信陵君，让他主持抗秦大计。各诸侯国得知信陵君回国当了上将军，纷纷出兵援助魏国。信陵君率领诸侯联军大败秦军，乘胜追击直到函谷关，信陵君的声威名震天下。

各诸侯国都进献兵书，信陵君把它们合在一起，签上自己的名字，称作《魏公子兵法》。

信陵君慧眼识贤才，得到贤人帮助。侯嬴、朱亥作为平凡卑贱之人，却成就了信陵君不平凡的事业。

# 平原君养士不识士

平原君赵胜，是"战国四公子"之一。他以善于养士著称，有食客数千人。但他养的士，比起信陵君来，可就差得远了。虽然也有像毛遂这样的贤才，但不是很多，大多数都是些趋炎附势之辈，有些甚至是不法之徒。所以说，平原君养士，只是为了显豪富，并不真正辨识贤才。

《史记》记载，赵胜先后担任过赵惠文王和赵孝成王的丞相，曾经三次被罢免，又三次官复原职。他三次任相，是因为和赵王关系不错，并非才干出众。平原君最有名的事情，是"毛遂自荐"的故事。

当时，秦国围攻邯郸，战况危急。赵王除了向魏国求救以外，还派平原君去楚国求援，打算订立盟约，联合抗秦。平原君准备从食客当中，挑选二十名最贤能的人一同前去，结果只选了十九人，就再也挑不出合适的人来了。食客中有个叫毛遂的自我推荐，平原君就充数带他去了。在去楚国的路上，毛遂与十九人论辩，十九人皆服。

平原君见了楚王，从早晨谈到中午，说得口干舌燥，事情还没有决定下来。那十九个人推荐毛遂上去。毛遂并不推辞，一路小跑到了殿堂上，义正词严地对楚王说："订立盟约，联合抗秦，不是为了赵国，而是为了楚国。因为秦国下一个要灭的目标，就是您的楚国。您不会忘了吧，前不久，秦国攻打楚国，占领了您的国都，还烧毁了您先祖的坟墓。您的先祖在地下都不得安宁，这是多么大的耻辱啊！大王您难道不想报仇雪恨吗？您如果不想报仇，您的先祖能答应吗？"

一席话，说得楚王面红耳赤、哑口无言，只得同意签约援赵。回国之后，平原君对毛遂说："先生一张口，能抵百万兵。您在我这里三年，我都没有发现先生贤能，我真是不识人才啊！"

平原君对自己门客中的人才，都不能发现，就更不识社会上的贤人了。当时，赵国有两个贤德之人。一个是毛公，藏身于赌徒中；一个是薛公，藏身在酒店里。信陵君在魏国时，就听说过两人大名，住在赵国以后，就想与他们交往。毛公、薛公却不肯见他，躲了起来。信陵君千方百计打听到他们的藏身之处，穿着平常百姓的衣服，悄悄步行前去拜访，这才得以相见。信陵君从此经常与两人畅谈，感觉受益很大。

平原君知道了这事，对夫人说："你要好好规劝你弟弟，不要整天和赌徒、酒鬼厮混。"信陵君听了，十分生气，说："以前我听说平原君贤德，现在才知道，他与士人交往，只是显示富贵豪奢罢了，并不真正辨识贤才啊。像毛公、薛公这样的大贤，我去结交他们，还怕他们不理我呢。平原君竟然以为是耻辱。我要离开这里，不再与平原君为伍。"平原君赶快前去，向信陵君脱帽谢罪，把他挽留下来。

士人中真正的贤人不多，而且良莠不齐，什么人都有。平原君既然不识贤人，自然也分不出好坏，他养的食客中，有很多不是良善之辈。平原君的楼房，面对着下边的民宅，民宅中有个跛子，经常出来打水。平原君的小妾住在楼上，一天，她忽然看到跛子一瘸一拐的样子，不由得笑了起来。跛子大怒，找上门来，恶狠狠地说："她敢取笑我，我要她的人头。"平原君急忙赔礼，教训了小妾，但并不想杀她。

有的食客劝他说："一小妾何以足惜，您杀了她，可以得到不爱女色而重士人的美名，是很划算的。"平原君说："因一小错而杀人，太过分了吧。"终究没有杀妾。过了一段时间，平原君养的士，陆陆续续走了许多。平原君感到奇怪，说："我对待各位先生，不曾有失礼的地方啊，为什么离去的人这么多呢？"一个门客说："那是因为您不杀小妾，所以士人纷纷离去了。"平原君无奈，为了自己的颜面，就杀了小妾，砍下她的头，亲自登门，将人头献给跛子。后来，离去的人又纷纷回来了。

当时，像这类的士人还真不少。廉颇也养了一些士，他被免职的时候，那些士走光了；等他恢复职务时，又都回来了。廉颇对此很生气，那些士人，却恬不知耻地说："您怎么这么迂腐呢？您有权势，我们当然跟随您；您没了权势，我们自然就离开了。这本是很普通的道理，有什么可抱怨的呢？"

平原君养士，只是为了装点门面，并没有得到贤人的帮助。所以，他三次任相，都是政绩平平，没有大的作为。特别是当冯亭要将上党郡献给赵国时，他目光短浅，看不到危害，主张接受，结果引发了长平之战，给赵国带来惨痛灾祸。

可见，只有像信陵君那样，做到自身贤能，才能识别人才，得到真正的贤士。

# 孟尝君养士为自己

　　孟尝君是齐国人，"战国四公子"之一。他礼贤下士，广揽门客，得食客三千人。不论学士、策士、方士，甚至有罪之人，统统来者不拒，由此便有了"鸡鸣狗盗"和"狡兔三窟"的故事。然而，孟尝君养士的目的，不是为了国家，而是为了自己。

　　《史记》记载，孟尝君名叫田文，孟尝君是他的称号。孟尝君的爷爷是齐威王，父亲是齐国宰相田婴。田婴有四十多个儿子，孟尝君生于五月，田婴认为不吉利，要把他扔掉。孟尝君的母亲不忍心，偷着把他养大。

　　孟尝君长到五六岁时，母亲带他去见父亲。田婴十分生气，说："这孩子是五月生的，我让你把他扔掉，你竟敢养活了。"孟尝君母亲是小妾，十分害怕。孟尝君倒很大胆，问："您不让养活五月出生的孩子，这是为什么？"田婴回答："五月出生的孩子，长大了身子跟门户一样高，会害父母的。"孟尝君又问："人的命运是由上天授予呢，还是由门户授予？"田婴不知如何回答。孟尝君接着说："如果是上天授予，您何必忧虑呢？如果是门户授予，您只要把门户加高，不就可以了吗？"田婴见小小孩童，如此聪明伶俐，便由怒转喜。

　　孟尝君成人后，趁空问父亲："儿子的儿子叫孙子，孙子的儿子叫玄孙，那么，玄孙的后代叫什么？"田婴说不知道。孟尝君说："您现在有万贯家财，难道想留给那个连叫什么都不知道的后代吗？您当宰相，已历经三代，很难说以后没有变故。您不如拿钱蓄养门客，以备急用。"田婴认为有理，就让孟尝君主持家政，负责招贤纳士。

　　孟尝君纳士很是用心，每次有宾客来，他都暗中记下宾客的家庭住址，宾客还没走，礼物就送到他家了。各国宾客以及犯罪逃亡的人，纷纷前来投靠。孟尝君来者不拒，一概收留，而且待遇丰厚，饮食与孟尝君相同。有一次吃饭时，有个食客怀疑孟尝君吃得比他们好，孟尝君端着饭碗让他看，果真是相同的食物。那位食客羞得满脸通红，感到无地自容，拔剑自刎了。

后来，来的人太多了，就把食客分成上中下三等。有一天，有个叫冯谖的前来投靠，孟尝君问他有何本领。冯谖说："听说您乐于养士，我家贫寒，只想混口饭吃，没有什么本事。"孟尝君见他穿着草鞋，随身带的一把长剑，还用草绳缠着剑把，就把他安置在下等食客的住所里。

过了几天，冯谖弹着那把剑唱道："长剑啊，咱们回家吧，吃饭没有鱼。"孟尝君听说了，让他搬到中等食客的住所里，吃饭有了鱼。过了几天，冯谖又弹剑唱道："长剑啊，咱们回家吧，出门没有车。"孟尝君又让他搬到上等食客的住所里，出行也有了车。再过几天，冯谖仍然弹着剑唱道："长剑啊，咱们回家吧，没有办法养活家。"孟尝君不高兴了。据《战国策》记载，孟尝君派人查看冯谖的家，发现家中还有一位老母，于是按时供给老母吃穿用度，冯谖便不再唱歌。

孟尝君名气大了起来，齐湣王派他出使秦国。秦昭王早就听说孟尝君贤能，留下他担任丞相。有人谏言说："孟尝君确实贤能，但他是齐王宗室，遇事肯定先为齐国打算，秦国可就危险了。"秦昭王后悔了，免去孟尝君官职，又担心他被齐国所用，就把他囚禁起来，准备杀掉他。

孟尝君派人去找秦昭王的一个宠妾求救，宠妾提出条件，想要孟尝君那件价值千金的白色狐裘。可那件白狐裘已经献给秦昭王了，孟尝君急得直搓手，没有办法。幸亏食客中有个会偷的人，晚上装成狗爬进王宫，盗来白裘送给宠妾。宠妾说情，秦昭王放了孟尝君。

孟尝君害怕秦昭王反悔，连夜逃离，快马加鞭，半夜就到达了函谷关。按照规定，鸡叫以后，才能开关放行。孟尝君万分焦急，忽然，食客中有一人，学了一声鸡叫，附近的鸡都跟着叫了起来。于是，孟尝君他们出了关。不一会儿，秦昭王派的追兵就赶到了函谷关，真是好险！这就是著名的"鸡鸣狗盗"的故事。

孟尝君路过赵国，赵国的平原君以贵客之礼相待。赵国人听说孟尝君来了，都出来围观，想一睹风采。大家看了以后，说："原来以为，孟尝君是个魁梧的大丈夫，没想到这么瘦小。"这本是平常话，孟尝君却大为恼火。

孟尝君回国以后，担任了齐国宰相，食客越来越多，开支越来越大，孟尝君就派冯谖去薛邑收债。冯谖到了薛邑，见百姓生活困苦，无力还债，便把债民召集起来说："孟尝君知道你们困难，把你们的债务免除了。"说完，把借据当场烧毁。众人感动不已，连续两次行跪拜大礼。

孟尝君知道以后，十分恼怒。冯谖说："那些借据，实际上毫无用处了，烧掉它们，为您换来好名声，有什么不好呢？"听冯谖这么一说，孟尝君的脸色才好看了一些。

过了一年，齐湣王猜忌孟尝君，罢免了他的宰相职务。孟尝君回到封地，薛邑百姓扶老携幼，夹道欢迎。孟尝君十分感动，拜谢冯谖，说："先生真有远见。"冯谖说："狡兔都有三窟。您现在有了一窟，我再给您营造两窟。"

冯谖去了秦国，对秦王说："孟尝君无故被免，心中愤怒，从此不会再为齐国打算了，但齐国人心都向着他。您要能把他请来，齐国人心就会向着秦国了。如果齐王一旦明白过来，恢复他的职务，可就晚了。"秦王马上派遣十辆马车，载着百镒黄金，到薛邑去请孟尝君。

冯谖立刻返回齐国，对齐湣王说："孟尝君贤能，天下共知。听说秦国带了重礼来请他，使者正在路上。如果他去了秦国，天下人心都会向着秦国，齐国可就危险了。"齐湣王吃了一惊。冯谖又说："您不如赶快恢复他的职务，不然就晚了。"齐湣王听从了，让孟尝君重新当了宰相。秦王知道后，直拍大腿，后悔去晚了。这就是著名的"狡兔三窟"的故事。

冯谖没有说错，孟尝君自此以后，心生怨恨，不再为齐国尽心。他给秦国丞相写信，泄露齐国内情，鼓动秦国攻打齐国。后来，他又跑到魏国，当了魏国宰相。他积极参加燕国组织的五国联军，攻打齐国，差一点让齐国灭亡。齐湣王死后，齐襄王想与孟尝君和好。孟尝君只是保持中立，任凭齐国被别国攻打侵扰，他一概不管不问，似乎与己无关，这就太过分了。

孟尝君养士的目的，是为了自己，但他的结局并不好。他死后，几个儿子争抢爵位财产，打得不可开交。齐、魏两国趁机联合出兵，灭掉薛邑，儿孙们都被杀了。所以，孟尝君绝嗣，没有后代。

# 春申君养士摆样子

　　春申君是楚国人，名叫黄歇，"战国四公子"之一。春申君是他的封号，他的封地，在今天上海一带。上海，就是春申君开始修建的，所以也叫申城。上海一带的许多地名，都是以他的姓或号命名的，如黄浦江、黄申路等，均是为了纪念这位开申之祖。2002 年9 月，上海申博成功，在庆祝晚会上唱的第一首歌，就是《告慰春申君》。

　　春申君也喜欢养士，但他养士，只是为了显豪富、图虚名，并没有发挥贤士的作用，食客也很少有人为他做过什么事情。所以说，春申君养士，只是为了摆样子而已。

　　《史记》记载，有一次，赵国的平原君，派门客到春申君这里来访问，春申君安排他们在上等客馆住下。平原君的门客想夸耀富有，特意用玳瑁簪子绾插冠髻，亮出用珠玉装饰的剑鞘，要求与春申君的门客会面。春申君的门客来了，只见一个个高大英俊，气宇轩昂，身穿华丽服装，光鲜耀目，就连脚上穿的鞋子，都镶嵌着宝石。平原君的门客看傻了眼，一个个自惭形秽。

　　春申君曾经周游各地，拜名师学习。他知识渊博，智谋过人，擅于雄辩，曾经一封书信劝退几十万秦兵，很有两把刷子，楚顷襄王很信任他。所以，他认为用不着食客给他出谋献策，自己就可以应对一切。

　　有一次，秦国派大将白起，率几十万大军进攻楚国。在这之前，白起已经率军攻占了楚国的大片领土，连都城都丢失了，楚顷襄王只好把都城东迁到陈县。这次秦国再来攻打，楚国面临灭亡的危险。春申君就给秦昭王写了一封信，劝告秦国退兵。

信的大意是：天下诸侯，最强的是楚、秦两国。两虎相斗，必有一伤；鹬蚌相争，渔翁得利。楚、秦两国相互攻打，消耗实力，魏、韩、赵、齐等国就会趁机强大起来，这对楚、秦两国都没有好处。即使灭了楚国，中间有魏、韩相隔，秦国也得不到土地。所以，秦国应该攻打相邻而弱小的魏、韩，占领他们的土地。那样，秦国的实力就会大增。春申君的信，引经据典，分析透彻，很有说服力，是"远交近攻"的最初版本。

秦昭王看了，感叹说"真好！"下令白起撤军，使楚国渡过了危机。春申君的本意，是想把祸水引向魏、韩而自保，结果真的被秦昭王采纳了。后来，秦国暂时把楚国搁在一边，先把魏、韩占领了，再回头收拾了楚国。春申君的做法，是饮鸩止渴，搬起石头砸自己的脚。

楚顷襄王为了表示友好，派春申君协助太子到秦国做人质。几年以后，楚顷襄王病重，太子想回国准备继位，但秦王不放。春申君找到丞相范雎说："太子在秦国多年，与秦友好，如果回国当了楚王，对秦是有利的；假如王位被别的公子抢了去，对秦国是不利的。"

范雎觉得有道理，向秦昭王进言。秦昭王担心楚王病情不重，太子回去了，手里的人质就没有了，于是，想让春申君一个人先回去看看。春申君对太子说："如果大王不幸辞世，您不在国内，很容易让别人继承了王位。事不宜迟，需要当机立断。"春申君安排太子换了衣服，冒充楚国使臣的车夫，先回国了。

估计太子安全了，春申君主动找到秦昭王，说："太子已经回国了，我有死罪，愿大王赐我一死。"秦昭王很恼火，要杀了春申君。范雎谏言道："杀了他，于事无补，反而把秦楚关系搞僵了。不如放他回去，他感恩大王，自然与秦国结好。"秦昭王听从了，把春申君送回楚国。

春申君回国三个月以后，楚顷襄王死了，太子继位，就是楚考烈王。楚考烈王很感激春申君，任命他为宰相，并赏赐淮北地区十二个县。春申君任宰相的第五年，率兵与魏军一道，解了邯郸之围，救了赵国。他任宰相的第八年，楚国灭掉了鲁国。春申君任宰相二十多年，尽心尽力地辅佐楚考烈王。

楚考烈王没有儿子，春申君十分着急，四处寻找宜于生子的女人献给楚王，虽然进献了不少，却始终没有生出儿子来，看来是楚考烈王自己的问题了。春申君的侍从李园，为人阴险，野心勃勃，见此状况，便动了歪脑筋。他的妹妹有些姿色，李园想献给楚王，又担心仍不能怀孕，就想先献给春申君，等怀孕后再献给楚王。

有一次，李园请假回老家，故意回来晚了。春申君问他原因，李园说："齐王听说我妹妹有倾国倾城之貌，派人来提亲，所以回来晚了。"春申君好奇，想看看他妹妹是怎样的倾国倾城之貌。李园把妹妹领来，春申君一见，果然美貌，十分喜欢，李园就顺水推舟把妹妹献给了春申君。

不久，李园妹妹怀孕了。她按照哥哥教给的话，对春申君说："楚王信任您，使您富贵至极。如果其他人当了国君，您的富贵就难保了。您宠幸我的时间不长，没有人知道，您不如把我献给楚王。如果老天保佑生个儿子，那楚国不就是您的了吗？这样，可以永保富贵。"春申君同意了。楚考烈王得到李园妹妹，满心欢喜，十分宠爱。李园妹妹不久生下一个儿子，楚考烈王大喜，封她为王后，立儿子为太子。李园也因此受到器重，加官晋爵，参与朝政。

李园的阴谋实现了一半，接下来准备实施另一半了，就是伺机杀掉春申君。这样做，既是为了灭口，更是为了独揽大权。危机逼近，春申君却浑然不觉。这时，他养的食客中，终于有人谏言了。有个叫朱英的人，对春申君说："李园野心很大，听说养了不少刺客，肯定会有阴谋。您要早做防备。"春申君不信，说："李园是个软弱的人，我对他又很好，怎么可能有阴谋呢？你不要有这种想法。"朱英见谏言不听，怕祸及自身，便逃走了。

果然，祸患来了。楚考烈王病重去世，李园抢先入宫，做好安排，在棘门埋伏下刺客。春申君毫无防备，一进棘门，刺客突然出击，锋利的刀剑从身体两侧插入，春申君一声惨叫，气绝身亡。李园砍下他的头，扔到棘门外边，又派人赶到春申君家里，不分男女老幼一律杀死，以绝后患。可怜春申君，养士三千，却不会用，最后惨死于小人之手，而且被灭门。

司马迁评价春申君，说他是"前智后昏"。前期书退秦军、以身殉君，是明智之举；后期的"移花接木"，则是荒唐而昏聩，以致引火烧身。

可见，人在一生当中，都必须始终保持清醒头脑，否则，很容易造成"一失足而成千古恨"的悲剧。

# 东周竟又分成西周和东周

周朝的历史，分为西周和东周。东周时期，不仅诸侯混战，就连徒有虚名的周王室，内部也在争斗。到了战国时候，竟然又分成了西周和东周。两周各自为政，有时还互相攻打，真是够乱的。

东周时期，周王室衰落，一天不如一天。在春秋时期，周天子还被诸侯口头上称为共主，偶尔打打他的旗号。到了战国时期，周天子就被彻底抛弃了。各诸侯国纷纷称王，与周天子平级了。周王室蜷缩在洛阳一带，土地不过百里，人口只有数万，军队不到数千。然而，即使这样，在王室内部，仍然津津有味地争夺王位，互相打杀。

《史记》记载，公元前441年，贞定王逝世，儿子们为争王位，争得你死我活。长子即位才三个月，就被其弟杀了。其弟当王不到五个月，又被另一个弟弟杀了。这另一个弟弟当了王，就是周考王。周考王还有弟弟呀，为了不让弟弟杀自己，周考王就把周室土地拿出一块，封给了他，称之为西周桓公。

后来，周室再次分封，又出现了东周惠公。这样三分两分，周天子连领地都没有了，在周室土地上，又出现了西周和东周，而且西、东周各自为政。周天子几乎是一无所有，名存实亡了。到了周赧王时期，实在维持不下去了，周赧王就跑到西周，客居在那里。就像一个穷困潦倒的老头，跑到别人家里讨口饭吃一样。堂堂周天子，真是可怜啊！

这个时候的西周和东周，仍然是洛阳一带那块小地方。因为名义上还有一个周赧王，西、东周只能称君，比诸侯王还矮了一辈。他们的周边，是秦、楚、魏、韩等诸侯国，经常对他们呼来唤去，不高兴了，还要打他们一下。两周夹在大国中间，日子很不好过。

有一次，秦昭王要召见西周君。西周君不愿意去，但又不敢不去，就想了一个办法。他派了一个说客，去对魏王说："秦王召见西周君，是为了胁迫西周，去攻打贵国的南阳。西周君不想与您为敌，想请您出兵南阳，西周君就有借口不去秦国了。"西周君就这样，蒙混过去了。

又有一次，楚国攻打韩国的雍氏，韩国借机向东周索要兵器和粮草。东周已经穷得叮当响了，自然不愿意给。东周君就派一个说客，对韩王说："楚国攻打雍氏几个月，已经很疲惫了。这个时候，您向东周要东西，不是表明您也疲惫了吗？这明显对战事不利啊！"韩王一听有道理，就作罢了。

还有一次，赵国蛮横地夺去了东周的祭田。东周君心里难过，但没有办法。一个叫郑朝的人说："我有办法把祭田要回来。"他就拿三十斤黄金，贿赂了赵国的太卜。赵国国君生病了，召太卜询问。太卜装模作样地掐指一算，说："这是东周祭田的鬼神在作怪。"于是，赵国赶紧归还了东周的祭田。西周和东周，就是靠着这些小伎俩，在大国夹缝中艰难地生存着。

生存环境如此恶劣，但西周和东周之间，还在互相争斗。东周到了该种水稻的季节，西周就是不放水。东周很忧虑，就花钱请来说客。说客对西周君说："我听说，由于没有水，东周的百姓都种植了麦子。这时候您放水，就会冲毁他们的麦子。有了水，东周的百姓就会再种植水稻，到那个时候，您再停水，会让他们颗粒无收的。如果这样做了，东周的百姓势必仰仗西周，因此就听命于您了。"西周君听了很高兴，就给东周放水，并给说客赏钱。说客得到两个国家给的赏金，满心欢喜。

西周和东周，不仅暗斗，有时还明争，自己没有力量，就去求别的国家帮忙。一次，西周用宝物贿赂楚国和韩国，想请它们帮忙灭掉东周。东周君听说以后，十分恐慌，马上派人对楚、韩两国说，东周也愿意献出宝物。并且说，西周虽说要献出宝物，但如果东周军队不紧逼西周的话，西周是不会甘心献出宝物的。所以，楚、韩要想得到宝物，就应该帮助东周攻打西周。楚、韩两国见此情景，感觉就像两个小孩子打架，十分可笑，不屑一顾，谁也没有帮。

公元前 256 年，秦国攻占了韩国的阳城。西周感觉秦国可能要灭掉它，就联合其他诸侯困兽犹斗，出伊阙塞攻打秦国，使得秦国与阳城之间无法相通。秦昭王很生气，派军队攻打西周，西周自然不是对手。眼看就要性命不保，西周君只好跑到秦国，叩头认罪，把西周全部三十六邑三万人口，都献给了秦国。秦国毫不客气地接受了，西周就此灭亡。七年之后，秦国又灭掉了东周。这样，历经八百多年的周王朝，算是彻底玩完了。

据说，西周和东周灭亡以后，两位国君再见面时，才意识到彼此原来是兄弟。当初，两眼只盯着利益，没有看到兄弟。现在，利益没有了，后悔也来不及了。

# 战国时期小故事

从"三家分晋"开始，到秦灭六国结束，这两百多年的历史，被称为战国。《史记》记载了这一时期许多轰轰烈烈的大事件，也记载了一些小事情。事情虽小，同样能够反映出当时的社会状态。

## 豫让甘为知己者死

公元前453年，晋国的赵、魏、韩三家联手，灭掉智伯，瓜分了他的领地。智伯狂妄自大，被灭是咎由自取。但没有想到，智伯的门客豫让，却对他忠心耿耿，发誓要为智伯报仇。

豫让要刺杀的对象，是赵襄子。豫让更名改姓，伪装成受过刑的人，身藏匕首，进入赵襄子宫中修整厕所，想趁机行刺。不料被赵襄子认出来了，侍卫要杀豫让，赵襄子说："这是个义士，让他走吧。"

赵襄子行仁义放了豫让，但豫让报仇之心仍然不死。他为了不让别人认出自己，就把漆涂在身上，使肌肤肿烂，像得了癞疮；又吞炭把喉咙烧坏，使声音变得嘶哑。这样，连妻子都不认识他了。于是，豫让又去刺杀赵襄子，结果仍然没有成功。

赵襄子责问豫让："你以前侍奉过范氏、中行氏，智伯把他们杀了，你怎么不为他们报仇啊？为什么非要死心塌地地为智伯报仇呢？"

豫让很有道理地说："范氏和中行氏拿我当一般人看待，我就像一般人那样报答他们。而智伯把我当作国士看待，我当然要像国士那样报答他了。"

豫让自知杀不了赵襄子，就请求赵襄子把衣服脱下来，让他刺上几剑，以了却报仇的心愿。赵襄子感叹他的忠义，就把衣服脱下来给他。豫让把衣服摊在地上，狠狠地刺击它，一连刺了好几下，说："我可以报答智伯于九泉之下了。"说完，挥剑自杀了。

老百姓听说此事以后，都说："豫让是一位真正的义士。"因为士为知己者死，是当时大家公认的行为准则。

## 周天子不识抬举

在战国时期，周王室已经名存实亡，很少有人再去理他了。齐威王即位以后，为了称霸，想学齐桓公，打一打周天子的旗号，就去朝拜周烈王。没有想到，周烈王还挺神气，依然摆出一副天子的架子，齐威王心里十分好笑。

第二年，周烈王死了，儿子周显王即位。周显王更是不知道自己几斤几两，齐威王奔丧去迟了，显王很生气，大声斥责，说："天子逝世，如同天崩地裂般的大事，就是即位的天子，都要离开宫殿，服丧守孝，睡在草席上。东方属国之臣居然敢迟到，当斩。"

齐威王听了，勃然大怒，张口骂道："呸！你这个婢女生的，是个什么东西呀，真不知道好歹。"从此不再理他了。

周天子见没人理他，也没有办法，便去搞内讧。后来，又分出一个东周和西周。结果，在秦始皇曾祖父和祖父手里，东、西周都被灭掉了。

堂堂周王朝被灭，居然没有引起一点反应，老百姓反而说，周王朝早就不该存在了，它到现在才灭亡，也算是奇迹了。

## 公仪休怕没鱼吃而不敢收鱼

公仪休是鲁国国相，位高权重。但他严守法度，廉洁奉公，不占一点便宜。公仪休特别喜欢吃鱼，几乎每顿饭都离不了。这样，自然有很多人给他送鱼，但公仪休坚决不收。

送鱼的人不理解，说："您那么爱吃鱼，为什么不收呢？"公仪休说："正因为我喜欢吃鱼，所以才不敢接受。现在我做国相，俸禄不少，买得起鱼吃；如果因为收鱼而被免官，没有了俸禄，那可就真吃不起鱼了。所以，我才不敢接受啊。"

老百姓都称赞公仪休，说他这个账，算得真对。

## 老丈人不认国王女婿

能够当国王的岳父，那是够荣耀的。可是，齐国有个倔老头，女儿都嫁给国王了，而且当了王后，可他却死活不认女婿。

原来，在燕国攻打齐国的时候，齐湣王被杀，他的儿子法章躲到民间，更名改姓，到莒太史敫的家里当用人。太史敫的女儿心地善良，见他可怜，常常偷着送他一些衣服和食物，两人慢慢有了感情，就好上了。

后来，田单打跑了燕军，扶立法章做了齐襄王。齐襄王倒重感情，即位后立太史敫的女儿为王后。这本来是皆大欢喜的一件事，但太史敫死活不同意。理由是，没有父母之命、媒妁之言，这婚姻不算数。

太史敫反对自然不管用，女儿照样住进了王宫，还生下一个儿子。太史敫更是觉得女儿辱没了家风，干脆断绝了父女关系，终身不再与女儿见面。当然，也就更不认国王这个女婿了。

老百姓都觉得这老头有意思，有人说他有骨气，有人说他死脑筋。

## 廉颇的结局也不妙

历史上功名显赫的将军，往往结局都不好，廉颇也不例外。廉颇是赵国有名的大将，屡立战功。秦国人最怕他，所以在长平之战的时候，使用了反间计，让赵王免掉了廉颇职务，换上了"纸上谈兵"的赵括，结果导致四十多万赵军被坑杀。

长平惨败之后，赵孝成王追悔莫及，又重新起用了廉颇。廉颇也真厉害，在赵国元气大伤的情况下，领兵抗击燕国的乘虚进攻，不仅大败燕军，杀死燕军大将，而且挥师直捣燕国都城，逼着燕王割让五座城池才罢休。廉颇还率军进攻魏国的繁阳，把它攻克了。这期间，秦国忌惮廉颇威名，也没敢再进犯赵国，廉颇可称得上是赵国的中流砥柱。赵孝成王为了表彰廉颇的功绩，把尉地封给廉颇，封为信平君，还让他代理国相。

赵孝成王去世以后，儿子悼襄王继位。一朝天子一朝臣，悼襄王刚即位，就派亲信乐乘接替廉颇职务。廉颇大怒，与乐乘打了起来，乐乘被打败了。

廉颇也知道自己闯了大祸，便逃到了魏国。魏国接受了廉颇，但并不信任他。楚国知道以后，暗中把廉颇接到了楚国。廉颇虽然做了楚国将军，但心情郁闷，不想打仗，没有战功。最终，廉颇死在异国他乡。

临死前，廉颇含着眼泪说："我一生最想做的事，是指挥赵国的士兵作战。"

## 王翦自保有妙招

王翦，是秦国名将，曾率军灭了赵国、燕国，其子王贲又灭了魏国，逼降了齐国，王家可算得上是功勋卓著。然而，王翦深知"功高震主"的厉害，便想方设法进行自保。

秦灭韩、赵、魏、燕以后，秦王又派王翦，率领六十万大军去攻打楚国。大军出征那天，秦王亲自来送行，问王翦还有什么要求。王翦从怀里掏出一个布帛，递给秦王。秦王以为是作战计划之类，没想到，布帛上写着请求秦王赐给他良田、美宅、园林、池苑等物。

王翦憨笑着说："趁着大王器重我的时候，我想为自己和子孙置份家产。打仗回来，我就好好地享受生活。"秦王听了，哈哈大笑，马上照单全准。

王翦领兵打仗期间，不断派人回去，请求秦王恩赐这个、恩赐那个。手下人看不下去了，认为王翦太过分了。王翦却悄悄地说："我不是贪图财物，而是想通过这种方式，向秦王表示，我只想过富裕的生活，而没有别的野心。这次秦王把全国的兵力都交给了我，我不能让秦王有疑心。"

王翦攻打楚国，用了一年多时间。这期间，秦王对王翦始终都很放心。楚国平定以后，王翦立即交还兵权，自己去过舒服日子了，最后得以善终。

秦军将士和百姓都说，王翦将军真是聪明人啊！

## 甘罗十二岁当上卿

甘罗是吕不韦的门客，虽然只有十二岁，但智谋过人。燕国为了向秦国示好，派太子丹到秦国做人质。秦国准备派张唐去燕国任相，打算与燕国一起攻打赵国，扩大河间一带的领地。

但张唐怕有危险，不愿意去燕国。吕不韦亲自去请，张唐仍不答应。见吕不韦闷闷不乐，甘罗自告奋勇，要去说服张唐。吕不韦不屑地说："一边玩去，你一个小孩子，张唐怎么会听你的？"甘罗说："项橐七岁就做了孔子的老师，我已经十二岁了，为什么不可以试一试呢？"吕不韦见甘罗人小志大，就同意让他去试一试。

甘罗去拜见张唐，问："您与白起相比，谁的功劳大？"张唐很干脆地回答："白起的功劳无人能比，当然是他的功劳大了。"甘罗又问："当时的宰相范雎，与现在的宰相吕不韦，谁的权力大？"张唐想了想说："应该是现在的宰相权力大。"

甘罗接着说："当年白起有那么大的功劳，得罪了宰相范雎，尚且被害死了。现在，您的功劳没有白起大，宰相又比范雎的权力大，然而，您却敢不听宰相的话，岂不是找死吗？"张唐愣了半天，说："你这个小孩子，说得还挺有道理。"于是，张唐赶快去找吕不韦，表示愿意去燕国任相。

甘罗一炮打响，又要求出使赵国。这回吕不韦不敢小瞧他了，奏请秦王同意，正式委任甘罗为使者，出使赵国。甘罗年龄虽小，却是大国的使者，赵国不敢怠慢。赵王亲自来到郊外，远迎甘罗。

甘罗问赵王："您听说燕太子到秦国做人质，秦国派张唐到燕国为相的事了吗？"赵王点头，说知道了。甘罗说："这说明，秦、燕两国关系亲密。如果两国联合起来攻打赵国，赵国可就危险了。"

赵王听得害了怕，忙问："那该怎么办呢？"甘罗接着说："大王不如把河间的五座城池送给秦国，秦国就不会帮着燕国了，反而会帮助您攻打燕国。您失去的土地，可以再从燕国那里补回来。"

赵王一听有理，就答应了，送给秦国五座城池。同时，有恃无恐地去攻打燕国，夺取了燕国三十座城邑，又把其中的十一座送给了秦国。秦国不费一兵一卒，就得到了大片土地。秦王十分高兴，便封甘罗做了上卿，并赐给他许多田地房宅。

人们都说，有志不在年高。秤砣虽小，能压千斤。

## 郑国渠原来是"阴谋渠"

郑国渠，是我国古代一项伟大的水利工程，距今已有两千多年，现在仍在发挥作用。想不到的是，当时修建郑国渠，其实是韩国的一个阴谋。

战国末年，秦国强大，屡次对东方诸侯用兵。秦国的东邻是韩国，十分弱小，无法与秦国抗衡。韩国就想出一条"疲秦"之计，诱引秦国大兴土木，想以此消耗它的国力。

于是，韩国派出了水利专家郑国，到秦国去游说。郑国对秦王说："秦国土地贫瘠，缺水少雨。如果凿穿泾水，修一条水渠，长三百余里，可以灌溉广大的农田。"秦王同意了，命郑国主持修渠。

修渠工程浩大，耗费了大量人力物力。秦国人终于明白了，这是一个阴谋，要杀郑国。郑国说："臣开始是为韩国做奸细而来，但渠成以后，确实对秦国有利。"郑国列举了详细数据，说明渠成以后的好处。

秦王觉得郑国说得有道理，不仅没有杀他，反而让他继续把渠修好。结果，渠修好以后，引泾河水灌溉盐碱地四万多顷，亩产都达到六石四斗。从此，关中沃野千里，再也没有饥荒了，秦国富强起来。此渠是郑国主持修建的，就被命名为郑国渠。

韩国策划了这么一条笨拙的计谋，结果搬起石头砸了自己的脚。现在看来，郑国渠体现了古代劳动人民的勤劳智慧，是遗留给我们的一笔宝贵财富。

2016 年 11 月 8 日，郑国渠申遗成功，被列为"世界灌溉工程遗产"。

# 没有吕不韦就没有秦始皇

吕不韦，是战国末期大商人兼政治家，也是历史上的一个奇人。他硬是把原本没有希望的子楚弄成了秦王，子楚又传位给嬴政。如果没有吕不韦，子楚就当不上秦王，也就没有后来的秦始皇了。司马迁专门写了《吕不韦列传》。

《吕不韦列传》记载，吕不韦是一个大商人，十分富有。有一次，他去邯郸做生意，结识了秦国公子子楚。子楚的父亲，是秦国太子安国君。安国君有二十多个儿子，子楚排行居中。子楚的母亲不受宠爱，子楚自然也不被重视，派他到赵国长期做人质。

秦赵关系不好，赵国对子楚不以礼相待，他乘的马车破旧，生活窘迫，很不如意。吕不韦认识子楚之后，突发奇想，别看子楚现在窘困，但如果帮助他当上太子，以后做了秦王，那不等于有了天大的财富吗？吕不韦以商人的眼光精明地看到，子楚就像一件奇货，可以囤积居奇，以待高价出售。

可是，就子楚目前的状况，无论如何也当不上太子啊。吕不韦对子楚分析说："安国君最宠爱的妃子，是华阳夫人。要想当太子，就必须在华阳夫人身上下功夫。正巧，华阳夫人没有儿子，您如果被认作儿子，当太子就有希望了。我虽然不富裕，但愿意拿出千金，为您去操办这件事。"子楚听罢，赶紧叩头拜谢说："如果事情成功，我愿意将秦国的土地与您共享。"

吕不韦到了秦国以后，先去拜访华阳夫人的姐姐，献上礼物，与她结识，等到与她混熟了，再由她领着去拜访华阳夫人。吕不韦见到华阳夫人，把带来的珍奇宝物献上，说："这是子楚孝敬您的，子楚虽然远在千里之外，但日夜哭泣思念父亲和夫人。"华阳夫人十分感动。吕不韦趁机夸赞子楚，说子楚如何贤能，如何仁义，如何结交贤士，如何敬重夫人，说得天花乱坠，仿佛真的一样。华阳夫人的姐姐，也在一旁帮腔，华阳夫人听得很有兴趣。

吕不韦正说得高兴，忽然话锋一转，叹口气说："不过，子楚也常常为您担忧。虽然现在安国君宠爱您，但您年老色衰以后，就难说了。特别是由于您现在受宠，其他嫔妃一定嫉妒。一旦安国君去世，其他嫔妃的儿子继了位，您的日子肯定就不好过了。"

这话正戳到华阳夫人痛处，她皱起眉头，问道："吕先生见多识广，您有什么好办法吗？"吕不韦说："我看，您不如从诸公子中选一个孝顺的，认作儿子，立他为太子，以后继位为王。那样，您照样可以享受荣华富贵。"华阳夫人听了，连连点头。

吕不韦接着又说："我看子楚就很合适，他知道按照次序，是不会被立为太子的，您如果这个时候提携他，子楚一定会感恩戴德，万分地孝敬您。那么，您的一生都会受到尊宠了。"华阳夫人的姐姐，在一旁连声叫好，华阳夫人眉开眼笑地答应了。

此后，华阳夫人多次在安国君面前夸赞子楚，把吕不韦说的那些话，又添油加醋地讲给安国君听。安国君没有想到，自己还有这么贤能的儿子，也很高兴。华阳夫人见时机成熟，就哭着说："我有幸填充后宫，但非常遗憾的是没有儿子。我想认子楚当儿子，立他为继承人，以便日后有个依靠。"

安国君对华阳夫人所提之事无不顺从，再加上听说子楚贤德，于是就答应下来。安国君和夫人刻下玉符，决定立子楚为继承人，并请吕不韦当他的老师。就这样，子楚由丑小鸭一下子变成了白天鹅。

吕不韦为子楚办成了这件天大的美情，万分高兴，两人摆酒祝贺。席间，子楚见吕不韦的小妾赵姬美丽，十分喜欢，请求把此女送给他。吕不韦一听很生气，但转念一想，已经为子楚破费了大量家产，这个奇货马上就可以高价出售了，不能在这个时候翻了脸，于是忍痛割爱，把赵姬送给了子楚。

赵姬当时已有身孕，他们隐瞒了这个事实。赵姬嫁给子楚后，生下儿子，取名嬴政。后来，吕不韦又拿出六百斤金子，贿赂了赵国官员，子楚和吕不韦就顺利逃回国去。再后来，赵姬和儿子嬴政也回到了秦国。

公元前 251 年，在位五十五年的秦昭王去世了，子楚的父亲安国君继位。安国君命短，很快就死了，子楚如愿以偿登上王位，就是秦庄襄王。子楚尊奉华阳夫人为华阳太后，立赵姬为王后，任用吕不韦为丞相，封为文信侯，并赐给他洛阳十万户作为食邑。吕不韦的奇货，终于售出了天价。

秦庄襄王即位三年后死了，嬴政当了秦王。嬴政尊奉赵姬为太后，尊奉吕不韦为相国，并称他为"仲父"。当时嬴政只有十三岁，一切大权都在吕不韦手中。吕不韦自然尽心尽力，他辅政十余年，保持了秦国强大的势头，为秦兼并六国做出了重要贡献。

吕不韦推崇"战国四公子"，礼贤下士，结交宾客，门下食客多达三千人。吕不韦还编著了《吕氏春秋》，并将此书刊布在咸阳的城门，发出布告说，如果有人能增减一字，就给予千金的奖励，这就是成语"一字千金"的来源。

吕不韦功成名就，但有一件事情，令他日夜提心吊胆。多年来，他与赵姬旧情不断，现在嬴政逐渐长大，他唯恐事情败露，引火烧身。吕不韦就想了一个办法，暗地里寻找到一个叫嫪毐的人，献给太后，自己全身而退。不料，后来太后丑行暴露，嫪毐谋反，把吕不韦也牵连进来。嬴政下令，夷灭嫪毐三族，软禁太后，免去吕不韦的相国职务。

秦王嬴政不忍心杀吕不韦，但也不想让他活着，就写信责备他，质问他对秦国有何功劳？从《史记》这个记载来看，在当时，吕不韦和嬴政的关系，就有流言蜚语。

吕不韦知道秦王是想逼他自杀，于是长叹一声，喝下鸩酒而死。这样的结局，大概是精明一世的吕不韦，始终没有算计到的吧。

# 秦王嬴政初露锋芒

战国末年，秦国经过几代人的不懈努力，国力强盛，兵强马壮，已经占有了绝对优势。就在这时，秦国又出了一位大有作为的君主，名叫嬴政，就是秦始皇。嬴政刚刚亲政，就粉碎了一场叛乱，把权力牢牢抓在自己手里，显示其果敢强硬之风格。然后，发动兼并战争，开始夺取天下。

《史记》记载，嬴政，是公元前259年正月在邯郸出生的，所以叫政。因嬴姓和赵姓是同一祖先，也叫赵政。嬴政的童年，并不幸福。他父亲子楚在赵国当人质，不受待见，生活窘迫。子楚是后来的名字，当时人们称他异人。嬴政两岁时，子楚丢下他们娘俩，和吕不韦偷跑回了秦国。赵国要杀嬴政和他母亲，幸亏他们隐藏起来。直到嬴政八岁时，娘俩才回到秦国。

在赵国期间，他们肯定吃了不少苦，受了不少欺辱和白眼。《史记》说，后来秦灭了赵国，嬴政亲自到邯郸，找到当年的仇人，把他们全部活埋了。可见，小时候的事情，在嬴政脑海里，印象是多么深刻啊！童年的磨难和不幸生活，对嬴政的成长是有帮助的，这比起生长在蜜罐里的公子王孙来说，要强得多。

嬴政十三岁的时候，父亲去世，他继承王位，由于年龄小，丞相吕不韦独掌大权。

吕不韦在掌权期间，害怕他与太后私情暴露，就暗地里找了一个猛男，名叫嫪毐。吕不韦让嫪毐假装有罪受了宫刑，拔掉胡子，送到太后身边。太后欢喜，便不再缠着吕不韦了。后来太后怀孕，吕不韦害怕事情败露，就让太后带着嫪毐，搬到雍地居住。雍地远离咸阳，偏僻安静，太后和嫪毐形影不离，日夜淫乱，好不快活，一连生了两个私生子。

太后得到猛男，心满意足，可嫪毐是个男人，不甘心只做太后情人，心中有更大的野望。嫪毐仗着太后宠爱、丞相同谋、嬴政年少，就无所顾忌，为所欲为，雍地宫中之事，都由他说了算。后来，嫪毐竟然被封为长信侯，不仅赐给他土地，而且还有封国。嫪毐家中有奴仆几千人，通过他谋求到官职的，多达一千多人。嫪毐俨然成了除吕不韦之外的又一强大势力。

太后和嫪毐的丑事，肯定是纸里包不住火。有大臣悄悄告诉了嬴政。嫪毐也知道事情已经败露了，罪不可赦，就计划在嬴政举行加冕礼时发动叛乱，想趁其不备，突然袭击。

公元前 238 年四月，嬴政留宿雍地，举行加冕礼。嫪毐见时机已到，就发动自己的党羽，又盗取了秦王大印和太后印玺，调动附近部队，企图一举成功。不想嬴政早有准备，派兵对嫪毐他们予以迎头痛击。嫪毐他们没有见到嬴政，认为他躲到咸阳去了，就转而攻打咸阳。咸阳早就埋伏了重兵，嫪毐党徒不是对手，被消灭殆尽，只有嫪毐等少数人逃走。

嬴政当即通令全国，悬赏缉拿叛乱者，嫪毐等人很快就被全部擒获。嫪毐被五马分尸，灭其三族。嫪毐死党二十多人被砍头示众，家奴四千多人被流放。受到牵连的吕不韦，被免去相国职务，不久服毒自杀。太后被软禁，两个私生子也被杀掉。嬴政刚一亲政，就初试锋芒，果断平息了一场叛乱，显示出卓越的能力和强硬的手腕。从此，秦国大权被嬴政牢牢控制在手中。

嬴政亲政以后，因为偶然发生了一件事情，使他差点做了一件错事。原来，秦国人发现，韩国以修筑水渠为由，派人到秦国搞间谍活动。嬴政很生气。一些王公大臣趁机说，别的国家的人，都不可靠，应该一概驱逐。嬴政正在气头上，没有认真考虑就同意了。

当时，客卿李斯写了一篇著名的《谏逐客书》。李斯在谏书中，先列举了大量事实，说明人才不分国别，只要用好人才，国家就会强盛。像著名的人才百里奚、由余、商鞅、范雎、张仪等，都不是秦国人，但都为秦国做出了重大贡献。然后，李斯又用优美的散文笔法，阐述了深刻的道理，并写出了"泰山不让土壤，故能成其大；河海不择细流，故能就其深；王者不却众庶，故能明其德"的千古名句。

嬴政看了，拍案叫好，马上取消逐客令，重用李斯。李斯劝说嬴政："秦国现在占有绝对优势，奴役各诸侯已经六代，应该乘此良机，扫平诸侯，统一天下，成就帝业。这事如果懈怠而不抓紧的话，等到诸侯再强盛起来，可就晚了。"嬴政是位雄心勃勃的君主，这话说到他心坎里了。嬴政把李斯升成了廷尉，执掌国政，参与制定吞并六国大计。

这时，有个叫尉缭的人来到秦国。他向嬴政提出了灭六国的详细计策。总体上仍然采取远交近攻的策略，但远交要有具体行动。他建议拿出三十万金，到各国去行贿送礼。他提出灭六国的具体策略是"先近后远，先弱后强，分化瓦解，各个击破"。

嬴政大喜，马上就要重用尉缭。但尉缭这次见到嬴政之后，却不想留在秦国了。他对别人说："秦王这个人，高鼻梁，大眼睛，老鹰的胸脯，豺狼的声音，缺乏仁德，而有虎狼之心。他穷困的时候，可以对人谦下；得志的时候，也会轻易吃人。如果他夺取了天下，天下之人就都会成为他的奴隶了。"尉缭的看法不错，秦始皇统一天下之后，真的把天下百姓都当成了自己的奴隶，这是秦朝很快灭亡的重要原因。

尉缭要走，嬴政不准，尉缭想逃走，嬴政早有防备，坚决劝阻。尉缭没有办法，只好留下来为秦国服务。嬴政让他当秦国的最高军事长官，采取他的计谋，同时给他很高的待遇，衣服饮食都与秦王一样。嬴政使用人才，也采取强硬手段，与别人不一样。

嬴政亲政八年以后，按照李斯、尉缭的计策，开始了兼并六国、统一中原的宏图大业。

# 荆轲是怎样刺秦王的

　　荆轲刺秦王的故事，千古流传。荆轲临危不惧、镇定自若、视死如归的形象，永远铭刻在人们心中。《史记》在《刺客列传》中，对荆轲事迹做了详细描写。

　　《史记》记载，荆轲的祖先是齐国人，迁移到卫国，后来又到了燕国。荆轲喜欢读书、击剑，他的性格是深沉稳重，与世无争。有一次，荆轲与盖聂谈论剑术，话不投机，盖聂瞪了他一眼，荆轲就悄悄躲开了。又有一次，荆轲漫游到邯郸，与鲁句践博戏，争执博局的路数。鲁句践发怒呵斥他，荆轲却默无声息地逃走了。荆轲到了燕国，燕国隐士田光对他很好，两人成了好朋友。

　　燕国国君的儿子太子丹，曾在赵国当过人质，小时候与嬴政玩得很好。后来太子丹又去秦国做人质，本以为嬴政会对他友好，不料嬴政不念旧时情谊，对他并不好。太子丹一怒之下逃回燕国，发誓要向秦王报复。

　　太子丹请教他的老师鞠武。鞠武劝他说，秦国强大，统一天下已无悬念。您不要因为被欺侮，就去触犯秦王。后来，秦国将军樊於期得罪了秦王，逃到燕国，被太子丹收留。鞠武又劝他赶快把樊於期送走，免得引火烧身。太子丹不听，仍然不断地向老师求教报仇的办法。鞠武只好把田光推荐给他，说田光智慧深邃而勇敢沉着，可以谋大事。

　　太子丹去迎接田光，倒退着走为田光引路，跪下来拂拭座位，恭敬地请田光坐下，然后请教报仇之事。田光受此礼遇，不得不为太子丹尽力。但他已经年老，力不从心，便推荐了自己的好朋友荆轲，并自愿前去说服他。分别时，太子丹嘱咐田光，说今天谈的是机密大事，希望先生不要泄露。

田光找到荆轲，说明情况，请求荆轲去为太子效力。田光说："太子怕我泄露机密，我现在就自己灭口吧。太子的事，就托付给您了。"说完就自杀了。田光自杀，其实是为了以命相托，激励荆轲，以报答太子丹，这就是那个时候的士！

田光以命相托，荆轲只能去见太子了。太子丹听说田光死了，痛哭流涕。太子丹请荆轲坐稳，自己离开座位，以头叩地行大礼，然后说："秦王狼子野心，必定会占尽天下之地。燕国弱小，不是秦国对手。我私下有个不成熟的计策，想派勇士去秦国，如果能够劫持秦王，让他全部归还侵占各国的土地，那就太好了；如果不行，就杀死他。希望荆卿能仔细考虑这件事。"

这无异于天方夜谭，按照荆轲的智慧和沉稳的性格，是不会同意的。果然，沉默了好一会儿，荆轲推托说："这是国家的大事，我的才能低劣，恐怕不能胜任。"

太子丹走上前去，再次以头叩地，坚决请求不要推辞。太子作为尊贵之身，几次头拱地施大礼，而且田光已经以命相托了，荆轲能有什么办法呢？士为知己者死，明知不可为而为之，这就是当时的士！荆轲只好答应了。

通过《史记》这段描述，笔者感觉到了荆轲的勉强和无奈。见荆轲答应了，太子丹大喜，尊奉荆轲为上卿，住进上等的宾馆。太子天天去拜望，供给珍贵的饮食，献上奇珍异物，车马美女任荆轲随心所欲。

这样过了很长一段时间，荆轲并没有行动的表示。太子丹着急了，催促荆轲赶快行动。荆轲这才说，要想接近秦王，需要两件东西作为礼物。一是燕国督亢一带的地图；二是樊於期的人头。

太子丹愁眉苦脸地说，地图容易，但不忍心杀樊於期。荆轲就自己去找樊於期，樊於期很爽快地自杀了。为了这两件东西，似乎用不了很长时间。

这两样东西准备好了，又过了些日子，荆轲依然没有行动。太子丹早已花费百金，买了锋利的匕首，涂上毒药，用人实验，只要见一丝儿血，没有不立刻死的。太子丹还为荆轲找好了一名助手，叫秦舞阳。秦舞阳十三岁时就敢杀人，是燕国有名的勇士。

一切都准备好了，荆轲仍然没有动身的打算。太子丹觉得，荆轲是在有意地拖延时间，不耐烦了，再次催促，并且说得很难听："您如果不打算去，我就派秦舞阳去了。"

荆轲一听，发怒了，斥责太子说："太子是什么意思？只顾去而不顾完成使命回来，那是没有出息的小子！况且是拿一匕首，进入深不可测的强秦。我之所以暂留，是等待另一位朋友同去。既然太子认为我有意拖延时间，那就告辞诀别吧。"

荆轲决定立刻动身，大家都来为他送行。人人都知道，荆轲此去，必定是有去无回。所以，大家都穿着白衣，戴着白帽，悲情地唱道："风萧萧兮易水寒，壮士一去兮不复还。"荆轲上车走了，始终连头也不回，荆轲明显是负气走的。

荆轲他们到了秦国，秦王见燕国送来两件大礼，非常高兴，安排隆重的九宾仪式召见使者。秦舞阳走到大殿前，见秦廷威严，害怕起来，浑身发抖。荆轲笑笑，对秦王说："北方蛮夷之地的粗野人，没见过这种场面。"

荆轲不慌不忙地登上台子，献上地图。秦王展开地图，图穷匕首现。秦王一愣，荆轲迅速左手一把抓住秦王衣袖，右手一刀直刺过去。这么近的距离，秦王又没有防备，竟然没有刺中。

秦王挣脱衣袖，绕着柱子奔跑，荆轲手持利刀，在后面紧追。那台子能有多大、柱子能有多粗啊，竟然没有追上。

当时台上的人，都没有武器，御医拿药罐掷向荆轲，秦王趁机拔出佩剑，一剑砍断荆轲左腿。荆轲坐在地上，用匕首投刺秦王。这么近，居然又没有击中。

荆轲被刺伤八处，倚在柱子上大笑，说："事情没能成功，是因为我想活捉你，迫使你归还诸侯土地，以回报太子。"说完，含笑而死。

那个时候，秦国统一天下已是大势所趋，连太子丹的老师都是这种看法。经过春秋战国五百多年的战乱，老百姓很需要一个统一安定的环境。荆轲喜欢读书，明辨事理，很清楚这一点。但面对太子丹的屈尊相求和田光的以命相托，荆轲又不能不去。

荆轲没有杀死秦王，应该是最好的结果。如果荆轲杀死了秦王，就没有后来统一天下的千古一帝了。荆轲虽然没有杀死秦王，但仍不失为一位舍生取义、可歌可敬的英雄人物！

# 六国是怎样灭亡的

　　荆轲没有杀死秦王，反而促使秦国加快了兼并天下的步伐。在这之前，秦国经过几代人的征战，已经削弱了六国实力，占领了大片土地。如今，秦王采取"先近后远、先弱后强，分化瓦解、各个击破"的策略，以武力强行吞并六国，东方六国先后被灭，天下归秦。那么，六国是怎样灭亡的? 六国的灭亡各有什么特点? 通过读《史记》，笔者有以下几点看法，敬请读者指教。

　　韩国灭亡最无奈。韩国是公元前 403 年正式建国的，是"三家分晋"的诸侯国之一。建国初期，韩国还表现出一些新兴力量的生机和活力，郑国就是被它灭掉的。在申不害任宰相的时候，实行法家的治国之道，国内出现过短暂的安定。但在此后近二百年间，鲜少有贤君、能臣、名将，再加上人口少、条件差，是战国七雄当中最弱的。同时，它又挡在秦国东进的道路上，所以，秦国第一个要吃掉的，就是韩国。

　　公元前 230 年，秦国派了一个不出名的将军，领兵攻打韩国，没费多大劲，就擒获了韩王，收缴了韩国土地。秦国把韩国设置成一个郡，叫颍川郡。韩国就这样，无可奈何花落去地灭亡了。

　　赵国灭亡最刚烈。赵国也是"三家分晋"的诸侯国之一，但它出过不少贤臣名将，所以，能够长期与强秦对抗。赵王与秦王其实是一个祖先，但彼此打起来毫不留情。秦国在长平之战中，一次性坑杀赵军四十多万人。赵国在元气大伤的情况下，骨头仍然不软，此后还曾几次打败过秦军。

　　秦国灭了韩国以后，乘势向北攻打赵国。秦国也不敢轻视赵国，派出名将王翦统领军队。王翦使用了反间计，让赵王杀了名将李牧，自毁长城。王翦率领大军，经过一年多的浴血奋战，于公元前228年攻占了赵国都城，俘获了赵王。在国破家亡的情况下，赵公子嘉拒不投降，带领赵氏宗族几百人，跑到代地，自立为代王，几年之后才被灭掉。

燕国灭亡最悲伤。燕国是老资格的诸侯国，是周召公的封地，已有近千年历史。燕国只有在燕昭王的时候，出现过"昙花一现"的强盛，差点灭了强大的齐国，其他时候都处于弱势。燕国与赵国相邻，秦国灭了赵国以后，大军阵列于燕国边界。这时，秦军兵强马壮、士气高涨，大将王翦足智多谋、善于用兵，燕国灭亡已无可避免。

公元前226年，王翦率军攻下燕国都城，燕王逃到了辽东。秦军紧追不舍，燕王没有办法，只好杀了秦王痛恨的太子丹，把自己儿子的人头献给秦王，才勉强苟活了几年。几年之后，秦军攻下辽东，俘虏了燕王，燕国彻底灭亡了。

魏国灭亡最活该。魏国也是"三家分晋"的诸侯国之一。战国初期，魏文侯尊贤用才，使魏国率先强大，称霸百余年。魏国与秦国是邻居，长期敌对。魏文侯时期，魏国夺取了秦国土地，打得秦国不敢东进一步。

后来，魏文侯的不肖子孙们，只知道夜明珠是宝物，而不重用人才。魏国大量人才外流，削弱了自己，壮大了敌国。魏国送给秦国顶级的人才就有三个：商鞅、范雎、张仪。这三人都当过秦国丞相，对强秦弱魏起了关键性作用。此外，魏国还把孙膑送给齐国，把吴起送给楚国，把乐毅送给燕国。这些大名鼎鼎的人物，原本都是魏国的。试想，哪怕有一个留在魏国，魏国也不至于落得如此狼狈啊！

早在秦国灭韩、赵、燕之前，秦国就占领了魏国的大片土地，在魏国土地上设置了东郡。魏国除了割地求和、俯首称臣之外，毫无办法。秦国之所以没有先灭魏国，是觉得它已经是囊中之物了，想什么时候拿，就什么时候拿。

公元前225年，秦国攻下燕国都城以后，顺手牵羊，不费吹灰之力，就把魏国灭了。消灭魏国，根本不需要王翦动手，王翦的儿子王贲就足够了。王贲也没有动兵马，只是放出汴河水，去淹魏国都城大梁。大梁城墙倒塌，魏王就投降了。

楚国灭亡最艰辛。短短几年，秦国就灭掉了韩、赵、魏三国，它下一个目标，就是楚国了。楚国可称得上是地大物博、人口众多，它的面积，几乎相当于其他各国的总和。陈、蔡、鲁等几个国家，都是楚国灭掉的。可惜，楚国出的贤明君主不多，也没有搞过彻底的革新变法，贵族势力庞大，中央集权较弱。所以，楚国是大而不强。这些年来，楚国没有明确的战略思想，经常被秦国牵着鼻子走。现在，眼见四国已亡，楚国感到了冬天的寒冷，急忙整军备战，准备抗击秦国的进攻。

秦王知道，楚国是块硬骨头，打算用名将王翦统领部队，就问王翦需要多少兵力。王翦算了算，说："需要六十万人。"这几乎是秦国的全部兵力，秦王犹豫了。李信却说："最多需要二十万人，就足够了。"李信也是秦国有名的将领，年轻气盛，英勇威武，曾经率领几千人深入燕国腹地，以少胜多，大败燕军。

秦王听了大喜，以为还是年轻人有勇气，就命李信率二十万大军攻楚。楚军诈败，李信攻占楚国多座城池以后，又指挥秦军向西与蒙恬会合，楚军尾随李信三天三夜，突然发起攻击，攻破秦军两个军营，杀死七个都尉，秦军惨败。这是秦国在灭六国过程中，失败最惨重的一次。

秦王大惊，十分后悔，亲自去见王翦，向他道歉，请他出马。王翦说："大王一定要用我，非得六十万兵力不可。"秦王一口答应，说："一切全听王将军的。"

王翦率领六十万大军进攻楚国，楚国竭尽全国之兵抗击秦军，双方势均力敌。王翦下令，构筑坚固的营垒，与楚军对峙。楚军屡次挑战，秦军坚守不出。这样过了很长时间，楚军逐渐麻痹了。王翦见时机到了，一声令下，全线出击，大败楚军。秦军乘胜追击，占领楚国城邑，也是经过一年多的苦战，才平定了楚国各地，俘虏了楚王，灭掉了楚国。

齐国灭亡得最窝囊。齐国是东方泱泱大国，国力强盛，历史上曾经多次称霸，与秦国并称"东帝""西帝"。在秦国兼并战争中，如果齐国出面阻挠，秦国还真不好办。所以，秦国早就谋划好了对付它的办法。秦国派出许多间谍，到齐国宣扬秦、齐交好，又花重金贿赂齐国官员，重点贿赂齐国宰相后胜。于是，齐国采取与秦国友好的策略，不管其他国家如何被秦国打得头破血流，齐国一概置之不理，悠然自得、舒舒服服地过着太平日子。

等到秦国摧枯拉朽般地灭了五国，齐国四下一看，只剩自己了，心里才慌起来，赶紧派军队防守西部边境。秦国军队大兵压境，齐国上下人心惶惶。这时，秦国将军王贲从燕国往南攻入齐国，齐国大乱，宰相后胜急忙对齐王说，赶紧投降吧，保住性命要紧。于是，堂堂东方大国，竟然一仗没打，就乖乖投降了。

这样，从公元前230年开始，到公元前221年结束，只用了短短十年时间，秦国就完成了兼并六国、统一中原的宏图大业。笔者认为，之所以如此，主要原因有：

一是历史发展的必然趋势。经过五百多年春秋战国时期的战乱，人们对于战争频繁、生灵涂炭的社会环境已是深恶痛绝，人心思稳、人心思安的大势不可阻挡。

二是秦国具备了强大实力和统一中原的条件。秦国的强大，不是一两代人成就的，而是经过多代人的不懈努力才实现的。特别是经过商鞅变法等一系列改革，打造了强大的国家机器，这个国家机器适应战争的需要。通过改革，秦国还形成了先进生产力，这种新兴力量足以摧毁旧的秩序，建立起新的社会形态。

三是六国旧贵族腐朽没落。与秦国形成鲜明对照的，是六国旧贵族日益腐朽，已经到了大厦将倾的程度。六国当中，只有赵、楚有过顽强抵抗，其他四国，根本不堪一击。内部腐朽，这是六国灭亡的内在原因。所以，唐代文学家杜牧评论说："灭六国者，六国也，非秦也。"

六国灭亡，标志着诸侯国统治时代的结束，取而代之的，是中央集权之下的郡县制，中国从此进入了新的时代。这是社会的进步，也是历史发展的必然趋势。

# 郡县制不是秦始皇发明的

秦始皇顺应历史潮流，结束了五百多年的战乱，把中国推向大一统时代。所以，明代思想家李贽称他为"千古一帝"。秦始皇最大的功绩，是他坚决废除分封制，坚持郡县制，建立了中央集权制度，奠定了中国两千多年政权机构的基本格局。这是他为中国社会发展做出的巨大贡献。

然而，具有重大进步意义的郡县制，却并不是秦始皇发明的，因为在秦始皇之前，就已经有了郡县制。

《史记》记载，消灭群雄，完成统一大业，那一年，秦王嬴政才三十九岁。人在盛年，建立了如此辉煌的业绩，自然是胸中得意。他召集群臣，商议帝号，以显扬功德。

丞相王绾、廷尉李斯等人商议后说："从前，五帝的土地，纵横不过千里，外面还有夷服地区，天子不能控制。现在，您兴正义之师，讨伐四方残贼之人，平定天下，法令归于一统，这是亘古不曾有过的，三皇五帝也比不上。古代有天皇、地皇、泰皇，泰皇最尊贵。我们这些臣子，冒死献上尊号，称大王您为'泰皇'，下命令称为'诏书'。您看怎么样？"

秦王嬴政沉吟一会儿，说："其余的都按你们所议的去办，只有这个'泰皇'，可以去掉'泰'字，留下'皇'字，再加上'帝'字，称为'皇帝'。我就叫作始皇帝，后代称二世、三世直到万世，永远相传，没有穷尽。"可见，"皇帝"这个流行了几千年的尊称，就是秦始皇自己创造的。他认为自己的功劳，大过从前的"三皇五帝"，就从中各取一个字，构成了"皇帝"。

帝号很顺利地定下来了，可是，国家实行什么样的体制，却产生了较大分歧。丞相王绾等人说："诸侯刚刚被打败，燕国、齐国、楚国地处偏远，不给它们设王，就无法镇抚那里。请封立各位皇子为王。"秦始皇把这个建议交给群臣商议，群臣都认为这样做有利。

廷尉李斯却有不同意见，说："过去周朝搞分封，可他们的后代逐渐疏远了，互相攻击，像仇人一样，以致造成多年的诸侯混战。现在天下靠您的神灵之威获得统一，都划分成了郡县，这样很容易控制。这才是使天下安定的好办法啊，千万不要再设置诸侯了。"

通过《史记》以上记载，可以看出两点：一是王绾提出的分封建议，并不是像周朝那样，在全国普遍实行，而是在燕、齐、楚等偏远之地才封王；二是李斯说得很明白，当时的天下，都已经划分成郡县了，而且控制得很好。

郡县制，是中国古代继宗法血缘分封制度之后，出现的以郡统县的两级地方行政制度。县的名称，早在西周时期就有了，不过，那个时候的县比郡大，"县有四郡"。真正的县制，起源于春秋初期的楚国。公元前741年，楚国熊通自封为楚武王。当时，楚国旁边有个弱小的权国。楚武王吞并了权国，改为权县，并在权县选拔人才做县伊。这是中国县制之肇始。

公元前598年，楚庄王讨伐陈国，就想把陈国也改成楚国的一个县。到春秋中后期，各诸侯国都开始实行县制了。但当时的县制，规格并不一致。有的县，直接归君主管理，有的则是卿大夫的封邑。公元前514年，晋国六卿把国君的宗族祁氏和羊舌氏灭掉，把他们的领地分成十个县，分别派六卿家族的人去管理，这说明当时晋国已经实行县制了。

郡制比县制要晚，起源于春秋中期的秦国。之后，晋、赵、吴等国相继设郡。但那个时候的郡，有的与县没有隶属关系，有的比县的地位低，到了战国时期，才有了郡管县的体制。战国末期，各国的郡县制已经很普遍了。乐毅打下齐国七十多座城池以后，就把它们都设置成了燕国的郡县。

秦国是较早设立郡县的国家，而且对郡县制的探讨比较成功。

《史记》说，早在公元前 688 年，也就是东周初期，秦武公攻打邦、冀两地的戎族，就开始在杜、郑两地设县。公元前 456 年，秦厉共公派兵攻打大荔国，攻占了大荔王城邑，就在那里设置了频阴县。到秦孝公时期，商鞅变法的一个重要内容，就是在全国推行县制。商鞅把各个小乡小村合并为大县，每县设县令一人，全国共有四十一个县。这个时候，秦国的县制已经比较成熟了，它对于秦国的崛起和强盛，发挥了重要作用。

秦国的郡制，也发展得比较充分。公元前 321 年，秦国攻占了楚国的汉中，夺取了六百里土地，就在那里设置了汉中郡。公元前 278 年，秦国攻占了楚国郢都，将郢都改成了南郡。第二年，又夺取了楚国的巫郡和江南，设立了黔中郡。这样，在秦昭王时期，秦国就在夺取的楚国地盘上，设置了三个郡。在吕不韦执政和秦始皇时期，更是每打下一个地方，就在那里设置郡县。秦国先后设置了三川郡、太原郡、东郡、颍川郡、南阳郡、会稽郡，等等。到秦始皇统一中原的时候，除了灭亡最晚的齐国以及燕国、楚国一些偏远地方，尚未设置郡县，其余大部分地方，都已经实行郡县制了。这种新兴的行政体制，比起分封制来说，已经显示出了很强的生命力和优越性。

所以，秦始皇旗帜鲜明地支持了李斯的意见。秦始皇说："以前，连年打仗，无止无休，天下人受苦，根本原因，就是有那些诸侯王。现在，天下刚刚安定，如果再设诸侯王，就等于再次挑起战争，重新陷入混乱，这怎么能行呢？"

于是，秦始皇下令，经过规划调整，把全国分成三十六个郡，每郡设置郡守、郡尉、郡监；郡以下设县，万户以上的叫县令，不满万户的叫县长。郡守和县令或县长，直接由中央任命或罢免，不得世袭。秦始皇还改革了中央机构，皇帝之下设立三公九卿，都直接向皇帝负责。

郡县制虽然不是秦始皇发明的，但是，他坚定不移地坚持巩固了这一制度，彻底抛弃了分封制，这是一个巨大的历史性贡献。特别是秦始皇对郡县制进行充实完善，并以此为基础，建立了大一统的中央集权制度。

后来两千多年的历史证明，这套制度，在中国封建社会历史进程中发挥着决定性的作用。什么时候中央集权强大有力，什么时候国家就富强，社会就安定；反之，就会出现国家分裂、军阀混战、人民流离失所的悲苦景象。从这个意义上说，秦始皇这个"千古一帝"，确实是当之无愧的！

# "焚书"和"坑儒"是两回事

　　提起"焚书坑儒"，人们头脑里往往会浮现出一幅悲惨的图像：一大堆书籍，在熊熊烈火中化为灰烬；一大群儒生，在哭喊声中被活埋。长期以来，"焚书坑儒"成了秦始皇毁灭文化、迫害知识分子的代名词。然而，《史记》记载的"焚书坑儒"，却与此大相径庭。

　　《史记》记载，秦始皇废除分封制，实行郡县制，建立大一统中央集权制度以后，又大刀阔斧地进行了多方面改革。统一文字，统一法令，统一货币，统一车轨，统一度量衡。迁徙天下富豪人家十二万户，到咸阳居住。还收集天下兵器，熔化之后，铸成十二个铜人，每个重达十二万斤，放置在宫廷里，寓意着天下太平，再不用动刀兵了。

　　然而，天下太平，只是表面上的。当时，天下初定，人心并不稳固。旧的秩序被打破，新的秩序正在建立之中，新旧思想碰撞十分激烈。对秦朝诸多的改革措施，人们褒贬不一，反应不同。特别是六国旧贵族势力不甘心灭亡，造谣生事，企图复辟。

　　在这样的形势下，公元前 213 年，秦始皇在咸阳宫摆设酒宴，宴请七十位博士。博士，在秦朝是一种官职，负责编撰著述，保管文献，传授学问，培养人才，属于高级知识分子。秦朝共有七十位博士，秦始皇专门宴请他们，说明对文化和知识分子还是重视的。

　　席间，博士纷纷敬酒颂德。周青臣颂扬道："陛下把诸侯国改置为郡县，人人安居乐业，不再担心战争。您的威德，自古及今，无人能比。"

　　淳于越却反对说："殷朝、周朝统治天下达一千多年，就是因为分封了子弟功臣作为辅佐。如今陛下拥有天下，而您的子弟却是平民百姓，一旦天下有事，靠谁来辅佐呢？凡事不师法古人的，都不能长久。"对于这两种意见，秦始皇没有表态，而是交给朝臣议论。

李斯当时已担任了丞相。他旗帜鲜明地说："五帝和夏、商、周的制度，也并不相同，因为时代变了，制度也不能一成不变。特别是淳于越所说殷、周之事，更不值得效法。他们统治天下一千多年，但战乱的时间就有一半多。诸侯纷争、天下大乱，根源就是分封制造成的。"

李斯越说越生气："现在，有些儒生，不学习今天的，却要效法古代的，以此来诽谤当世。这样的言论，必须要禁止，如果不禁止，朋党的势力就会形成，人心就会涣散，这对陛下的统治是不利的。"

接下来，李斯向秦始皇建议说："臣冒死罪进言，我请求，让史官把不是秦国的典籍全部焚毁。除博士官署所掌握的之外，天下凡有收藏《诗》、《书》、诸子百家著作的，全部送到地方官那里一起烧掉。命令下达三十天仍不烧书的，处以脸上刺字的黥刑，或处以城旦之刑四年，或发配边疆。而医药、占卜、种植之类的书，则不取缔。"秦始皇说："可以。"

焚书确实造成了较大影响。直到汉惠帝时期，焚书的配套政策"挟书律"才被废止。汉初，五经传人百不余一，《尚书》这样重要的经典，全国竟然只有伏生一人能传，还只能口传。孔氏将书藏于壁中，百年后才被发现。由此导致了今古文经学的争端。

"焚书"过了一年多以后，才有了"坑儒"事件。起因是，秦始皇热衷于搞长生不老，于是，大批方士便应运而生。秦朝的方士，是指自称能访仙炼丹以求长生不老的人。这些方士，或妄称与神仙是朋友，或瞎吹能找到不老仙药，或夸言通过行气吐纳获得长生。由于秦始皇需要，方士越来越多，逐渐形成了专门的方士集团，甚至还分成了不同的派系。其实，这都是骗术。

秦始皇一开始十分相信，对方士很尊敬，给他们优厚的待遇，希望他们能够引来神仙，找到不死仙药。但时间一长，没见到什么效果，秦始皇开始怀疑了。毕竟秦始皇是一代枭雄，不是那么好骗的。秦始皇下令，如果方士的法术不能应验，就要处死。这一下，吓坏了那些曾经夸下海口的方士，很多方士就偷偷溜走了。秦始皇知道后，很是气恼。这时，秦始皇最敬重的两个方士侯生和卢生也逃跑了。更可恶的是，他们为了掩盖因找不到长生之药而逃跑的真相，反而散布谣言说，是因为秦始皇天性粗暴凶狠，自以为是，杀伐过重，权欲熏心，所以，不是找不到仙药，而是不能为他去找。

秦始皇听说以后，十分愤怒，恨恨地说："这些方士，想要炼造仙丹，寻找奇药，我尊重他们，赏赐十分优厚。徐福等人，花费的钱数以万计，最终也没有找到奇药，倒是听说了他们非法牟利、互相告发的消息。如今，韩众逃跑了，侯生、卢生也逃跑了。最可恨的是，他们竟敢诽谤我，企图以此加重我的无德。这些人妖言惑众，扰乱民心，必须严办。"于是，秦始皇亲自命御史办理此案，要求一一审查清楚。

御史见皇帝亲自下令，不敢怠慢，很快抓捕了一批方士，进行审讯。在大刑之下，这些方士把如何造假、如何牟利、如何哄骗皇帝等罪行，交代得一清二楚。而且这些方士相互揭露，辗转告发，一个供出一个，共有四百六十多人。御史把案件审查清楚，报告给皇帝。秦始皇恨得牙根痒痒的，下令把他们全部活埋了。这就是所谓的"坑儒"。

对于"焚书坑儒"，《史记》对其前因后果以及过程，都记载得十分清楚。特别是"坑儒"，《史记》明明白白地说，这四百六十多人，都是以方士的罪名活埋的。其中可能也有儒生，因议论朝政而获罪。但不管是哪些人，罪名都是"妖言惑众"。而"妖言惑众、扰乱民心"，明确指的就是方士，而不是儒生。所以，"坑儒"实际上是"坑方士"。

从《史记》记载来看，有两点是很明确的。一是"焚书"和"坑儒"不是同时发生的，两者相隔了一年多时间。二是"焚书"和"坑儒"没有联系，是性质不同、相互孤立的两件事情。而把"焚书"和"坑儒"连在一起，很容易使人产生毁灭文化、迫害知识分子的联想和错觉。

那个把"焚书坑儒"连在一起的人，真是煞费苦心、居心叵测啊！

# 秦始皇出巡到过哪里

　　秦始皇平定六国，一统天下，功成名就，心情愉悦。他想亲眼看看疆土之辽阔、山河之壮美，再加上政治形势之需要，所以，便四处巡视。十年时间，秦始皇大规模出巡就有五次，东西南北都去过，到处留有他的足迹。对秦始皇的几次出巡，《史记》都做了详细记载。

　　公元前220年，也就是统一中原的第二年，秦始皇就迫不及待地外出巡视了。这一次，目标是西方。秦始皇西行巡视了陇西、北地，穿过鸡头山，途经回中，在渭水南面建造了极庙，以象征处于天极的北极星。为方便皇帝巡视，动用了大批劳工，从极庙开通道路直达骊山。为显示皇帝恩德，给百姓普遍赐爵位一级。

　　秦朝的发祥地在西边，秦始皇首次巡视就去了西方，主要目的是为了巩固后方，同时，颇有点衣锦还乡、告慰祖先的意味。

　　公元前219年，秦始皇巡视西方刚刚回来，又马不停蹄地去巡视东方，踏上了辽阔的齐鲁大地。这一次，巡视时间长，到的地方多，经历的事件重要。秦始皇首先巡视了东方各郡县，推行郡县制，是他的精心之作，自然挂在心上。

　　视察完郡县，秦始皇登上邹县的峄山。峄山不高也不大，但很独特，几乎全是用大石头堆积而成的，传说是女娲补天时剩余的石头。有人作歌谣曰："泰山雄，黄山秀，不如峄山的大石头。"秦始皇见状，赞叹不已，在山上立碑纪念。

　　在此期间，秦始皇召见齐鲁各地的儒生和博士，共七十多人。秦始皇向他们了解民情，商议事情，并请他们一同登泰山封禅。可见，秦始皇对知识分子还是重视的。

秦始皇这次东巡，一个重大事件，是登泰山封禅。封，是祭天；禅，是祭地。封禅，是古代帝王祭祀天地最重要的典礼。古人认为泰山最高，离天最近，所以要到泰山封禅。据说古代登泰山封禅的，有神农氏、炎帝、黄帝、颛顼、帝喾、尧、舜、禹、商汤、周成王等十二位帝王。但那都是传说，而有确切文字记载的，秦始皇是泰山封禅第一人。

秦始皇带领文武百官，还有七十多名儒生和博士，一行人浩浩荡荡攀登泰山。他们先从南边阳坡爬上泰山顶峰，举行祭天盛典；然后，从北边阴坡下山，在梁父山举行祭地仪式。下山时，突然风雨大作，秦始皇在一棵大树下避雨。那棵大树因护驾有功，被封为"五大夫"，至今仍枝繁叶茂，巍然屹立。封禅大典结束以后，在石碑上镌刻碑文，永作纪念。

泰山封禅结束以后，秦始皇沿着渤海岸往东走，途经黄县、腄县，攀上成山头，登上芝罘山，刻立石碑，歌颂秦之功德。秦始皇接着又往南走，登上琅琊山。琅琊山景色秀美、气候宜人，秦始皇十分喜欢，在这里一连住了三个月。秦始皇说，这里是个好地方，下令迁来百姓三万户，免除他们十二年的赋税徭役。百姓修筑琅琊台，立石刻字，赞颂秦始皇。

秦始皇恋恋不舍地离开了琅琊山，继续巡视。他路过彭城，向西南渡过淮河，前往衡山、南郡，然后乘船顺江而下，来到湘山。途中遇到狂风，风大浪急，几乎不能渡河，所幸有惊无险。最后，秦始皇经武关回到京城，结束了东巡之行。

秦始皇这次东巡，还有一个重要事件。齐人徐市上书，说大海之中有三座神山，叫蓬莱、方丈、瀛洲，有仙人居住。徐福向秦始皇请求，带领童男童女前去拜访仙人，寻求长生之方。秦始皇很高兴，同意了。于是，徐市带领几千名童男童女，乘船出海寻仙去了。不料，徐福一去不复返，下落成谜，至今众说纷纭。

公元前218年，秦始皇第三次出巡。这次出巡的目标，仍然是东方，可见秦始皇对东方各国的重视。但没有想到，这次东巡遇到危险。秦始皇车队经过博浪沙时，突遇行刺。所幸刺客误击中副车，秦始皇没有受伤，只是受了惊吓。这次行刺是张良策划的，刺客成功逃走了。秦始皇大怒，下令在全国大规模搜查了十天，仍然没有捉到刺客。秦始皇久经战争，一个刺客算不了什么，于是继续东巡。

秦始皇再次登上芝罘山，发布诏令，谴责原六国国君邪僻，不恤人民，是秦朝安定了天下，救黎民于水火。这是秦始皇出巡的重要内容，走到哪里，都要宣传这一套。然后，又到了他特别喜欢的琅琊山，住了一段时间。最后，经由上党返回京城。

公元前215年，秦始皇第四次出巡。本来，他想在上一年就出巡，不料刚出咸阳，就在兰池遇见了强盗，情况十分危急。所幸武士们英勇，消灭了强盗，才化险为夷，那次出巡就夭折了。

这第四次巡视，秦始皇选择了北方。他先到了碣石，毁掉城墙，拆除了关东旧城，又挖通了河川堤防，夷平各处险阻，形成平坦的地势。于是，在碣石山门刻石立碑，记录这一功绩。然后，秦始皇巡视北部边界。见匈奴势力日益强大，已成心腹之患，秦始皇就命蒙恬率领三十万大军，去攻打匈奴，夺取了黄河以南的大片土地。又从榆中沿黄河往东，一直到阴山，划分成四十四个县，以便于统治。

这期间，方士侯生、卢生、韩众等人上书，说能找到不死仙药。秦始皇大喜，赏赐钱财，让他们去找。最后，秦始皇经由上郡返回京城。

公元前210年，秦始皇第五次出巡，这也是最后一次。这次目标是向南。走了一个多月，到达云梦，在九嶷山遥祭虞舜。然后，乘船沿长江而下，观览籍柯，渡过海渚，经过丹阳，到达钱塘。渡江之后，登上会稽山，祭祀大禹，遥望南海，在那里刻石立碑。从南方返回，秦始皇途经吴地，沿海岸北上，第三次来到琅琊山。可见，秦始皇对琅琊山确实是情有独钟。

离开琅琊山，秦始皇继续向北，第二次登上成山头。成山头，突出于大海之中，是齐鲁大地的最东端。面对汹涌澎湃、一望无际的大海，秦始皇以为到了天的尽头，便命名为"天尽头"，让李斯刻碑纪念。秦始皇没有想到，天尽头，也寓意着天子的尽头，秦始皇不久后就死了。所以，直到现在，有些高官显贵，仍不敢去天尽头，认为是不吉祥。这自然是无稽之谈，汉武帝也曾经到过天尽头，不仅没事，而且长寿。

秦始皇离开成山头，再次来到芝罘，观看大海。忽然，波涛中出现一群大鱼。秦始皇急令放箭，射杀了一条。秦始皇离开芝罘，向西进发，走到平原津的时候，不料生了病。这病来势凶猛，御医束手无策，病情越来越重。七月丙寅日，秦始皇在沙丘平台逝世，终年不足五十岁。

皇帝忽然离世，李斯等人恐生变故，秘而不宣。他们一边严密封锁消息，一边取直道返回咸阳。到京城后，才发布治丧公告，把秦始皇葬在骊山。

秦始皇不顾劳累和风险，多次外出巡视，不单纯是为了游山玩水，而是当时稳固社会政治形势的需要。出巡的目的，一是为了宣德扬名，树立秦朝威望。秦始皇觉得自己立下了万世不朽之功，需要广泛传扬。所以，几乎每到一地，都要立碑刻字，为其歌功颂德。

二是为了镇服天下，促进社会稳定。天下初定，人心不稳，六国旧贵族势力蠢蠢欲动。所以，秦始皇出巡的重点是东方，特别是齐、赵之地。赵国人反抗意识最强，齐国是最后灭亡的，秦的统治薄弱。秦始皇对这两地最不放心，多次前去巡视。

三是为了实地考察，寻求治国途径。秦朝疆域辽阔，各地差异性很大，如何制定法令，实行统一管理，是一个崭新的课题。所以，秦始皇不辞辛苦，一路考察民情民俗，考察各地的军事和政务，以便治理起来心中有数。

四是为了强化统治，解决棘手的问题。秦始皇不仅四处巡视，有时还现场办公，解决了一些类似匈奴那样的重大问题。

五是为了求仙拜神，企图做到长生不老。秦始皇出巡时，经常召见方士，寻仙求药。他在海边逗留的时间比较长，大概是幻想能够遇见神仙吧。

秦始皇多次出巡，从某种意义来说，也是在搞调查研究，是为了深入实际，熟悉国情，把握全局，便于统治。从这个角度讲，秦始皇为我们搞调查研究树立了榜样。

# 赵高篡诏埋下亡秦祸根

　　雄心勃勃的秦始皇，一心追求长生不老，他压根儿就没有想到，自己会死得这么早，因而没有安排好接班人。秦始皇有二十多个儿子，长子扶苏，正在北方抵御匈奴。秦始皇临死之前，匆忙下诏，让扶苏赶快回京，准备继位。可没有想到，宦官赵高竟然篡改了遗诏，逼死扶苏，让胡亥当了皇帝。赵高的倒行逆施，为秦王朝崩溃埋下了祸根，拉开了秦朝灭亡的序幕。

　　《史记》记载，赵高，与赵国王室同宗，但血缘关系较远，已经沦为平民。赵高兄弟几人，都是一生下来就被阉割，以后当了宦官。他们的母亲，也因为犯罪被处以刑罚。所以，赵高几代人地位都很卑贱。

　　卑贱的出身，使赵高养成了善于察言观色、逢迎献媚的性格。赵高很会办事，熟悉刑狱法令。秦始皇觉得这个小宦官挺不错，就提拔他担任了中车府令，负责管理皇帝的车舆，后来，又让他兼掌皇帝印玺。在这个岗位上，赵高一干就是二十多年，没有出过差错，很受秦始皇宠信。

　　秦始皇的少子胡亥，常在宫中，赵高刻意讨好，精心侍奉，还私下里教他决断讼案。所以，赵高算不上是胡亥真正的老师。

　　有一次，赵高犯了重罪，由蒙恬的弟弟蒙毅负责审理。蒙毅公正无私，依据法令，判处了赵高死刑，剥夺了他的官籍。赵高向秦始皇痛哭哀求，又让胡亥为他说情，秦始皇赦免了他，官复原职。从此，赵高对蒙毅、蒙恬等人怀恨在心，伺机报复。

　　公元前 210 年，秦始皇第五次出巡，李斯、赵高随行，胡亥也缠着要去，秦始皇答应了。秦始皇走到平原津时，得了重病，他感到大限将至，自然要考虑由谁继位。虽然胡亥就在身边，但秦始皇并没有考虑他，而是想到了远在北方的大儿子扶苏。

扶苏多年随军征战，经验丰富，年富力强，贤能仁义，有政治远见。他曾多次劝谏秦始皇，不要滥施酷刑，而要推行仁政、广布恩德。秦始皇不高兴，派他去北部边界，与蒙恬一起抗击匈奴。"扶苏"，是树木茂盛的意思。秦始皇为他起了这么一个名字，显然寄托着无限的期望；把三十万大军交给他，也是对他莫大的信任。扶苏贤德，又有大将蒙恬辅佐，并且符合嫡长子继承制度，当然是最佳人选。由他继位，秦始皇希望秦朝能像大树一样枝繁叶茂。

于是，秦始皇下了一道诏书，命扶苏把军队交给蒙恬，赶紧回来主持葬礼，实际上是让他回来登皇帝之位。诏书写好了，盖上御印封好，交给赵高，让赵高安排使者办理。秦始皇考虑得挺好，但万万没有想到，赵高小人坏了他的大事。

赵高接过诏书，知道内容关系重大，没有马上交给使者，而是扣留下来。秦始皇很快死去了，诏书和皇帝印玺，就都落在赵高手里。赵高打开诏书一看，心中十分不快。如果扶苏当了皇帝，必然重用蒙恬，蒙恬一家可是他的仇人啊。赵高转动着眼珠，心里暗暗酝酿着一场阴谋。他想伪造秦始皇诏书，除掉扶苏和蒙恬，让胡亥当皇帝。这样，既能报一箭之仇，又有拥立大功，必然会得到荣华富贵。

主意拿定，赵高急忙去见胡亥。胡亥已经二十一岁了，知道当皇帝尊贵至极，听了赵高计谋，心中又惊又喜。他假惺惺地说："废兄立弟，是不义；违背父命，是不孝；自己才能浅薄而登基，是无能。这三件事都是大逆不道，天下人会不服从的。"

赵高了解胡亥心思，安慰他说："现在，天下大权和所有人的生死，都在你、我和李斯手里掌握着，没有人敢不服从。这是一个天大的机会，千万不能错过。"胡亥有些担心，说："丞相李斯，是父皇的重臣，就怕他不同意。"赵高很有把握地说："李斯那人，患得患失，凡事都为自己打算，不难说服他。再说，我是奉了您的命令去和他谈，他怎么敢不听从呢？"胡亥起身，向赵高拜谢，说事成之后，一定同享富贵。

赵高去找李斯，故作神秘地说："有件大事，需要告诉您。始皇下诏，让扶苏回京，诏书未送，皇帝去世，没有人知道这件事。诏书在胡亥手里，胡亥让我与您商议。立谁为皇帝，就在于你我的一句话了。您看怎么办？"

李斯吃了一惊，瞪大了眼睛，说："你怎么能说出这种亡国的话来呢？这不是臣子应该议论的事情。你想干什么？"赵高悄悄说："我看，不如立胡亥当皇帝。胡亥慈悲仁爱，诚实厚道，心里聪明不善言辞，竭尽礼节尊重贤士。在始皇儿子中，没有一个能赶得上他。"

李斯听了，大惊失色，怒斥赵高："你这是大逆不道！"赵高抬高声音，理直气壮地说："胡亥是始皇的亲生儿子，立了他，怎么就大逆不道了？难道你想立扶苏吗？别忘了，扶苏对你搞的那套政策，早就不满意了。他若上台，能有你的好？再说，扶苏登位，必定重用蒙恬，你的丞相位置也保不住了。你自己好好想想吧。"

赵高的这番话，戳到了李斯的软肋。李斯心里明白，扶苏当皇帝，对他是没有好处的。李斯愣了半天，流下泪来，说："我李斯本是一介百姓，承蒙皇帝提拔，得到今天的高位，我怎么能辜负他呢？罢了，我不管你们的事，也不当丞相了，再去当个平民百姓吧。"

赵高冷笑一声，说："就怕你平民百姓也当不成。我进宫二十多年，见过不少丞相，还没有看见过哪个丞相被免职以后，还能够善终的，不被灭三族，就算好的了。你不为自己考虑，难道也不为子孙着想吗？"李斯默不作声。

赵高狡黠一笑，进一步说："始皇并没有指定谁为继承人，只要是他的儿子，谁当皇帝都一样。始皇最喜欢的是胡亥，这次出巡，只带了他一个，其他儿子都没带。依我看来，让胡亥继位，也是始皇的心愿。您怎么辜负他了？再说，现在诏书和皇帝印玺都由胡亥掌握着，他当皇帝，已经是板上钉钉的事了。您若不从，胡亥会饶了您吗？我这是为您着想啊。"李斯听罢，泪流满面，仰天长叹："老天啊，为什么让我生在这乱世之中。"赵高软硬兼施、连哄带骗，终于把李斯说服了。

就这样，赵高和胡亥、李斯合成一伙，共同密谋。赵高认为，要想让胡亥顺利登基，就必须先除掉扶苏和蒙恬。于是，他们伪造了一份诏书，派使者送给扶苏、蒙恬。诏书历数了他们的"罪状"，说他们"不忠不孝"，命令他们自杀。扶苏接到诏书，不知是假，百口莫辩，悲痛欲绝。那个时候，人们奉行的道德规范，是"君叫臣死，臣不死，乃不忠也；父叫子死，子不死，乃不孝也"。秦始皇既是君，又是父。扶苏如果不死，就真成了"不忠不孝"了。于是，扶苏大哭一场，面南跪拜，与父皇诀别，然后含冤自尽。

　　赵高这边，严密封锁秦始皇去世的消息。一日三餐，照常献食；官员奏事，照样受理。当时正值暑天，尸体腐烂，臭气难闻。赵高让人把车上装上腌鱼，使人分不清尸臭和鱼臭。直到得知扶苏自杀消息，车到咸阳以后，才告知天下，说皇帝驾崩。胡亥根据伪造的诏书，登基做了皇帝，称为"二世"。之后，赵高又设计杀害了蒙恬、蒙毅等人，报了当年之仇。

　　赵高伪造诏书，逼死贤明的扶苏，拥立昏聩的胡亥，使秦朝走上覆灭之路。至于赵高为什么要处心积虑地这么做，史学界也有一些不同的看法。唐代司马贞和清代赵翼说，赵高本为赵国公子，因痛恨秦灭赵国和长平屠杀，不惜残体入宫，志在复仇。甚至有人作诗赞美赵高："可怜百万死秦孤，只有赵高能雪耻。赵高生于赵王家，泪洒长平作血花。"

　　依笔者看来，即便赵高志在复仇，其做法也是小人所为。假如没有赵高伪造诏书，扶苏登位，历史可能会是另一个样子。扶苏素有贤名，陈胜、吴广起义时，就打着他的旗号，可见很得人心。他如果当了皇帝，有可能会改变暴政政策，秦朝就不会崩溃，起码不至于"二世而亡"。可怜！秦国多代人的浴血奋斗，竟一旦毁于小人之手。

　　可见，小人不能够成就大事，但可以毁坏大事。小人最可恨，小人必须提防！

# 胡亥昏聩加速秦朝崩溃

　　胡亥，是秦始皇的少子，登基后被称为"二世"。他昏聩无能、暴虐无道、骄奢无德。胡亥是赵高一手扶立的，自然对赵高言听计从。赵高连续出阴谋诡计，搞得民怨沸腾、人心涣散，很快，秦朝大厦就开始崩塌了。

　　《史记》记载，胡亥登基后，任命赵高担任郎中令。李斯虽然仍为丞相，但朝廷大权都落在赵高手里。胡亥是个花花公子，只知享乐，胸无大志，对治国之道一窍不通，凡事都听赵高的。赵高心术不正，阴险毒辣，把胡亥玩弄于股掌之间。

　　赵高出的第一个阴谋，是让胡亥杀害皇子和大臣。胡亥当了皇帝，心中高兴，对赵高说："我已经有了天下，可以享受一切了吧?"赵高阴沉着脸说："陛下切不可掉以轻心，对于沙丘的密谋，皇子和大臣都有怀疑，心中不服。皇子们是您的兄长，大臣们是先帝安置的，都很有势力，您的统治并不牢固。所以，我每天都提心吊胆，害怕有祸事发生。"

　　胡亥吓了一跳，急忙问道："那怎么办呢?"赵高咬着牙说："只有把皇子都干掉，把先帝旧臣全部铲除，重新任命您信任的人，才能杜绝祸害。到那时，您才能高枕无忧、尽情享乐。"于是，胡亥下令，大开杀戒，一次就杀害十位皇子，甚至十二位公主也被处死。同时诛杀大臣，连一些郡县的地方官也没有放过。还对皇宫进行大清洗，中郎、外郎、散郎统统获罪。新提拔的人，自然都是赵高亲信。秦王朝人人自危，陷于腥风血雨的恐怖之中。

　　赵高出的第二个阴谋，是让胡亥深居皇宫不露面。胡亥由于没有治国经验，朝堂议事不会决断。赵高说："先帝统治时间长，大臣们不敢乱说。而您刚即位，又年轻，大臣们在朝堂上胡说一通，您很为难。如果决断错了，就会丧失威信。所以，您不能当面与大臣们在朝堂议事。皇帝为什么自称朕呢？朕，是征兆的意思，就是让人只闻其声不见其面，那才显得尊贵。"赵高的话，说到了胡亥心坎里。从此，胡亥深居皇宫，不再上朝，只与赵高一人商议事情。大臣们很难见到皇帝，只能任凭赵高发号施令，为所欲为。

赵高出的第三个阴谋，是让胡亥进一步加重严刑峻法。从商鞅变法到秦始皇，秦朝法律一直都很严苛。赵高却还嫌不够，他重新修订法律，加重刑罚。老百姓稍有不慎，就会违法，受到严厉制裁。轻者割鼻刺字，或被流放；重者斩首，或凌迟处死。当时，路上行走的人，竟有一半是犯人；在集市上处决的犯人，尸体堆积如山。如此残暴，民若不反，那才怪呢！

赵高出的第四个阴谋，是让胡亥大兴土木。秦始皇在世时，开始修建阿房宫和骊山陵墓，没有建成，秦始皇就死了。于是，胡亥把修建阿房宫的劳工，全部调到骊山陵墓，突击把它修好，安葬了秦始皇。这时，李斯等人建议，暂停修建阿房宫，减少徭役。赵高却说："现在停建阿房宫，不是表明先帝办事有误吗？如果不把阿房宫建好，怎么向先帝交代？"于是，胡亥下令，增加劳工和财力，继续修建阿房宫，并且把它建得更大更好。还饲养了许多犬马禽兽，供宫廷玩赏，耗费了无数粮食。粮食不够用，就从各郡县征调。运粮人员自带干粮，不准吃这些粮食，否则予以严惩。

赵高出的这些阴谋，应该是居心不良、居心叵测。但胡亥已是二十多岁的成年人了，怎么那么容易任人摆布呢？究其原因，是因为赵高说的话，正对胡亥的心思，这也表明了胡亥的昏聩和暴虐。

赵高玩弄胡亥，还有一个著名故事，就是"指鹿为马"。赵高设计杀了李斯，当上丞相，想要谋反，他怕群臣不服，就想了一个办法，来试探大家的态度。一天，赵高把胡亥请到朝堂上，让人牵来一只鹿，说是一匹马，要献给皇帝。胡亥一见，笑了，说："丞相弄错了，这明明是鹿，怎么说是马呢？"赵高很认真地说："陛下看错了，这就是马。"然后，转身面向群臣，说："让各位大臣说说，究竟是马，还是鹿？"大臣们多数都迎合说是马，只有少数大臣沉默或者说是鹿。结果，沉默或说鹿的人，后来都被赵高害死了。

胡亥见众人都说是马，大惊，怀疑自己脑子出了问题，就把太卜召来，让他算上一卦。赵高已经吩咐好太卜，太卜就说，是因为胡亥祭祀神灵不虔诚，才出现这种异常情况。于是，胡亥斋戒沐浴，日夜焚香，寻求鬼神保佑。胡亥确实昏庸。

赵高、胡亥的倒行逆施，终于逼反了百姓。陈胜、吴广在大泽乡揭竿而起，振臂一呼，八方响应，势如烈火，焚烧秦朝大地。负责传报消息的谒者，慌慌张张跑去禀报胡亥。赵高说："这都是些盗贼，成不了气候，用不着大惊小怪。"胡亥发怒，惩治了谒者。第二个谒者又到了，他吸取了教训，对胡亥说："那不过是些盗贼，已经全部抓获了，皇上不用担心。"胡亥高兴，赏赐了谒者。

后来，起义声势越来越大，刘邦西征已逼近咸阳。赵高便与刘邦秘密接触，要设计杀掉胡亥。赵高派咸阳县令阎乐，带领一千多名士兵攻打皇宫。阎乐领兵冲进宫去，消灭了宫中卫士，把刀架在胡亥脖子上。胡亥惊恐万分，颤抖着说："我可以见丞相吗？"阎乐说："不行！"胡亥乞求道："我不当皇帝了，让我做个郡王行吗？"阎乐鼻子里冷哼两声。胡亥赶紧又说："那就当个侯，行吗？"阎乐仍不答应。胡亥跪下哀求："求您，让我当个普通百姓吧。"阎乐冷冰冰地说："别做梦了，今天你非死不可！"胡亥无奈，仰天长叹，自杀身亡。

赵高杀了胡亥，对众人说："秦国本来就是个诸侯，灭了六国以后才称帝。现在六国都有王了，秦国也不能再称帝了，还像过去那样称王，才合适。"于是，立了胡亥兄长的儿子子婴为秦王。

子婴对他的两个儿子说："赵高狼子野心，表面上立我为王，但迟早会被他所害，不如先下手为强。"父子三人商议好，趁机杀掉了赵高，灭其三族。此时，子婴已无力回天，他当王四十六天以后，秦朝覆灭。

可怜秦始皇，一世英雄，被称为"千古一帝"，却生出胡亥这样的窝囊儿子来，真是可悲可叹啊！

# 李斯自保坐视秦朝灭亡

李斯，是秦朝著名的政治家、改革家。他辅佐秦始皇，在平定天下、建立中央集权过程中建立奇功。然而，在秦始皇死后，他受赵高胁迫，为保相位，参与了沙丘阴谋。胡亥登基以后，他又明哲保身，曲意附和，坐视秦朝崩溃。但最终自保不成，死于赵高之手。

司马迁评价说："人们都认为李斯忠心耿耿，反受五刑之死。但我仔细考察事情的真相，和世俗的看法有所不同。"因而，专门写了《李斯列传》。

《李斯列传》记载，李斯年轻的时候，曾在郡里当小吏。他看到一个现象，厕所里的老鼠，吃的是脏东西，瘦小可怜，还经常受到惊扰；而粮仓中的老鼠，吃的是白大米，养得肥肥胖胖，并且十分安逸，无人打扰。同样是老鼠，差距竟如此之大。李斯便暗下决心，做人，一定不能像厕所里的老鼠，而应该像粮仓中的老鼠，那样，才不虚度此生。

李斯辞去小吏职位，拜荀子为师，学习帝王治国之术。李斯学成之后，去了秦国，先在吕不韦门下，后来辅佐秦始皇，为统一中原做出了重要贡献，官至丞相。李斯得到了荣华富贵，终于成了"粮仓中的老鼠"。这期间，李斯的同学韩非来到秦国，李斯忌妒韩非才能，设计害死了他。秦朝建立之后，李斯坚持"废除分封制，实行郡县制"的政治主张，协助秦始皇建立了中央集权制度，并制定法律，统一文字、货币、车轨、度量衡。这些，都影响中国历史几千年。因此，司马迁评价说，如果李斯不参与沙丘阴谋，他的功绩，要与周公、召公相提并论了。

在沙丘阴谋中，李斯身居相位，大权在握。如果他不同意，赵高的阴谋就很难得逞。他虽然不很情愿，但由于私心作祟，为了自己的高官厚禄，还是顺从了赵高，合谋害死扶苏，扶立胡亥上台。可见，李斯并非忠心为国，而是患得患失，凡事都为自己打算。赵高把他看得透透的。

胡亥登基之初，李斯也想尽心辅佐他。建议胡亥停建阿房宫，减少兵役徭役，防止激起民变，无奈胡亥不听。李斯还想奉劝胡亥，做个像尧、舜、禹那样的贤明帝王。没有想到，胡亥讲了一通歪道理，李斯听得目瞪口呆，半天说不出话来。

胡亥振振有词地说："我听说，尧当帝王，住的殿堂很小，穿麻布衣，吃糙米饭，连看门人的生活都不如。禹当帝王，还要亲自劳作，整天泡在泥水里，大腿上没有白肉，小腿上没有汗毛，最后累死在外，连个奴隶都不如。我想，当皇帝是无上尊贵的，之所以尊贵，是能够享受天下的一切。如果像尧那样，吃看门人的食物；像禹那样，干奴隶的活，那当皇帝有什么意思呢？又怎么能够显示尊贵呢？"

胡亥曾对赵高说："人生在世，十分短暂，就像骏马驰过缝隙一样。所以，必须抓紧时间享受。我既然当了皇帝，就想满足耳目方面的一切欲望，享受我能想到的一切乐趣，这难道不对吗？"

看看，这就是胡亥的世界观、人生观、价值观。什么国家大事，什么天下苍生，什么秦朝万世不衰，胡亥统统不管，只管自己享受。这哪里有半点秦始皇的遗传基因啊！李斯听了胡亥这套歪理邪说，哭笑不得，从此就不再奉劝胡亥当贤君了。

赵高虽然当了郎中令，但仍然不知足，想要当丞相。当丞相就要扳倒李斯，于是设计陷害他。每当胡亥拥抱美女、观舞听乐、玩兴正浓的时候，赵高就对李斯说，皇上有空，可以奏事。李斯中了圈套，连续三次搅了胡亥雅兴。胡亥发怒了，说："我平时空闲的时候，丞相都不来，偏偏人多的时候，就来奏事，这不是有意让我难堪吗？"李斯知道了，心中不安，唯恐胡亥降罪。李斯要想改变这种状况，就只有讨好胡亥，于是，李斯琢磨着胡亥的心思，顺着胡亥的想法，给胡亥上了一书。

李斯的上书洋洋洒洒，有几千字，大体上有这么几个意思。一是皇帝要确定君臣的职分，明确上下关系，让群臣都为君主效命。这样，君主就可以达到极致的享乐了。二是君主不能把天下当成自己的"镣铐"，不能做百姓的奴仆，而是要做统治天下的尊贵帝王，可以恣情纵欲，想干什么就干什么。三是要进一步实行严刑峻法，说"慈爱的母亲会养出败家的儿子，而严厉的主人家中没有强悍的奴仆"。只有严明法律，严厉惩罚，人人不敢违背，君主才能统治天下。天下安定了，君主才能尽情享乐。四是对下要实行严厉的督责，使臣子不敢有离异之心，君主的尊严就能至高无上。只要严格执行督责，君主的欲望就能得到满足，就能够享受得更多。

李斯的上书，完全是为了讨胡亥欢心，顺着胡亥的心思说，对胡亥阿谀奉承，以达到自保的目的。李斯的上书，其后果是纵容胡亥继续犯错，使秦朝局面一发不可收拾。《史记》记载了李斯上书的全文，使李斯明哲保身、阿谀苟合、坐视秦朝崩溃的心态和行为暴露无遗。

李斯为了自保，不惜丧失立场原则和做人气节，一概迎合胡亥，但收效并不明显。赵高为了能当丞相，必然要陷害李斯，他对胡亥说："李斯知道沙丘的密谋，现在您当了皇帝，李斯的职务地位却没有提高，心中必定不满。他如果对您有二心，那是很危险的。"胡亥认为赵高说得对，于是处处提防和猜忌李斯。

李斯知道这是赵高捣的鬼，为保住相位，决定铤而走险。他找到胡亥，揭发赵高，说赵高有邪辟过分的心态，有险诈叛逆的行为，像从前齐国的田常一样，迟早会发生叛乱。胡亥昏庸，不仅不信，反而把李斯的话告诉了赵高。赵高阴险地说："这就对了，李斯要作乱，最忌惮的是我。我死之后，他就可以干田常那样的事了。我听说，李斯的儿子李由，暗中与造反的盗贼勾结，足以证明李斯有反心。"胡亥深以为然，很信任地对赵高说："那就由你查办这个案子吧。"

赵高得到了胡亥授权，肆无忌惮，开始对李斯下毒手了。他下令逮捕李斯，套上沉重的刑具，关在阴森的监狱里。李斯见自保的一切努力都化为泡影，仰天长叹道："可悲啊！无道的昏君，怎么能为他出谋划策呢？过去关龙逄、比干、伍子胥三人尽忠而死，我比不上这三个人。胡亥杀害忠良，重用卑贱小人，又对百姓横征暴敛。不是我不劝谏，而是他不听我的呀。现在造反的人，已占天下的一半，秦朝很快就要灭亡了。"

李斯对胡亥还心存幻想，抱着一线希望，上书胡亥，历数自己的功劳，表明自己的冤屈，赞颂胡亥的恩德，乞求能得到宽恕。然而，赵高一手遮天，李斯的上书，怎么能到胡亥手里呢？即便到了胡亥手里，估计也不会起什么作用。

赵高对李斯怀恨在心，特别是如果李斯不能获罪，他就当不上丞相，所以，必欲置李斯于死地。赵高对李斯严刑拷打，打了一千多下，打得李斯体无完肤，哭天喊地，求生不得，求死不能。李斯经不起酷刑折磨，只得冤屈地招供了，承认自己和儿子李由谋反。

赵高为了坐实李斯罪状，使出狠毒的一招，他派自己的门客，假扮成御史，复审李斯。李斯认为真是御史，便改口翻供，诉说冤情，这正中了赵高圈套。赵高命人再继续严刑拷打，一直打得李斯再也不敢翻供了。

后来，胡亥派真正的御史来复审，验证李斯口供，李斯认为仍是赵高派来的，始终没敢再改口。胡亥确认李斯有罪，十分感激赵高，说："没有赵君，我几乎被李斯出卖了。"胡亥下令，判处李斯五刑，在咸阳集市腰斩示众，并夷其三族。最可怜的是李斯的儿子李由，当时正率兵与项羽、刘邦作战。李斯受审时，李由已经战死沙场、为国捐躯了，死后却落了个叛逆的罪名。

李斯贪恋高官厚禄，不以国家为重，一心自保，坐视秦朝灭亡。然而，自保不成，反而落了一个惨死街头、夷灭三族的下场，真是可悲可叹！

# 陈胜起义点燃灭秦烈火

陈胜，字涉，出身雇农，生活在社会最底层。然而，他首举义旗，反抗暴秦，振臂一呼，八方响应。由他点燃的星星之火，很快形成燎原之势。陈胜起义，是中国历史上第一次大规模的农民起义，陈胜是中国农民起义第一人。

《陈涉世家》记载，陈胜是阳城人，阳城属于原来的楚国。陈胜家里很穷，用破瓮当窗户，用草绳拴门轴，靠当佣工维持生计，经常挨饿受冻。但陈胜胸有大志，不甘心过这种贫困的生活。有一次，他和其他佣工一起给人家耕田，活很累，很辛苦。陈胜十分感慨恼恨，就对大家说："如果以后富贵了，我们互相不要忘记。"伙伴们都笑起来，说："你只是一个雇工，供人役使，怎么能富贵呢？"陈胜叹口气，说："燕雀怎么会知道鸿鹄的志向呢！"

尽管陈胜他们食不果腹、衣不蔽体，却还要承担繁重的徭役。有一次，朝廷征调了九百多人，由几个县尉押送，去防守渔阳，陈胜、吴广都在其中。这伙人走到大泽乡的时候，天下大雨，道路不通，不能按时到达。按照秦朝法律，只要延误了期限，不管什么理由，一律斩首处死。大伙心里惶恐不安，许多人想要逃走。

陈胜找吴广商量，说："已经误了日期，必定会被杀头；逃跑被抓回来，也是一个死。横竖都是死，不如反了吧，兴许能闯出一条活路来。即便死了，也死得轰轰烈烈。"吴广很赞同。

陈胜又说："天下受暴秦之苦，已经很久了。如果举行起义，肯定会有许多人响应。我听说，现在的皇帝，是秦始皇的小儿子，本不应该继位。他害死了大公子扶苏，自己当了皇帝。扶苏贤德，深得人心，老百姓都同情他。还有，楚国的大将项燕，威望也很高。如果我们冒用扶苏和项燕的名义，向天下发出号召，影响肯定是会很大的。"吴广说，这个办法好。他俩又对起义的细节，做了一番商议。

陈胜、吴广知道，他们人微言轻，不足以服众，就想利用鬼神树立威望。有个戍卒，从市场上买回来一条鱼，打算煮着吃，却在鱼的肚子里发现一块白绸子，上面写着"陈胜王"三个字，这当然是陈胜安排的。大伙儿都很惊讶，互相传播，陈胜的名字，很快就传开了。到了晚上，吴广藏到一座草木丛生的古庙里，点燃一堆篝火，模仿狐狸的声音，叫道："大楚兴，陈胜王。"这样，九百多人都被震惊了，以为是神仙显灵，纷纷议论，说陈胜不是凡人。

陈胜、吴广见时机成熟，便开始行动。吴广一向关心别人，与大伙关系很好。吴广故意向县尉找碴儿，诱他侮辱自己，借以激怒众人。那县尉果然鞭打吴广，众人都很气愤。吴广反抗，县尉又拔出佩剑，要杀吴广。吴广奋起，夺过剑来，刺死县尉。另外两个县尉举刀赶来。陈胜大喊："县尉杀人了！和他们拼了！"陈胜带领众人一拥而上，杀死了另外两个县尉。

此时，群情激愤，人心沸腾。陈胜登上高处，大声说道："大家都知道，天下大雨，误了期限，要被杀头。但是，这绝不是我们的过错。朝廷无道，逼得我们没有活路，不得不反。大丈夫不死便罢，要死，就要名扬后世。我们要横下一条心，干一番大事业。王侯将相难道天生就是好命、贵种吗？"吴广也高声喊道："现在，只有起义这一条路了。我们跟着陈胜，去打天下吧。"大伙异口同声地说："我们听候差遣。"

陈胜他们筑起高台，对天宣誓，以扶苏、项燕的名义号召天下。起义军袒露右臂为标志，砍下木棍做武器，高举竹竿为旗帜，一窝蜂地攻占了大泽乡，接着，又打下县城。大批没有活路的穷人，纷纷加入起义军，陈胜的队伍越聚越多。这些穷苦百姓组成的队伍，打仗不懂兵法，只知道光着膀子往前冲。遇到这么一群不要命的人，官兵自然抵挡不住，只得望风而逃。在很短的时间内，起义军连续攻克了铚、酂、苦、柘、谯五座县城。队伍也迅速扩大，形成了一支拥有战车六七百辆、骑兵一千多人、步兵数万人的庞大队伍。

陈胜率领起义军，一路攻打，来到了陈县城下。陈县可不是一般的县城，它曾经是楚国的国都，秦朝把它定为郡，可见地位之重要。郡丞领兵出城迎战，结果兵败身死。起义军士气高涨，一鼓作气攻占了陈县。陈胜召集地方三老和名士议事。众人都说："将军披坚执锐，伐无道，诛暴秦，复立楚国之社稷。论功劳，应该称王。"于是，拥立陈胜为王，国号张楚。张楚，就是张大楚国的意思。

陈胜起义的消息传开，天下震动。人们受到鼓舞，被秦朝压制多年的怨恨，像火山一样爆发出来。各地民众纷纷杀掉郡守、县令，奋起造反，旗号都是讨伐暴秦，人数多得数不清。一些六国贵族的残余势力，也趁机收罗旧部，起兵反秦。其中，项梁、项羽在会稽造反，刘邦在沛县起义。后来，他们逐渐发展成为两支重要的反秦力量。而此时，皇帝胡亥，却以为各地起义的都是盗贼，成不了气候，仍然深居皇宫，只顾自己享乐。

陈胜立国称王以后，声势大振，各地名士纷纷前来投靠，一些六国贵族也来投机。面对这快速取得的胜利果实，陈胜有些飘飘然了。他急于灭掉秦朝、统一天下，在内部尚不稳固的情况下，下令四面出击。陈胜把主攻方向，放在秦都咸阳所在的西方，派出两支队伍西征。一支由吴广率领起义军主力，西击荥阳，取道函谷关，然后进攻咸阳；另一支由周文率领，绕过荥阳，攻占函谷关，直捣咸阳。

与此同时，陈胜还派出多名将领，分别攻打各地。向北，渡过黄河，进攻原赵国地区和魏国旧地；向南，攻取九江郡和广陵；向东，攻打淮南地区和长江下游。一时间，反秦烈火燃遍大江南北，农民革命达到高潮。

然而，盛极而衰。西征的吴广，率军到达荥阳。荥阳是通向关中的重要通道，自古以来就是兵家必争之地，而且囤积了大批粮食。所以，朝廷设置重兵把守。吴广久攻不下，西征受阻。时间一长，内部发生分歧。有个起义军将领假借陈胜之名，杀害了吴广，导致部队溃散。

周文这一支，起初十分顺利，一路斩关夺隘，势如破竹，百姓纷纷响应，队伍很快扩大到几十万人。周文率领大军，一直打到离秦都不到百里的地方，兵指咸阳，威震朝廷。直到这时，胡亥才知道实情，犹如晴天霹雳，大惊失色，急忙派章邯率军迎敌。章邯是秦朝名将，周文不是对手。起义军都是百姓组成，没有经过训练，虽然顽强作战，但最终兵败溃散，周文自杀，西征宣告失败。

陈胜派出南征北伐的那几路将领，多是六国贵族，各怀异心，打下一个地方以后，就自立为王，不听陈胜节制了。此时，陈胜又犯了一个大错。从前的伙伴，听说他当了王，特意从老家赶来投奔，但因为自恃老友，说话随便，竟被陈胜杀了。陈胜当年说的"苟富贵，勿相忘"，早就被抛到九霄云外去了。陈胜的其他朋友，见此情景，纷纷离去，从此再没有亲近陈胜的人了。

秦朝大将章邯，果然厉害。他消灭周文以后，又连续剿灭几支起义军，然后，率军东进，攻打陈县。陈胜亲自领兵，与章邯激战，但也不是对手。陈县被攻克，陈胜被迫退到下城父。他的车夫庄贾，见形势不妙，起了歹心，趁其不备，杀害陈胜，投靠了秦军。可叹陈胜，竟死于小人之手，小人确实可恨！后来，陈胜的部将组织了敢死队，收复陈县，诛杀庄贾，为陈胜报了仇。

陈胜从起义，到称王，再到兵败被杀，前后不过半年时间。时间虽短，却在中国历史上留下了光辉的一页。由陈胜点燃的反秦烈火，越烧越旺，终于焚毁了秦朝。

刘邦得到天下以后，追悼陈胜，安排了三十户丁役，守护陈胜墓地，按时杀牲祭祀。

# 项羽破釜沉舟灭秦主力

    项羽，是在陈胜起义洪流中涌现出来的一位英雄人物。他是楚国大将项燕的孙子，项燕被秦国所杀，项羽满怀国恨家仇，跟随叔父项梁起兵反秦。陈胜、项梁牺牲之后，项羽成为起义军的核心人物之一。他英勇善战，威名显赫，在歼灭秦军主力、推翻秦王朝过程中建立功勋。

    司马迁对此充分肯定，按《史记》体例，"本纪"是帝王的传记，项羽没有当过帝王，但司马迁仍为他写了《项羽本纪》。

    《项羽本纪》记载，项羽，名叫项籍，字羽。项氏世代做楚国的将军，声名显赫，因被封在项地，所以姓项。项羽从小就有大志，他不爱读书，也不爱学习剑术。叔父项梁很生气，项羽却说："读书，能记住姓名就行了；剑术，只能敌一人，都不值得学，我要学能敌万人的本事。"于是，项梁就教他兵法。

    项羽长大以后，身高八尺有余，力能举鼎，才气过人，当地人都怕他。有一次，秦始皇到会稽郡巡视，人们都去观看，见秦始皇威严，项羽却说："我可以取代他。"项梁急忙捂住他的嘴，压低声音说："不要胡说，会被满门抄斩的。"项梁嘴上斥责项羽，心里却很高兴，认为项羽有英雄气概。

    陈胜起义的消息传开，项梁项羽决定响应。他们二人进入会稽郡府，项羽挥剑杀死郡守。项梁手提郡守人头，身上挂着郡守官印，喝令众人归服。郡守的部下见他们人少，想要反抗。项羽奋起神威，一连斩杀了一百多人，郡府上下都吓得趴倒在地，没有一个敢起来的。于是，项梁召集郡中豪杰，举行起义，又占领郡下各县，接收兵丁，招兵买马，很快聚集了八千多人。

陈胜的属下召平，代替陈王巡视各地。召平以陈王的名义，封项梁为上柱国，并令他领兵西进攻秦。项梁接受任命，带领八千多人，渡过长江，向西进军。

此时，天下大乱，各地起义局势风起云涌。项氏出身名门，名气很大，陈胜起义就打着扶苏、项燕的旗号，所以，项梁所到之处，各路人马纷纷归附。项梁到达薛县时，队伍已迅速扩大到六七万人。

就在这时，陈胜兵败被杀的消息传来。项梁大惊，急忙派人打探情况，得知消息确凿之后，项梁召集各路起义军首领，来薛县聚会，共议大事。在沛县起义的刘邦，此时已归附项梁，也前来参加聚会。

会议商定，为了扩大影响，要立楚国国君的后代为王。因为楚怀王是被秦国羁押害死的，老百姓都同情他，所以，找到楚怀王的孙子熊心，立他为王，仍然称为楚怀王。熊心当时已沦为牧羊人，被项梁找来，扶上王位。楚怀王封项梁为武信君，统领军队。后来，齐、赵、魏、韩、燕等原诸侯国，也都先后立了王。

项梁把楚怀王安置在盱台（今江苏盱眙），自己率兵继续西进，两次打败了秦军，项梁开始骄傲起来。宋义知道章邯部队尚未到达，便劝谏项梁要小心谨慎，项梁却不以为然。宋义叹息说："看来，武信君必定要失败了。"果然，章邯大军一到，就在定陶大败楚军，项梁也战死了。

楚怀王听说宋义能预知项梁失败，就召他前来，商议军机。楚怀王与宋义交谈之后，很欣赏他，任命他为上将军，同时任命项羽为次将。项羽父亲死得早，从小由项梁养大，如今见叔父战死，心中悲痛，决心与秦国势不两立。

章邯打败楚军之后，认为楚地已不足为虑，转而北渡黄河，进攻赵地。赵军组建不久，缺乏训练，抵挡不住，纷纷溃逃。赵王、国相等人，都逃进了巨鹿城。章邯下令，把巨鹿城团团围住。

章邯率领的几十万大军，是秦军主力，其中有扶苏、蒙恬曾经统领过的边防军，此时由王离统率。王离是名将王翦的孙子，也很有名。巨鹿城被围得水泄不通，危在旦夕。赵王只得向各诸侯求救。各诸侯派出一些军队前来救援，但畏惧秦军，特别忌惮章邯、王离威名，便各自筑起营垒，不敢靠近秦军，更不敢出战。

楚怀王接到赵王求援书信，就派宋义、项羽领兵前去救援。其他各路将领，都归宋义节制。宋义率军走到安阳，就停留下来，不再前进了。宋义的打算是先让秦、赵互斗消耗，等待秦军疲惫，再乘机进攻。项羽为报叔父之仇，求战心切，催促宋义进兵。

宋义说："若论披坚执锐，勇战前线，我比不上您；若论坐于军帐，运筹决策，您比不上我。"宋义不听项羽之言，并且下了一道军令，说："凡是倔强不听指挥的，一律斩首。"

项羽知道，宋义的军令是针对他的，十分气恼。大军在安阳，一住就是四十六天。当时天气寒冷，常下大雨，军粮不济，士兵又冷又饿。秦军猛攻巨鹿，赵国眼看就要灭亡。项羽再也忍不住了，对将士们说："秦军如果攻占了赵国，只能会更强大，怎么能疲惫呢？我军如果不与秦军决战，停留在这里，一定会被拖垮的。宋义这样做，是置国家安危于不顾。"

于是，项羽闯进军帐，一刀砍下宋义的脑袋。项羽提着宋义的人头，对大家说："宋义想谋反，楚王密令，让我处死他。"将领们畏服项羽，都说："扶立楚王的，本来就是项将军家，如今将军诛灭叛臣，又立大功，我们都听您的。"大家一致推举项羽为代理上将军。项羽把这事奏报楚怀王，楚怀王知道项羽凶猛，没有办法，只好让他当了上将军，统领楚国军队。

项羽当了上将军，大权在握，立即下令全军开拔，很快抵达赵国前线。当时，秦军人多，楚军人少，敌众我寡。但项羽毫不畏惧，率领全军渡过漳河。渡河之后，项羽下了一道绝令，命令把所有船只沉入河底，把锅碗统统砸碎，把军营全部烧毁，表示有去无回之决心。

士兵一看，心里都明白了，已经没有了退路，只能向前拼命了。楚秦两军在巨鹿城下，展开了殊死决战。狭路相逢勇者胜，楚国将士人人抱着必死的决心，个个如猛虎下山，不避刀枪，奋勇拼杀。

项羽一马当先，喝声如雷，大刀闪过，人头滚滚。一时间，沙场之上，烟尘飞扬，杀声震天，地动山摇，血流成河。秦军士兵没有见过这么不要命的，个个肝胆俱裂，争相逃命。结果，秦军大败，大将苏角被杀，将军涉间自刎，王离做了俘虏，章邯带领残兵败将逃跑了。

各诸侯部队亲眼看到这场大拼杀，目睹了项羽天神般的威猛，人人战栗胆寒。战斗结束以后，诸侯拜见项羽，一个个低着头，跪着用膝盖往前走，没有一人，敢抬头仰视项羽。从此以后，项羽威名传遍天下，各路诸侯纷纷归附。

章邯吃了败仗，但手下将士仍有二十多万人，驻扎在棘原。皇帝胡亥得知败绩，非常不满意，派人前来问责怪罪。章邯恐慌，连忙让长史司马欣回朝汇报情况。

司马欣到咸阳以后，被滞留宫外三天，胡亥、赵高拒不接见。司马欣情知不妙，赶紧奔回棘原，没敢走原路，赵高果然派兵追杀。当时，章邯是秦朝唯一的救命稻草，赵高竟如此对待，似乎真的存心要让秦朝灭亡。

司马欣回到军中，哭泣着对章邯说："皇帝昏庸，赵高专权。不管我们怎样流血拼命，也不管是打胜仗还是打败仗，看来，都难逃一死。请将军考虑后路吧。"章邯也流泪不止，连声叹息。最后，无奈投降了项羽。

秦军投降之后，诸侯部队因对秦军怨恨，随意侮辱、虐待他们。秦军官兵心生悔意，口出怨言。项羽闻之，担心他们作乱，于是下令，趁着夜晚，把二十万秦军全部击杀坑埋，只留下章邯、司马欣等人。如此惨状，仅次于长平之战。至此，秦军主力被消灭殆尽。

项羽歼灭了秦军主力，对推翻秦朝起了关键性作用，也为刘邦攻占咸阳创造了有利条件。刘邦趁着项羽与秦军主力作战的机会，率兵西征，直捣咸阳，灭掉了秦朝。

# 刘邦避实就虚攻占咸阳

刘邦，也是在陈胜起义中涌现出来的一位英雄人物。他不像项羽那样出身显赫，而是出身平民；也不如项羽勇猛善战，但他足智多谋，善于随机应变。在项羽与秦军主力决战之时，刘邦率军西征，一路上易攻则攻，难攻则绕，直捣咸阳，灭了秦朝。然后，又与项羽争夺天下，最终获胜，建立汉朝，被称为"汉高祖"。司马迁专门写了《高祖本纪》。

《高祖本纪》记载，刘邦，字季，沛县人。刘邦是美男子，宽额头，高鼻梁，有龙的容貌，一把漂亮的胡须。他仁厚爱人，喜欢施舍，心胸豁达，不拘礼节，同时爱喝酒，好女色。他经常到酒馆赊酒喝，喝醉了倒地就睡。刘邦出身农家，却不爱干农活，整日里游手好闲。父亲经常训斥他，说他创家立业，赶不上他哥哥刘仲。刘邦称帝以后，还记得这事，取笑父亲说："您看，我和刘仲相比，谁创的家业大呀？"

刘邦立志要干大事，成年以后，试着去做官，当了泗水亭的亭长。官虽不大，但能结交官吏。因此，刘邦和县里的官吏混得很熟，与萧何、曹参、夏侯婴等人都是好朋友。刘邦和项羽一样，也见过一次秦始皇。刘邦见秦始皇前呼后拥，威风凛凛，长叹一声，说："作为大丈夫，就应当是这个样子。"

刘邦当亭长时，有一次，押着徒役去骊山。服劳役十分辛苦，许多人在半路上就逃走了。刘邦估计，等到了骊山，人差不多就跑光了，无法交差。刘邦索性停了下来，召集大伙一块儿喝酒，喝到高兴时，刘邦豪放地说："去骊山劳役，九死一生，我不忍心看你们受苦，都逃命去吧。"

徒役十分感激，有十多人觉得刘邦仗义，自愿跟随他。刘邦带领他们，趁夜逃走了。路上，遇到一条大白蛇，被刘邦挥剑斩为两段，于是，便有了刘邦"斩白蛇起义"的故事。刘邦带领众人，躲到芒山、砀山一带的深山湖泽中。许多年轻人愿意依附刘邦，追随者逐渐达到上百人。看来，刘邦是落草为寇了。

陈胜起义，天下震动。刘邦等人十分高兴，摩拳擦掌，准备响应。恰在这时，刘邦的连襟樊哙找来了。原来，陈胜起义以后，许多郡县的百姓纷纷造反，杀掉了郡守、县令。沛县县令十分惊恐，想带领沛县民众响应陈胜，以求自保。

主吏萧何说："您是秦朝官吏，想要起义，恐难以服众。您可以召回在外逃亡之人，用他们来胁迫众人，众人就不敢不听命令了。"

萧何是想让刘邦回来。于是，县令就派樊哙去找刘邦。樊哙走后，县令忽然后悔了，害怕刘邦来了会发生变故，就关闭城门，拒绝刘邦进城，还想杀掉萧何、曹参。萧何、曹参跑出城去，加入了刘邦的队伍。

刘邦率众来到沛县城下，写了一封信，用箭射入城中，号召城中百姓起义。城中百姓见刘邦来了，好像有了主心骨，聚众起事，杀了县令，打开城门，迎接刘邦，拥立他做了沛公。刘邦祭祀了黄帝和蚩尤，竖起红色的旗帜，招募士兵两三千人，宣布起义反秦。

刘邦起义以后，以沛县为根据地，向外扩展，先后攻打胡陵、方与、丰邑、砀县等地，队伍也扩大到上万人。这时，项梁大军打到薛县。刘邦久闻项氏大名，决定前去投奔。刘邦带着一百多名随从骑兵，赶到薛县，拜见项梁，要求归附。项梁十分高兴，拨给刘邦士兵五千人，将领十人，刘邦势力更加壮大了。

后来，刘邦参加薛县聚会，积极拥护项梁提议，立熊心为楚怀王。楚怀王任命刘邦为砀郡太守，封他为武安侯。同时，封项羽为长安侯，与刘邦同等级别。

此后，刘邦多次与项羽并肩作战，他俩，一个勇猛，一个多谋，相得益彰，配合很好，并结下友谊，相约为兄弟。他俩率军攻占了城阳，在濮阳以东大败秦军，然后向西夺取土地，再次打败秦军，杀了李斯的儿子李由。正当他们接连取胜，即将攻下陈留的时候，忽然闻知项梁兵败被杀，急忙率军东返，意欲为项梁报仇。不料，章邯打败项梁之后，迅速挥师北上，进攻赵国去了。

楚怀王听说项梁战死，大吃一惊，急忙把都城由盱台迁到彭城，安抚人心，又把各路兵马合在一起，自己亲自统领。军心安定之后，楚怀王决定，兵分两路出击。一路由宋义、项羽率领，北进援赵，然后西征，攻取咸阳；另一路由刘邦率领，挥师西进，直捣咸阳。楚怀王还约定，谁先攻入函谷关，平定关中，就让谁在关中做王。

当时，西部秦军仍然很多，而且路途遥远，地势险要，易守难攻，没有人愿意去西征，只有项羽灭秦心切，又愿意与刘邦并肩作战，便向楚怀王请求，让他随刘邦一块儿西征。

楚怀王征求手下将领的意见，一些老将领都说："项羽虽然作战勇敢，但很残暴。他打下襄城之后，把全城的人都活埋了，没有留下一个。凡是他经过的地方，没有不被毁灭的。秦地的百姓，受暴君奴役已经很久了，只有让忠厚之人领兵，实行仁义，不欺压百姓，才能使秦地归服。"楚怀王觉得有道理，没有答应项羽的请求。项羽很不高兴，怀恨在心，后来杀了楚怀王。

刘邦奉命率军西征，沿途收集陈胜、项梁的散兵，壮大队伍。在昌邑一带，遇见在当地起义的彭越，彭越愿意帮助刘邦，便合兵一处，攻打昌邑。这个昌邑，在山东菏泽一带，不是现在潍坊的昌邑市。昌邑城坚难攻，刘邦不愿意耗费兵力和时间，就绕了过去。刘邦用突袭的办法，一举攻占了陈留，获得了大批秦军储存的粮食，使自己的军粮得到保障。刘邦继续西进，到了开封。开封城秦军人多，就又绕了过去，直抵洛阳。在洛阳东边与秦军打了一仗，没有取胜。刘邦认为，从洛阳往西，虽然离咸阳路径最近，但关隘甚多，秦军防守严密，困难重重，于是，改变路线，挥师南下，想从南部迂回到咸阳。

刘邦率军突然包围了南阳郡，南阳郡守没有防备，急得想自杀。刘邦没有急于攻城，而是派人劝降了南阳郡守，封他为殷侯，让他继续留守南阳。刘邦这一招，取得奇效。沿途的郡县，没有想到起义军会来，防备松懈，又听说刘邦仁义，因此，所经过的城邑，没有不归服的。刘邦对投降的官兵，一律优待，并给予赏赐。同时命令部队，严守军纪，不得劫掠扰民。秦地百姓都很高兴，纷纷欢迎刘邦大军。刘邦一路绿灯，很快迂回攻占了武关。

秦朝急忙派兵阻截。刘邦在蓝田南面大败秦军，又乘胜追击，在蓝田北面把秦军彻底消灭，随后，引军抵达霸上，来到了咸阳脚下。咸阳，已是刘邦的囊中之物了。

此时，胡亥、赵高已死，秦王子婴驾着白马车，用丝绳系着脖子，封好皇帝的玉玺和符节，前来投降。至此，秦朝灭亡。

刘邦兵不血刃，进了咸阳城。进城以后，刘邦命令部队秋毫无犯，宣布废止秦朝的严苛法令，与百姓"约法三章"。百姓喜悦，争着送来牛羊酒食，慰劳刘邦军队。刘邦推让不肯接受，百姓更加高兴，纷纷称赞刘邦仁德，人人都希望刘邦能在关中为王。

从《史记》记载来看，刘邦西征取得胜利，完全是自己独自率军指挥的，并没有韩信等人的辅佐。然而，刘邦的战略战术和政策，都是十分正确和有效的。事实证明，刘邦本人，就是一位能领兵打仗的统帅，更是一位出色的政治家，并不是像韩信说的那样，"最多只能带十万兵"，或者"只会用将，不会带兵"。

项羽在巨鹿破釜沉舟、歼灭秦军主力之后，也领兵西进，意取咸阳。但由于宋义在安阳停留时间过长，耽误时日，已被刘邦抢先入关，占据了咸阳。项羽不服气，要与刘邦争高下，这便有了"鸿门宴"的故事。

# 人心背离是秦亡根本原因

秦朝灭亡，固然有赵高篡诏、胡亥昏聩、李斯自保、陈胜起义、项羽灭其主力、刘邦西征等重要因素，但根本原因，是秦朝政策失误，失去了人心。自古以来，都是得人心者得天下，失人心者失天下，这是一条颠扑不破的真理。

秦始皇继承先辈事业，凭借强大实力，只用十年时间，就兼并六国、统一中原。然而，秦朝建立之后，只存在了短短十四年时间，就迅速土崩瓦解，秦始皇欲将皇位传至万世的愿望成为泡影。秦朝兴亡如此之速，被后世历代所关注。究其原因，众说纷纭，主流的说法是，秦亡于暴政。西汉时期的贾谊，写过一篇著名的《过秦论》，论述了秦的兴衰，阐明了秦朝灭亡的原因，中心论点是秦不施仁义而施暴政。

《史记》记载了《过秦论》全文，表明司马迁赞同贾谊的观点。然而，笔者认为，不施仁义而施暴政，只是一种政策取向，是表面现象，其根本原因，是因为采取了这样的政策而失去了人心。

一是秦朝没有顺时权变，不施仁政，导致人心涣散。《过秦论》说，秦所以能够吞并诸侯、统一中原，是因为春秋战国以来，周天子衰弱，无力保国安民，致使诸侯混战，百姓陷于水火之中。天下人都满怀希望，企盼能有统一天下的帝王出现，依靠他安身活命。《过秦论》这个观点，是有道理的。秦始皇能够统一中原，不仅在于秦朝实力强大，根本在于人心所向。

《过秦论》还说，秦朝建立以后，天下之人都伸长脖子，希望看到新王朝的爱民政策，使百姓过上好日子。如果秦朝实行仁政，免去刑戮，简化法律，减轻徭役，赈济穷人，以仁德对待天下，天下人自然归附，就不会发生暴乱了。然而，秦朝仍然采用打天下时的那一套办法，没有做到顺时权变，所以很快灭亡了。

《过秦论》这个观点，也是有道理的。打天下和保天下，应当采取不同的政策。秦自商鞅变法以来，一直采用强硬的政策，倾力打造一台强大的国家机器。这台国家机器，适用于战争，在打天下时发挥了巨大作用，但却不适宜治天下。

秦朝建立以后，统一了文字、货币、车轨和度量衡，这是必要的。但当时最需要、最迫切的，是统一人们的思想意识。六国虽然灭亡了，但贵族残余势力仍然存在，人们旧的思想意识仍然存在。这就需要广施仁政、普施恩惠，推行道德教育，增强人们对秦朝的认同感，树立大一统意识。然而，秦始皇没有认识到这一点，继续依靠强硬政策治理天下。天下百姓饱受战争之苦，希望新朝能给他们带来安定的生活，结果希望破灭，自然人心涣散。

二是秦朝不惜民力，税赋徭役繁重，造成人心怨恨。秦朝不惜民力，集中表现在沉重的赋税和繁重的徭役上。《史记》说，秦始皇在进行兼并战争的时候，就开始大兴土木。每灭掉一个诸侯，就按照该国宫殿的样子，在咸阳北面进行仿造。宫殿之间用天桥和环形长廊连接，规模十分宏大。从诸侯国抢来的美女、乐器、宝物等，都放置在里面，供秦始皇享乐。

秦朝建立以后，到处建造宫殿，关中建造三百座，关外建造四百座，又修道路、筑长城、建阿房宫和骊山陵墓，还要戍边。这些，都需要大量的赋税，也需要大批的劳役。这些劳役，都是强行征调的平民百姓或犯人。他们的财产被榨尽，又终日干着重活，苦不堪言。秦始皇正像尉缭说的那样，得到天下以后，就把天下百姓当成了奴役的对象，百姓必然心生怨恨。

三是秦朝不改强硬政策，继续实行严刑峻法，激发民变暴动。秦朝制定了一系列严酷的法律，法律条文之繁多，惩罚之残酷，都达到了极致。有人把灰撒在路上，就要被判刑；甚至赞扬朝廷法律好，也要被流放。因为秦朝的治国理念，是崇尚暴力，朝廷怎么说，民众就怎么做，不准百姓发表任何议论，一切全靠压服。说朝廷法律不好，当然不行；说法律好，也不允许，同样要被治罪，真是咄咄怪事！

胡亥当了皇帝，进一步加重刑罚，以致在路上行走的人，竟有一半是受过刑罚的；每天处死的犯人，尸体堆积如山。陈胜起义的直接原因，就是法律不当和严酷。因为天下大雨，道路不通，耽误了日期，就要被杀头。陈胜他们只有铤而走险，走起义造反这条路了，这完全是官逼民反。

秦朝建立以后，没有顺应时代变化，及时改变政策，教化百姓，推行仁政，而是继续实行战争时期的强硬政策，导致民生怨恨、人心背离。人民起来一造反，貌似强大的秦朝就垮掉了。

# "鸿门宴"上并无伏兵

　　提起"鸿门宴"，人们会不由得感到一股杀气。项羽设宴，宴请刘邦，帐外埋伏刀斧手，只等项羽一声号令，伏兵四起，刘邦就要人头落地，十分凶险啊！可是，这只是文学作品中的情节，《史记》记述的鸿门宴，却并无伏兵，项羽也根本不想杀刘邦，真正想杀刘邦的，只是项羽的谋士范增而已。

　　《史记》记载，刘邦进入咸阳以后，立刻下令，把秦宫中的贵重财物和库府全部封存，任何人不得擅自取用。为了防止士兵抢掠，又命军队撤回霸上驻扎。同时，大搞安民活动。刘邦召集各县父老和有名望的人，对他们说："楚王曾与诸侯约定，谁先平定关中，谁就当关中王，所以，我应当在这里做王。这一带苦于秦朝的苛虐法令已经很久了，现在我和父老约定，法律只保留三条，杀人者处死刑，伤人者和抢劫者治罪，其余的全部废除。所有官吏仍然行使职责，百姓也和往常一样安居乐业。"大家听了，十分高兴，纷纷称赞刘邦仁德。刘邦又派人和秦朝的官吏一起巡视各地，安抚民心，关中的局面很快稳定下来。看来，刘邦是真的准备要当关中王了。这也是应该的，因为与楚怀王有过约定啊。

　　正当刘邦精心治理关中的时候，忽然传来一个消息，令他十分气恼。原来，秦国将领章邯投降之后，项羽封他为雍王，雍地就在关中，章邯做了雍王，刘邦怎么办呢？这时，有人对刘邦说："秦地富足，胜过其他地方十倍，再加上地势险峻，是个成就大业的好地方。可是，如果章邯来了，您恐怕就不能拥有这个地方了。您应该赶快派兵守住函谷关，不让诸侯军队进来，然后再扩大自己的实力，以便抵抗他们。"刘邦正在气头上，不假思索就同意了。

项羽在歼灭秦军主力之后，也挥师西进，意取咸阳。巨鹿一战，项羽威名远扬，各路诸侯纷纷归附，残余秦军望风而逃。项羽一路顺利，很快抵达函谷关，却见关门紧闭，有士兵把守，又听说刘邦捷足先登，已经占据咸阳。项羽觉得失了面子，很是恼火，下令攻打函谷关。项羽军队士气正旺，守关士兵抵挡不住，函谷关不费力气就被攻破了。项羽率军继续西进，到达鸿门，离霸上只有四十里路了。

这时，刘邦的左司马曹无伤派人来告密，说："刘邦想在关中称王，让秦王子婴为相，珍奇宝物都据为己有了。"曹无伤是刘邦沛县起义时的老部下，如今见项羽势大，就想叛刘投项，博取富贵，又是一个小人！曹无伤一告密，刘邦就危险了。

果然，项羽很气愤，心想，我与秦军主力浴血奋战，他却坐享其成，太便宜他了。于是，项羽下令："明天准备酒食，好好犒劳士兵，给我把刘邦的部队打垮。"项羽的谋士范增也趁机说："刘邦过去贪财、爱美女，现在进了咸阳，美女财物都不要，可见其志不小，应该趁其羽翼未丰，赶快灭了他。"当时，项羽军队有四十万，兵强马壮，士气高涨，而刘邦在霸上的驻军只有十万，实力悬殊，刘邦危在旦夕。

项羽有个叔父，叫项伯，担任楚国的左尹。项伯见刘邦军队处在危险之中，很为好友张良担心，因为张良眼下正在刘邦军中。张良曾经救过项伯性命，救命之恩，不能不报，于是，项伯连夜赶到刘邦军中，找到张良，告知险情，要带他一块儿离开。

张良听了，感到事态严重。他当时还不是刘邦的人，而是韩王的臣子，奉韩王之命帮助刘邦。张良对项伯说："沛公现在危急，我如果跟你走了，既不仁义，也无法向韩王交代，必须要告诉沛公。"张良急忙找到刘邦，把情况一说，刘邦大吃一惊，知道项羽势力强大，自己不是对手。张良说："这事可能有误会，应当向项羽解释清楚，项伯是个关键人物。"

张良就带着项伯去见刘邦，刘邦很恭敬地接见项伯，诚恳地对他说："我进咸阳以后，什么东西都没敢动，封存了仓库，只等着项将军前来处理，军队也没敢驻在城内。我派人守函谷关，是为了防备盗贼和意外变故。我和项将军情同手足，日夜盼望项将军到来，哪里会造反啊！希望您能向项将军解释清楚。"

刘邦拿出酒来，频频向项伯敬酒。说话间谈起家事，刘邦又主动提出，要与项伯结成儿女亲家。刘邦当时已被楚王封侯，项伯与他结亲，算是高攀了。项伯被刘邦的一片诚心打动，答应去向项羽说情，并建议刘邦赶快去见项羽，把事情当面解释清楚。分别时，项伯嘱咐刘邦："明天您可要早点来啊！"

项伯回到楚军营中，已是深夜，但他知道事情重大，不敢耽误，马上去见项羽，把情况一五一十地都说了。说明情况，项伯又说："如果不是沛公先攻破关中，你怎么能顺利进关呢？沛公立有大功，天下皆知，如果攻打他，是不符合道义的，天下之人，也会不服。明天沛公来了，你要好好招待他。"

项伯是楚国重臣，又是项羽的叔父，说话分量很重，而且说得合情合理，于是，项羽就答应项伯，不再为难刘邦了。可见，在鸿门宴开始之前，刘邦的危险就已经解除了。

第二天一大早，刘邦带着一百多名随从到达鸿门。见到项羽，刘邦很亲热地说："当初，我和将军并肩作战，合力攻秦，相约为兄弟。依仗将军在河北作战，我才有机会先入关攻破秦朝。不知有什么地方得罪了将军，今日特来请罪。"

听了刘邦这番话，项羽显得有点尴尬，不由得说道："那是因为您的左司马曹无伤说了您的坏话，才让你我之间产生了嫌隙。不然的话，我怎么会那样做呢？"这刚一见面，项羽就出卖了曹无伤，明显是对刘邦没有敌意了，而且还有为自己开脱的意思。

接下来，项羽摆好酒宴，请刘邦一起喝酒。项羽、项伯叔侄俩并肩面东而坐，刘邦面北而坐，范增、张良在两侧相陪。席间，刘邦大谈与项羽并肩作战的经历和兄弟情谊，气氛十分融洽。这时，范增坐不住了，他知道刘邦是与项羽争夺天下的劲敌，今日前来，如同羊入虎口，只需项羽上下嘴唇一碰，刘邦就会被轻松吃掉，多好的机会啊！范增好几次给项羽使眼色，项羽却假装没看见，不予理睬。

范增只好起身出去，找到项庄，说："项将军心肠太软，你进去假装舞剑，趁机杀了刘邦，不然的话，我们都将成为人家的俘虏啦。"项庄进去，敬酒完毕，舞剑助乐。项庄一边舞剑，一边慢慢靠近刘邦。项伯见项庄不怀好意，也拔出剑来，说要对舞，用身子护住刘邦，酒宴上的气氛骤然紧张起来。

张良见情况不妙，赶紧出来找到樊哙。樊哙听说刘邦有危险，立即持盾挺剑闯了进去，面西站定，怒视项羽。项羽忽见闯入一条彪形大汉，伸手握住宝剑，挺直身子，问："这位客人是干什么的？"张良介绍说，是沛公的卫士。项羽赞道："好一位壮士！"命人赐给他酒肉。

樊哙吃完酒肉，对项羽说："秦王有虎狼一样的凶狠之心，所以天下之人都背离了他。如今沛公率军西征，攻占咸阳，灭了秦朝，立下大功，如果听信谗言，杀害有功之人，那是走暴秦的老路啊。我认为将军是不会那样做的。"项羽听了，什么也没说，只是请樊哙入席坐下，一块儿喝酒，酒宴照样进行。

过了一会儿，刘邦起身上厕所，樊哙也跟着出去，劝刘邦赶快回营。刘邦说："还没有告辞呢，怎么好意思离开啊！"樊哙急了，说："成大事不拘小节，如今人为刀俎，我为鱼肉，还告辞干什么！"于是，樊哙等人保护着刘邦，抄近路返回霸上。刘邦回到军营，立刻杀了曹无伤。

刘邦走后，张良进去，向项羽致歉，说刘邦喝多了，就先回去了。张良还代表刘邦，献给项羽白璧一双，赠给范增玉斗一对。项羽接受了白璧，范增却把玉斗扔在地上，拔剑砍得粉碎，气愤地说："这小子，没法与他谋大事。夺取天下的，一定是刘邦了。"项羽知道范增是在说他，并没有任何表示。

从《史记》记载来看，在鸿门宴上，项羽并没有杀害刘邦之心。对此，许多人感到遗憾，认为如果当时杀了刘邦，天下就是项羽的了。

笔者却认为，即便是杀了刘邦，项羽也不可能得到天下，因为从他的所作所为来看，项羽根本就不是当帝王的材料。

# 项羽分封大开历史倒车

秦朝灭亡，天下无主。项羽灭秦建立大功，威名显赫，无人不服；他又骁勇善战，实力强大，无人能敌。此时，如果项羽登基称帝，应该是顺理成章。然而，他却反其道而行之，效法周朝，大封诸侯，导致战火重起，天下又乱，被称为"后战国时代"。项羽真是战场上的勇者、政治上的庸者。

《史记》记载，鸿门宴之后，项羽率军进入咸阳城。他进咸阳与刘邦截然不同，不仅不安抚百姓、收买人心，反而纵兵烧杀抢掠，陷百姓于水火。秦王子婴已经投降，却被项羽杀了。秦宫中的宝器财物，原本被刘邦封存完好，如今被项羽军队抢了个精光，宫中女人也没能幸免。最后，项羽又一把火烧了皇宫，可惜宏伟的宫殿，在熊熊烈火中化为灰烬。大火烧了三个月都不熄灭，咸阳城陷入一片火海。可见，不仅烧了皇宫，老百姓的房屋也烧了不少。

楚怀王手下老将领说的没错，凡是项羽到过的地方，没有不被毁灭的。由于项羽施暴，关中百姓心生怨恨，项羽尽失民心。项羽这样做，是源于他对秦朝的刻骨仇恨，同时也暴露了他政治上的无知和暴虐的心态。连"得人心者得天下"这样基本的道理都不懂，项羽怎么可能得到天下呢？

项羽毁坏了咸阳城，率军东返，打算荣归故里。有人劝他说："关中这块地方，有山河作为屏障，四方都有要塞，土地肥沃，可以建都成就帝业。"项羽却说："富贵了，如果不回故乡，就像穿着锦绣衣服，在黑夜里行走一样，有谁能知道呢？""锦衣夜行"这个成语，就来源于此。可见，项羽满心想的，就是出人头地、光宗耀祖、炫耀显摆。这暴露了他心胸狭隘、目光短浅，缺少帝王应有的雄心壮志。

劝他的那个人见项羽如此不明事理，十分失望，发牢骚说："人们都说，楚人就像猴子戴了人的帽子一样，终究是猴子，果真是这样啊。"项羽听了，十分生气，把那人扔到锅里，活活煮死了。

项羽在荣归故里之前，需要办一件大事，就是要奖励那些跟随他入关的将领，打算每人分一块蛋糕，让他们与自己同享富贵，这倒有点像行侠仗义的绿林好汉。于是，项羽就学着周朝的样子，分封土地。

当时，项羽只是楚国的上将军，上头还有一个楚怀王。项羽说："怀王虽然没有功劳，但也应该分给他土地。"项羽一边给了楚怀王一个徒有虚名的称号，叫义帝；一边把义帝由彭城迁往郴县，在半路上把他截杀了。这是项羽的又一个重大失策。楚怀王并不昏庸，也无过错，而且毫无实力，构不成威胁，杀了他，只会引起人们同情，使项羽失去人心，并无任何好处。果然，后来刘邦在起兵之时，就打着为义帝报仇的旗号，命令全军穿白戴素，哭悼三天，又通告诸侯，说项羽杀害义帝，大逆不道，应予讨伐。这使刘邦占据了道德高地，并且师出有名。刘邦的确比项羽高明得多。

项羽处置了义帝，接下来一道难题，就是如何分封刘邦。按照当初的约定，刘邦应该在关中为王，但关中之地重要，项羽不愿意给他。通过鸿门之会，项刘关系已经和解，特别是刘邦西征立有大功，又不能不封。于是，经过暗地策划，项羽把刘邦封为汉王，统治巴、蜀、汉中之地，并说这些地方也属于关中地盘，不算违约。

最初，刘邦发怒，想要与项羽火并，经萧何劝说才愿意就国，率军到巴蜀之地去了。各诸侯国的人因敬慕刘邦，自愿跟随去的有几万人。刘邦进入巴蜀之后，放火烧毁栈道，表示没有出川东进之意。项羽把关中之地分成三块，分别封给三个秦朝降将。封章邯为雍王，统治咸阳以西地区；封司马欣为塞王，统治咸阳以东到黄河的地方；封董翳为翟王，统治上郡。司马欣既无功劳，也无名望，只因曾与项梁有关系，就被封王了，结果造成众人不服。

项羽身为楚国上将军，楚军将领跟着他南征北战，自然优先分封。其中，黥布作战勇敢，屡立战功，就封黥布为九江王。吴芮率领百越将士，跟随项羽作战有功，被封为衡山王。共敖曾率军攻打南郡，战功多，被封为临江王。

项羽在与秦军作战期间，各诸侯国都派出将领协助作战，也不能亏待他们。项羽对这些将领说："起义之初，暂时立了诸侯的后代为王，那是为了扩大影响，共同伐秦。然而，身披坚甲，手持利兵，勇敢作战，灭掉秦朝的，是你们这些将领，所以，你们应该封王。"将领们一听，高兴得手舞足蹈，纷纷称赞项羽仗义。

于是，燕国派出的将领臧荼，被封为燕王，把原来的燕王迁到东边，改为辽东王。赵国因项羽在巨鹿救了他们，十分感激，派出三位将领随项羽入关。项羽就把赵国一分为四：原来的赵王被赶到北部的边缘地区，改称代王，而三位将领分别被封为河南王、殷王和常山王。项羽把齐国也一分为三：原来的齐王改为胶东王，而与他关系好的两位将军被封为齐王和济北王。项羽如此分封，有点随心所欲，为各国内乱埋下了祸根。果然，刚刚分封完毕，燕、赵、齐三国就发生内乱，重起战端。

有些人虽然有功，但项羽看不顺眼，也不予分封。韩王由于派大臣张良帮助刘邦，引起项羽不满。项羽把韩王降成侯，并把他带到彭城，不许他回国，不久又把他杀了。张良此时已经从刘邦那里回到韩王身边，见韩王被杀，就逃跑了，投奔刘邦，从此成为刘邦的重要谋士。齐国的田荣，赵国的陈馀，以及猛将彭越等人，虽有功劳，但与项羽不和，不予封王。这些人心怀不满，很快兴兵反楚。可见，项羽分封，全凭个人好恶。

就这样，项羽一口气封了十八个诸侯王，还封了不少侯，而把一块最大最好的地方留给了自己，自封为西楚霸王，定都彭城。彭城，就是现在的江苏省徐州市。项羽统治的地盘有九个郡，占天下的四分之一。过去楚国地域辽阔，分为东楚、西楚和南楚，因彭城在西楚之地，所以项羽被称为西楚霸王。项羽分封完毕，以为大功告成，就得意扬扬，衣锦还乡，回到他的彭城去了。

从《史记》记载来看，项羽大搞分封，完全是开历史倒车。他的思想意识形态，依旧停留在春秋战国时代，所以，他想的不是如何当皇帝，而是热衷于做霸主。项羽不是一名政治家，所以说，即便他在鸿门宴上杀了刘邦，也注定当不了帝王、得不到天下。

# 齐国不满分封率先反楚

项羽分封不公，诸侯心中不服，中原重起战火。刘邦趁机出兵，攻击项羽，争夺天下。然而，率先兴兵反楚的，并不是刘邦，而是齐国。

《史记》记载，齐国是泱泱大国，在反秦战争中独树一帜。陈胜起义之后，齐人田儋立即响应。田儋是齐王田氏的同族，关系较远，但他有能力，有名望，深得人心。田儋振臂一呼，万人响应，齐国大地燃起了反秦烈火。当时，秦朝对齐国的统治比较薄弱，田儋率众杀掉郡守、县令，平定齐地，自立为齐王。然后，率军西进，攻击秦朝。不料，在魏地遇到章邯的秦军主力，田儋兵败被杀。

田儋的堂弟田荣，也很有能力。他重整起义军队伍，继续与秦军作战。田荣立田儋的儿子田市为齐王，自己当丞相，任命弟弟田横为大将，兄弟俩掌握实权。正当田荣在前线抗击秦军的时候，不料后院起火，齐国贵族拥立了田假做齐王，与田荣政权相对峙。田荣当然不干，立即率军返回，灭掉了这个贵族政权。田假跑到楚国，投奔项梁去了。

后来，项梁派使者联系齐国，希望能联合作战，共同抗秦。田荣提出条件，要求杀了田假，才肯联合。项梁觉得田假在走投无路之时来投靠，杀了他不仁义，没有同意。从此，田荣与项梁各自为政，项梁兵败时田荣也没有派兵援救，田荣与项家产生了矛盾。不过，在项羽西进的时候，田荣还是派了一名将领，带领一支军队，跟随项羽入关。

等到项羽推翻秦朝、大封天下的时候，问题就出现了。当时田荣在齐国势力最大，而且在反秦战争中立有大功，只有封了他，齐国才能稳定。可惜项羽不是政治家，只会意气用事，坚决不封田荣。

齐军跟随项羽入关的将领叫田都，虽然没有大的功劳，但由于没有其他人选，项羽就硬把田都封为齐王，建都临淄。齐国有个将领叫田安，曾经在项羽渡河救赵的时候帮过忙，也被封为济北王。原来的齐王田市，则改为胶东王，迁到东部边缘地方。

这样，项羽把齐国一分为三，封了三个王，不过，这三个王，论功劳、能力、名望、实力，都比田荣差远了，而对田荣却没有任何封赏。田荣自然心中怨恨，齐人也都不服气，自然就乱了起来。

项羽封的齐王田都，还没有走到临淄上任，就被田荣打垮，跑到楚国寻求庇护去了。田荣不让田市去胶东，仍然让他留在临淄做齐王。田市胆小，害怕项羽怪罪，就自己偷偷跑到胶东，想按照项羽的要求，去当胶东王。田荣知道后，勃然大怒，派兵追赶。田市还没有跑到胶东，就被追上杀了。田荣一不做、二不休，又率兵攻打济北王田安，不费力气就把他灭了。这样，项羽封的三个王很快都没有了，田荣自立为齐王，占有了全部齐国土地。

田荣自立为王以后，知道项羽必定不会善罢甘休，为了扩大实力，便去联络赵国的陈馀。陈馀原是赵国大将，屡立战功，又有名望，但项羽看他不顺眼，没有封王，只是勉强分给他三个县。

陈馀心中不满，又见赵国被一分为四，更是气愤。田荣就借给他兵马，陈馀又发动了三县兵力，率兵攻打常山王张耳。张耳抵挡不住，投奔刘邦去了。陈馀到了代地，把原来的赵王接回来，继续当赵王，赵王就擅自把陈馀封为代王。

与此同时，燕国也出了乱子。项羽把跟随他入关的燕国将领臧荼，封为燕王，把原来的燕王改为辽东王。这样，双方必定产生矛盾，很快就打了起来，结果臧荼把辽东王杀死，占有了燕国全部土地。

项羽办完分封大事，刚回到彭城，还没过上几天安稳日子，就听说齐国带头作乱，赵、燕等国也乱了起来，各地纷纷擅自称王。项羽大怒，心想，太不把我这霸王放在眼里了，于是兴兵伐齐。

项羽搞政治一窍不通，打仗还真有两下子，很快就把田荣的部队打垮了，田荣被杀。项羽又犯了老毛病，烧杀抢掠，无恶不作。项军所到之处，见人就杀，见房就烧，见女人就抢，降兵也被活埋，齐国成了人间地狱。

项羽的暴行，激起齐人的愤慨和反抗。田荣的弟弟田横，收拢齐军残兵，得到几万人马，百姓也纷纷参战，抗击项军。由于齐军报仇心切，人人拼命，在以后的战斗中，项羽没有占到便宜，双方僵持不下。

在齐军与项羽鏖战之时，刘邦趁机率兵出关，挥师东征，一举攻占了项羽的老巢彭城。项羽慌了手脚，急忙撤兵回救彭城。趁此机会，田横得以收复齐国大小城邑。田横立田荣之子田广为齐王，自己做丞相。

此后，刘邦与项羽争夺天下，打得难解难分。汉、楚两家都顾不上齐国，齐国暂时安定，休养生息。三年之后，刘邦派亲信大臣出使齐国，希望齐国能够归附汉朝。田横本来与项羽有仇，对刘邦有好感，又见刘邦已占上风，就同意了。田横从此废弃了守城设备，只等归附刘邦。

此时，韩信已经攻占了魏国、赵国，降服了燕国，正要趁势进攻齐国，听说齐国已经归顺，就停止了进军。有说客进言道："汉王并没有撤军的命令，怎么能停止进攻呢？现在齐国肯定疏于防备，正是攻击的好时机。灭了齐国，可是大功一件啊！"韩信听从了说客的意见，采取袭击的方式，突然大举进攻齐国。齐国毫无防备，措手不及，都城丢失。

田横认为自己受了欺骗，非常气愤，杀了刘邦大臣，转而投向项羽，项羽派兵支援。齐楚联军与韩信苦战多日，最终兵败。田横带领少数残兵败将，向东逃到一个海岛上，韩信占领了齐国。

刘邦当时正倚重韩信，得知消息后，虽然心中不满，但也没有责怪他，为了拉拢韩信，还把他封为齐王。等到刘邦称帝以后，觉得对不住田横，就派使者到了海岛，要召田横入朝封赏。

田横辞谢说："我曾经杀过汉王的大臣，是有罪之人，不敢奉诏进京。如果汉王赦免我的罪责，我请求做个平民百姓，就待在海岛上吧。"刘邦不准，再派使者前去，说："田横如果进京，大可以封王，最小也能封侯；如果不来，就派军队剿灭。"田横无奈，带了两个部下进京去了。

田横走到离洛阳三十里的地方，停了下来，流着泪说："我田横当初与汉王是同样的王，如今汉王当了天子，我却成了亡国奴，这是多么大的耻辱啊！再说，我齐国是被汉王灭掉的，如果我再称臣侍奉他，怎么对得起被汉军杀死的将士和百姓啊！"说罢，拔剑自刎了。

刘邦听说后，忍不住流下眼泪，以诸侯王的规格安葬了田横。刘邦任命田横的两个部下为都尉，没有想到，两个部下在田横的墓旁挖了个洞，然后自刎，倒在洞里，追随田横死去了。

刘邦听了，大为吃惊，感叹世上竟有如此忠义之人。刘邦听说海岛上还有田横的部下五百多人，就派使者召他们进京，打算予以重用。五百多人进京以后，才知道田横已经死了。这些人来到田横墓前，跪倒磕头，然后一起挥剑自杀了。这就是《史记》记载的田横和五百义士的故事，感人至深！

由于齐国率先反楚，吸引牵制了项羽主力，才使刘邦能够乘机出关，夺取天下。齐国本已归附汉朝，韩信却为贪一己之功，背信弃义，灭了齐国。所以，田横和五百义士，宁可去死，也绝不侍奉汉朝。这就是齐人的品格！

# 刘邦挥师出关争天下

齐国率先反楚，东方重开战端，这给了远在西方的刘邦一个好机会。刘邦迅速出兵，首先平定关中，然后率军出关，争夺天下，开始了长达四年多的楚汉战争。

《史记》记载，刘邦被封为汉王之后，率军进入巴蜀之地，避开了项羽锋芒，又烧毁栈道，表示再无出川之意，以此迷惑项羽。刘邦胸怀大志，哪里甘心久居这偏远之地呢？

这时，韩王信对他说："军中将士，大多是崤山以东的人，他们日夜踮起脚跟东望，盼着回归故乡。您可以利用这种士气，去建立大业。"刘邦深以为然，时刻关注天下局势，等待机会。不久，机会来了，齐、赵、燕等国乱了，项羽忙着镇压，无暇西顾。刘邦大喜，立即兴兵，他首先要收复关中之地。

关中之地富饶辽阔，眼下分别由章邯、司马欣、董翳三王统治。这三王都是秦朝旧将，但百姓却对他们恨之入骨。因为他们带领二十万秦军投降，而降兵全被击杀坑埋，只留下他们几个人，而且他们还当了王。被坑杀的都是关中子弟，关中父老怎能不恨他们呢？而刘邦，当初入关时尽得人心，再加上现在将士归乡心切，士气高涨，所以，大军所到之处，百姓欢呼归附，三王军队望风而降。

章邯是有名的将领，打仗很有一套，但他的军队却一触即溃，章邯只好逃跑了，后来无奈自杀。司马欣、董翳干脆也随军队一起投降了刘邦。刘邦不费吹灰之力就平定了关中之地，然后安抚百姓，稳定社会，建立政权，发展经济。刘邦在关中设置了陇西、北地、上郡、渭南、河上、中地等郡，把关中作为争夺天下的根据地和大本营。此后，关中由萧何管理，为刘邦源源不断地提供了大量物资和兵员。

而项羽呢，每打下一个地方，就杀人放火，把它夷为平地。对比之下，刘邦确实比项羽高明得多。刘邦占据关中以后，给项羽写了一封信，说我只想按照当初约定，得到关中作为封地，不敢再东进了。项羽信以为真，只顾与齐国打得不可开交，不再关注他了。

刘邦野心勃勃，可不是仅仅得到关中就能满足的。刘邦办理好关中事情，留下萧何镇守，就亲率大军出关东征，去夺取天下了。刘邦首先打出为义帝报仇的旗号，占据了道德制高点。他派使者通告各诸侯，要求一起去讨伐那个杀害义帝的罪人。

此时，在刘邦东征道路上，共有五个诸侯王，分别是魏王、韩王、殷王、河南王、常山王。这五个诸侯王，或对项羽分封不满，或慑于刘邦军威，再加上刘邦师出有名，都表示愿意跟随刘邦去征讨项羽。六国联军共有五十六万人，浩浩荡荡向东进发，一举攻占了彭城。可见，刘邦搞的统一战线，还是蛮有成效的。

项羽见老巢丢失，顾不上齐国，立即率三万精兵回救彭城。项羽搞政治不行，打仗还真是神勇，三万楚军就把五十六万联军打得大败。联军四散逃命，楚军奋勇追杀，杀死十多万人，还有十多万兵卒拥挤掉进睢水，致使睢水都被尸体堵塞。

刘邦被楚军包围，十分危急，恰在这时，狂风大作，房倒树折，飞沙走石，天昏地暗，楚军大乱，阵队崩溃，刘邦乘机逃离战场，身边只剩下十几名骑兵。刘邦正在仓皇逃命，忽然遇见自己的儿子和女儿，就把他们拉上车来。

楚军骑兵在后面紧紧追赶，刘邦见情况危急，咬着牙，一脚把儿子、女儿踢下车，想减轻车子重量。儿女号啕大哭，夏侯婴不忍，跳下车把他们抱上来。刘邦又把他们踢了下去，这样反复好几次。好在夏侯婴坚持，姐弟俩才得以脱险。刘邦的父亲太公和妻子吕后，却没有这么幸运，都被项羽捉了去。各诸侯见项羽勇猛无敌，纷纷叛汉附楚。这一战，刘邦真是狼狈啊！

刘邦一口气逃到下邑，吕后的哥哥吕泽带兵驻守在那里。刘邦得到喘息，逐渐收拢残兵，然后到了荥阳。这时，散兵纷纷归来，萧何又从关中派来援兵，汉军重整旗鼓。项羽以少胜多，十分得意，乘胜追击，企图把这些残兵败将彻底消灭。但他没有料到，汉军这么快就恢复了元气。俗话说，骄兵必败，项羽与汉军在荥阳南面相遇，结果吃了败仗，从此楚军不能越过荥阳向西推进。

刘邦与项羽在荥阳对峙了一年多。这期间，刘邦派人策反了九江王黥布，联络了彭越，他们都归附了刘邦。刘邦让他们在侧翼袭扰项羽，使项羽首尾不能相顾。刘邦还派韩信开辟第二战场，从北面进军，迂回到项羽背后，实现前后夹击。只要刘邦在此地拖住项羽，韩信就能顺利进军，实现战略意图。而项羽一介莽夫，只知道逞匹夫之勇，没有任何战略谋划。所以，尽管刘邦在与项羽作战中败多胜少，但从战略布局来看，刘邦获胜已是必然。

项羽围困荥阳久了，刘邦渐渐不支，便决定突围。趁着夜色，城中把两千多名身穿铠甲的女子放出东门，又让人假扮成刘邦，乘坐刘邦的车驾。楚军不知是计，四面围了过来，认为捉住了刘邦，高兴得大呼小叫。刘邦乘机从西门逃出，进入关中。在关中整顿军马，然后再次东进。几年之间，刘邦先后在宛城、成皋等地，与项羽对峙作战。刘邦几乎是屡战屡败，但总是屡败屡战，目的就是拖住项羽主力。只要拖住项羽，就是胜利。后来，汉楚两军隔着广武涧对峙，又对峙了很长时间。

项羽见不能很快消灭刘邦，心中焦急，让勇士出营挑战。汉军并不出战，只是乱箭齐放。汉军有个将领叫楼烦，善于骑射，箭不虚发，挑战的楚军勇士都被他射杀了。项羽大怒，亲自披挂上阵。楼烦正要搭箭射他，项羽怒目圆睁，大喝一声，如同霹雳。楼烦吓得浑身一抖，弓箭掉地，转身逃回营垒，足见项羽神威！

项羽见汉军坚守不出，就把刘邦的父亲押到阵前，声称要煮死他。刘邦不为所动，很平静地说："我和你曾经相约为兄弟，我父亲就是你父亲。你如果执意要煮死你的父亲，希望能分给我一杯肉汤。"项羽大怒，要杀太公。项伯阻止说："做大事的人，都是不顾家的。杀了太公，没有用处，反而落下坏名声。"项羽只得作罢。

项羽又对刘邦说："天下纷争，只是因为你我二人的缘故，希望我们两人单斗，一决雌雄，不要让百姓跟着受苦了。"要论单打独斗，一百个刘邦，恐怕也不是项羽的对手，但刘邦是何等精明之人，项羽想得太天真了。

听项羽这样说，刘邦笑了，说："我不和你斗力，只和你斗智。"接着，刘邦高声历数了项羽十条大罪，包括杀害义帝、擅杀宋义、坑杀降兵、屡施暴行，等等，一条一条都有根有据，把项羽气得半死。刘邦说得正高兴，忽然，楚军中有人放一冷箭，正中刘邦胸部。刘邦疼得弯下腰来，趁势摸着脚说："那个强盗，射中了我的脚趾。"回营以后，刘邦忍着疼痛巡视部队，以安军心，刘邦够狡猾吧。

在刘邦与项羽长时间对峙期间，韩信已经攻占了魏、赵、燕、齐大片地区，大军正向项羽背后攻来。彭越又在侧翼袭击楚军，断绝楚军粮道。项羽见势不妙，就与刘邦约定，平分天下，以鸿沟为界，鸿沟以西属汉，鸿沟以东归楚。刘邦答应了，项羽把刘邦的父亲和妻子送还，然后领兵东返了。

刘邦此时已占很大优势，岂肯半途而废，随即率兵追击。同时，派人联系韩信和彭越，约定日期，三方会合，围歼楚军。此时，汉胜楚败已成定局，项羽覆灭的日子已经不远了。

从《史记》记载来看，在汉楚战争中，刘邦的战略布局十分正确，表明他是一位出色的战略家。刘邦不顾个人安危，率军牵制项羽主力，而让韩信开辟第二战场。刘邦屡打败仗的一个重要原因，是一批能征惯战的将领，像曹参、灌婴等人，都不在他身边，而是跟随韩信攻城略地去了。刘邦采取这样的战略部署，不仅体现了他的智慧，也体现了他的勇气和自信。

# 韩信率军开辟第二战场

刘邦与项羽对峙，牵制了楚军主力。与此同时，刘邦派韩信北进，然后向东，开辟了第二战场。韩信充分展示了其军事才能，率军连续攻占魏、代、赵、燕、齐广大地区，迂回到了楚军背后，最终与刘邦、彭越会合，灭掉了项羽。韩信为汉朝打下半壁江山，立下了汗马功劳。

《史记》记载，刘邦率军出关，打着为义帝报仇的旗号联合诸侯，一举攻占了彭城。项羽反击，联军大败，刘邦退守荥阳，各诸侯国又归附了项羽。刘邦见项羽勇猛，东征受阻，便把目光投向辽阔的北方。

地处北方的魏、赵、燕等诸侯国，被项羽分封拆得七零八落，力量分散。刚刚被封的诸侯王又没有威望，人心不稳，这是一个好机会。于是，刘邦就派韩信、张耳率军去攻打北方之地，一些能征善战的将军，如曹参、灌婴等人，都被派到这一战场。刘邦本人则留守荥阳一带，牵制项羽主力。这个决策十分正确，也非常重要，对于打败项羽，起到了关键性作用。

韩信出征的第一战，是攻打魏国。刘邦在彭城败退之后，魏王豹借口父母有病，回到魏国，一到封国，就立即切断交通要道，反叛刘邦。韩信率军前去攻伐，魏王豹想借黄河天险据守，把主力摆在临晋关渡口一带。韩信采用"声东击西"战术，故意在临晋关设置疑兵，排列战船，虚张声势，佯装进攻，却另外派出一支精锐部队，悄悄到了黄河下游，用木质的盆瓮浮水渡河，绕到魏军背后，突然发起进攻。

韩信大军前后夹击，魏军大乱。魏王豹惊慌失措，仓皇逃走。汉军将领曹参奋勇追击，活捉了魏王豹，并把魏王的母亲、嫔妃、儿女全部捕获。韩信旗开得胜，平定了魏地，得到五十二座城邑。刘邦随即在魏地设置了三个郡，即河东郡、太原郡、上党郡。

韩信平定魏国以后，继续领兵北进，攻打代国。代国弱小，不是对手，很快被灭。韩信部队连打胜仗，士气旺盛，兵锋又指向了赵国。就在这时，荥阳前线吃紧，刘邦把韩信的精锐部队调往荥阳，只剩下数万老弱残兵。

赵国听说韩信来犯，调集二十万大军，由大将陈馀率领，驻扎井陉口拒敌。敌众我寡，将士们几乎全都认为，此时如果进攻赵国，无异于以卵击石。但韩信却毫不畏惧，信心十足，率领数万弱兵继续前进，抵达井陉口附近，准备攻击赵军。

井陉口一带地形复杂，道路狭窄，两辆战车不能并行，骑兵难以排列成行，如果贸然进兵，被赵军截断退路，极易全军覆灭。所以，韩信不敢冒进，而是派人日夜打探信息，寻求战机。这时，赵国有人向陈馀献计说："井陉地形，于我有利。您可以深挖战壕，高筑营垒，坚守军营，不与交战，再出奇兵截断他们的后路。这样，过不了十天，汉军必败。"

赵国将军陈馀，虽然久战沙场，但此时知道韩信兵少，又多是老弱病残，有些轻敌，说："兵书上说，超过敌人一倍，就可以攻击他，超过十倍，就可以包围他。如今我军超过敌人十倍以上，敌军又经过千里跋涉，极其疲惫。如果我们高筑营垒不出战，诸侯会认为我胆小，以后会来欺负我们的。"陈馀不听谏言，自恃军力强大，想摆开阵势，一举歼灭韩信部队。

韩信探听到这个消息，心中大喜，马上领兵快速通过井陉狭道，抵达赵军营前扎寨，准备决战。韩信挑选了两千名轻装骑兵，每人手持一面红旗，半夜出发，悄悄绕到赵军背后，嘱咐道："明日交战，如果我军败退，赵军必然会倾巢追击。你们就乘机占领赵营，拔掉他们的旗帜，插上我军红旗，然后在背后袭击他们。"

拂晓时分，韩信传令开饭，说："今日决战，我军必胜。等打垮了赵军，我们再正式会餐，好好庆贺一下。"将士们都半信半疑。天明之后，汉赵两军排兵布阵，准备开战。韩信部队背靠大河，摆开战斗队列。赵军见了，纷纷取笑。陈馀大笑不止，说："都说韩信善于用兵，没想到这么愚蠢，背水而战，这是兵家之大忌，今天韩信要被我活捉了。"

陈馀下令攻击。赵军人多势众，汉军抵挡不住，纷纷后撤，退到河边时，只见汹涌的河水挡住去路，韩信大喊："后退是死路，只有奋勇向前，打垮赵军，才能活命！"在这性命攸关之时，汉军将士们，只能返身向前，与赵军拼命。

这时，赵军营中突然竖起一片红旗。韩信高喊："赵营被我们占领了！"两千名汉军骑兵高声呐喊，从赵军背后杀来，与韩信前后夹击赵军。汉军士气大振，人人奋勇争先，赵军则军心动摇，胆战心惊，纷纷落荒而逃。汉军趁势追杀，击垮了赵军，俘虏了大批人马，陈馀死于乱军之中。

战后，众将领请教韩信，说："背水而战，不符合兵法，这是什么战术啊？"韩信笑着说："兵书上不是说，置之死地而后生，置之亡地而后存吗？我军兵弱，又缺乏训练，如果留有生路，很容易溃败，只有置于死地，才能获胜。"众将领都十分佩服。韩信不愧为军事奇才！

韩信占领赵国之后，刘邦封张耳为赵王，安抚百姓，稳定社会秩序，抚恤阵亡将士遗孤，很快就使人心归附。韩信则招兵买马，扩充军队，训练士兵，部队达到几十万人，兵强马壮。大军阵列在赵燕边界，燕国上下一片惊慌。

韩信并不急于进攻，而是派人劝降。燕王见大兵压境，韩信又用兵如神，自知不是对手，乖乖投降了。韩信不费吹灰之力，就使燕国降服，然后，挥师直指齐国。韩信在很短的时间内，就连续攻占魏、代、赵、燕等地，充分显示了卓越的军事才能，为刘邦统一天下建立大功。然而，他攻打齐国，却是犯了大错，甚至是犯罪。

齐国见韩信连续攻占了各诸侯国大片土地，咄咄逼人，很是担心，就在边界设置重兵，加强城防，准备抗拒。这时，刘邦派亲信大臣郦食其出使齐国，劝说他们归顺汉王。齐国本来与项羽有仇，对刘邦有好感，又见刘邦势大，就欣然同意了。

齐国既然已经归顺了汉王，自然就不会戒备韩信了，韩信也没有必要再进攻齐国了。但是，说客蒯通却对韩信说："郦食其是个书生，鼓动三寸之舌，就降服了齐国，得到齐国七十多座城邑。而将军率领数万大军，征战一年，才得到赵国五十座城邑。这样相比，将军还不如一个读书小子的功劳吗？现在，汉王并没有下达停止进攻的命令，齐国放松戒备，正是攻击的好机会啊。"经蒯通一鼓动，韩信为了贪功，竟然下令偷袭齐国，大举进攻。

齐国认为已经归顺了刘邦，日夜饮酒庆贺，根本没有防备，结果被打得溃不成军，国都临淄也丢失了。田横又惊又怒，认为刘邦欺骗了他，就把郦食其煮死了，转而投降了楚国，项羽便派出援军帮助齐国。韩信又与齐楚联军进行了多次战斗，经过长时间苦战，才平定了齐国。

韩信攻打齐国，完全是出于一己私利，不仅损伤人马，延误时日，而且引起齐人愤慨，以致田横和五百义士，宁可集体自杀，也绝不再顺从汉朝。另外，还让刘邦背上了"不信不义"的黑锅。韩信用不光彩的手段占领了齐国，还认为自己功劳甚大，竟然要挟刘邦封他为齐王。刘邦心中恼怒，但不得不答应，这为日后韩信被杀，埋下了祸根。韩信是聪明一世，糊涂一时啊！

韩信攻占齐国、当上齐王之后，率军直插项羽背后。此时，彭越从侧面攻击，刘邦尾随追击而来，三方会合，将项羽重重围困，开始了著名的"垓下之战"。

# 垓下之战尽显项羽个人英雄

垓下之战，项羽全军覆没，标志着长达四年之久的楚汉战争，最终以项羽失败而告终。《史记》对垓下之战做了生动描述。项羽在失败的最后关头，仍然勇猛盖世，大展神威，淋漓尽致地显示了他的个人英雄主义。然而，偌大的天下，怎么可能靠个人的力量就能得到呢？项羽至死都不明白这个道理，真是可悲可叹！

《史记》记载，项羽与刘邦长期对峙，后来，见韩信已经迂回到自己背后，威胁到老巢彭城，只得与刘邦讲和，平分天下，然后领兵东返。但刘邦怎肯罢休，不仅没有按约定撤兵西归，反而乘机东进，尾随追击项羽，同时联络韩信和彭越，约定日期，合围楚军。

可是，到了约定的日期，韩信和彭越都没有来，只有刘邦独自对敌。楚军见刘邦不讲信义，军心愤慨，斗志旺盛，大败汉军。刘邦吃了败仗，心情郁闷，对韩信、彭越十分不满。

张良说："目前项羽败局已定，您即将得到天下，这是大家都清楚的事情。但是，韩信和彭越还没有得到分封的地盘，所以不肯前来。您可以把从陈县到海滨一带的地方，封给韩信，把睢阳到穀城的地方，封给彭越，让他们为自己的利益而战。这样，很快就能打败楚军了。"刘邦尽管心里不情愿，但没有别的办法，只好照办了。果然，韩信、彭越立即率兵前来，与刘邦会合，把项羽合围在垓下。

此时，韩信部队有三十万，加上刘邦、彭越的军队，汉军总数达七十万之众，而项羽兵力已不足十万。韩信大军与楚军正面对阵，率先发起攻击。项羽确实作战勇猛，无人能敌，韩信吃了败仗。但是，汉军人多势众，很快围了上来，又打败楚军。

项羽兵少粮尽，被汉军重重包围，已经陷入绝境。深夜，汉军阵地上，忽然唱起楚国歌曲，歌声凄惨悲凉，楚军士兵听了，思乡心切，人人流泪，军心涣散。听到四面楚歌，项羽大吃一惊，以为汉军已经占领了楚国土地，掳掠了大批楚人，心中悲伤，借酒浇愁，美人虞姬相陪。

项羽一边喝酒，一边作词吟唱："力拔山兮气盖世，时不利兮骓不逝。骓不逝兮可奈何，虞兮虞兮奈若何！"项羽唱完，泪流满面，虞姬痛哭失声，左右侍者，无不纷纷落泪。《史记》没有说虞姬舞剑，也没有自刎，而是下落不明。一个娇弱女子，身陷乱军之中，是不可能有好结果的。

项羽痛饮一番，酒壮英雄胆，便趁着夜色，向南突围，身后只有八百骑兵追随。项羽英勇，又在性命相搏之时，汉军抵挡不住，被他杀出重围。汉军骑兵随后紧紧追赶，项羽且战且退，渡过淮河，身边只剩下一百多人了。天亮之后，项羽到达阴陵，迷了路，遇到一个农夫。那农夫痛恨项羽残暴，不愿意帮助他，故意指错方向，使项羽陷入了大沼泽地之中。就是这一短暂的时间，项羽失去了宝贵的逃生机会，汉军又从四面八方赶来，重新将项羽团团围住。

项羽又经过一番拼杀，身边只剩下二十八骑，英雄末路，再也无法逃脱了。他对身边的士兵说："我自起兵，至今已有八年，身经七十余战，从来没有打过败仗，因而能够称霸。如今被围困在这里，这是上天要灭我，绝不是因为我打仗不行。今天肯定要战死了，临死之前，我们要打个痛快仗，一定要冲杀三个来回，斩杀汉将，砍倒军旗，让各位知道，确定是上天要灭我，而不是我的过错。"

于是，项羽把这二十八人，分成四队，分别向四个方向攻击，约定到山的东边集合。项羽一马当先，高声大喊冲了出去，大刀飞舞，触者非死即伤，汉军纷纷退后。汉将杨喜在后边紧紧追赶，项羽勒马，返身大喝一声，声如巨雷，杨喜连人带马都被吓坏了，倒退了好几里地。项羽一直冲杀到山的东边，与部下会合。汉军又像潮水般地涌了上来，项羽再次冲杀，往返三次，斩杀汉将数十名，杀死士兵几百人，而项羽的部下，只损失了两人。

项羽得意地问部下："怎么样啊，我说得没错吧？"部下都敬服地说："正像大王说的那样，大王英雄，盖世无双。"都到这个地步了，项羽还在那里逞个人英雄主义。若论个人英雄，项羽确实是天下无敌，可惜仅仅是匹夫之勇而已。

终究是敌众我寡，战至最后，部下全部阵亡。项羽只身一人，来到乌江渡口。乌江亭长正停船等在那里，见项羽来到，急忙说："大王赶快渡江，江东虽小，但纵横千余里，民众几十万，足够称王了。"

项羽苦笑着说："天要灭我，还渡江干什么？再说，当初我和八千江东子弟，渡江西征，如今没有一人回来，我没有脸面再见江东父老了。"亭长流着泪，再三劝项羽渡江。项羽说："我意已决，决不过江。我看您是位忠厚长者，这匹马随我征战多年，与我感情深厚，今天就送给您吧。"这时，汉军蜂拥追杀过来，再想渡江也不可能了。

于是，项羽回身再战，又斩杀汉军数百人。最后，项羽力气耗尽，受伤十几处，再也无力作战了。项羽回头，看见汉将吕马童。吕马童曾经是项羽的部下，后来投靠了刘邦。项羽对吕马童说："你不是我的老相识吗？我听说刘邦用黄金千斤、封邑万户，来悬赏我的头颅，现在我把这份好处送给你吧。"说完，挥刀自刎。

汉军见项羽已死，纷纷抢夺尸体，相互残杀。结果，项羽尸体被肢解成五块，分别被五名汉将获得。后来，这五名汉将都被封侯了。可怜项羽赫赫一代霸王，只知道逞个人英雄主义，最终却落了一个自刎身死、身首异处的下场！

项羽死后，楚地全部归汉，刘邦统一天下。刘邦为项羽举行了隆重的葬礼，并且在昔日战友墓前大哭一场，似乎十分感人。刘邦下令，对于项氏宗族，一概不加杀戮，给予优待，有的还赐姓为刘。对于有恩的项伯，则封为射阳侯。刘邦在死了的项羽身上，又做足了仁义的文章。

对项羽这位悲剧式的英雄，司马迁感慨万分，评价说："项羽趁秦末大乱兴于民间，只用三年，就率领诸侯灭掉秦朝，古今以来这样的人物，还不曾有过。但他放弃关中之地，封王封侯，自夸战功，竭力施展个人英雄主义，结果丢掉国家，自杀身亡。特别是他至死都不觉悟，竟然拿'上天要灭我，不是我的错'这话自我解脱，真是十分荒诞。"司马迁的评价是对的。

项羽的所作所为，足可以用来警示后人。

# 刘邦称帝后并不轻松

刘邦打败项羽，得到天下，登基称帝，遂了心愿。群臣庆贺，歌功颂德，刘邦心花怒放。可没有想到，他当皇帝之后，麻烦事仍然不少，日子过得并不轻松。

《史记》记载，灭了项羽之后，刘邦大军胜利西归。还没有走出齐国地界，众将领和诸侯王就急迫地尊请刘邦称帝。刘邦谦让，众人再三请求，非要让刘邦当皇帝不可。别认为他们这是为刘邦着想，实际上是在打自己的小算盘。这些人跟着刘邦南征北战、出生入死，如今得到天下，都想分得土地，弄个王侯当当。这就需要刘邦先当皇帝，然后才能封赏他们。

《史记》记述，他们是这样说的："大王从平民起事，诛伐暴逆，平定四海，有功的分赏土地封为王侯。如果大王不称皇帝尊号，人们对大王的封赏，就不会相信。我们这些人愿意以死相请求。"这话说得很明白，刘邦本是平民，靠我们才打下了天下，如今你当上皇帝，自然要封我们做王侯了。

刘邦推辞不过，就在泗水北面登临皇帝之位。刘邦当然愿意当皇帝了，但他虽然乐意当皇帝，却不愿意分封异姓诸侯。因为他清楚，项羽由于分封诸侯，导致天下大乱。再往前说，春秋战国五百多年的战乱，根源就是分封制造成的。但是，如果不加封赏，就难以平息功臣们心里的欲望，再加上当时人们普遍认为，秦朝是因为没有分封，才二世而亡的，所以，刘邦不得不先封几个意思意思。

早在消灭项羽之前，韩信和黥布就被封王了，当时如果不封王，人家就不出力，能有什么办法呢？已经开了头，就只好再封彭越为梁王。原来的诸侯王，像韩王、燕王、赵王、衡山王等，一直都在刘邦阵营，帮助刘邦灭掉项羽，自然不好意思取消人家的王位，也保留王位不变。这样，刘邦封了七个异姓王。而刘邦的亲信功臣，像张良、曹参、萧何等人，暂时没有封赏，以后再说，众将领也都眼巴巴地盼望着。

刘邦率兵继续西归，来到洛阳，大摆宴席，款待将领。请将领们吃肉喝酒，刘邦还是毫不吝啬的。喝到高兴时，刘邦得意地说："各位都说说，我为什么能够得到天下，项羽为什么失去天下？你们要讲真话，不许哄老子。"

将领们说："陛下派人攻城略地，占领了土地，就分封有功之人，与大家共享利益，所以得到天下；而项羽自私，打了胜仗，不给人家授功，夺了土地，不给人家好处，所以失去天下。"

刘邦一听，说："你们只知其一，不知其二。老子之所以得到天下，是靠人才。若论运筹帷幄之中，决胜千里之外，我不如张良；镇守国家，安抚百姓，保障供应，不绝粮道，我不如萧何；统率百万大军，攻必克、战必取，我不如韩信。这三个都是人中俊杰，我用了他们，才得到了天下。而项羽有一范增都不能用，所以失去天下。"

这是刘邦称帝之后，遇到的第一件麻烦事，就是如何奖赏这些征战多年的将领，是不是分封王侯？国家是搞分封制，还是实行郡县制？这是根本性的大事。

刘邦不愧为出色的政治家，他认定秦朝的中央集权制有利于自己的统治，总体上仍然实行郡县制。但他根据当时的实际情况，也做了一些变通，在不好控制的地方，不得已设了几个诸侯王，出现了郡国并立现象。这在当时是有必要的，体现了刘邦善于权变的政治智慧。

后来，刘邦很快铲除了异姓王，并杀白马为誓："非刘姓不得封王。"即便这样，到刘邦孙子汉景帝时期，仍然出现了"七国之乱"，这七个王可都是姓刘的。好在汉朝封王不多，汉朝中央力量最终胜过诸侯，又有周亚夫这样的良将，且梁、齐、济北等国仍忠于汉朝，叛乱很快被平息了。

刘邦遇到的第二件麻烦事，是在哪里定都。刘邦的将领们，多数是东方人，来到洛阳以后，见此地富庶，生活习惯相同，就不愿意再往西走了，在洛阳住了很长一段时间，并纷纷要求在洛阳建都。刘邦见洛阳确实是个好地方，也犹豫了。

有个叫娄敬的人，却有不同意见，说："洛阳境域狭小，四面受敌，不是用武之地。而关中有高山被覆，黄河环绕，四面都有坚固防线，并且土地肥沃，物产丰富，是天下的咽喉。一旦有事，扼住咽喉，就能立于不败之地。"

众将领争先恐后地表示反对，说："关中那么好，秦朝怎么二世而亡了？周朝建都洛阳，不是也延续了好几百年吗？"公说公有理，婆说婆有理，双方争论不休，刘邦迟疑难决。他征求张良的意见，张良同意娄敬的说法。刘邦经过深思熟虑，下了决心，力排众议，毅然率军继续西进，到长安建都去了。

后来，刘邦的麻烦事依然接连不断。原临江王虽然降服，但内心仍然效忠项羽，率先起兵反叛汉朝。刘邦派大军打了几个月，才把他灭了。接着，燕王又造反，声势浩大，攻占了代地。刘邦亲自率军前去征讨，俘虏了燕王。项羽的部将利几也反叛汉朝，刘邦又亲自领兵前去平定。以后，大功臣韩信、黥布、彭越等人谋反，亲信陈豨、卢绾和韩王信也造反闹事。刘邦不辞辛苦，东征西讨，把他们逐一荡平。可见，刘邦虽然得到了天下，但天下尚不太平，各地起火冒烟。刘邦就像消防队队长一样，忙着四处灭火，没有过上几天安稳日子。

刘邦更大的麻烦事，不是在内部，而是在外部。由于中原地区长期战乱，北方的匈奴趁机崛起强大起来。匈奴是游牧民族，擅长骑射，经常骚扰边境，烧杀抢掠，朝廷很是头痛。秦始皇时期，曾派长子扶苏和将军蒙恬，率领三十万大军驻守边境，抵御匈奴。反秦战争中，这些军队用来打内战了，边境空虚，匈奴乘虚而入，屡屡进犯中原。

刘邦称帝以后，命韩王信迁徙到太原以北，抵御匈奴。这个韩王信，与大将军韩信同名，但才能差远了，根本不是匈奴对手。韩王信私下向匈奴求和，刘邦知道后十分不满。韩王信干脆投降了匈奴，与匈奴联手攻击汉朝，兴兵围困太原。刘邦闻讯大怒，亲自率军北上，攻打匈奴。

当时刘邦尚不知道匈奴的厉害，心想，强大的项羽都是手下败将，小小的匈奴不在话下。匈奴人虽然粗野，但头脑并不笨。他们采取诱敌深入的策略，故意让刘邦打了几个小胜仗，然后假装不敌，逐步后撤。刘邦原本轻敌，此时更加骄傲，驱动大军，步步紧逼，企图一战歼灭匈奴，彻底解除边境祸患。

匈奴一步步地把刘邦诱到平城一带，刘邦登上城外的白登山。匈奴突然出动大军，把刘邦团团包围在白登山上。时值寒冬，汉朝军队不习惯北方气候，士兵被冻掉手指的有十之二三，战斗力严重下降。匈奴围困白登山达七日之久，刘邦粮草用尽，援兵未到，处在危急之中。这就是历史上著名的"白登之围"，差点要了刘邦老命。刘邦没有办法，只好采用陈平计策，给匈奴送了大量财物，还承诺了很多好处。好在匈奴人只注重利益，并不想争夺天下，于是撤军离去，放了刘邦一条生路。这时，汉朝援兵赶到，刘邦没敢再与匈奴交战，狼狈地回到京城。

通过这一战，刘邦领教了匈奴的厉害，便改变策略，与匈奴和亲。刘邦曾许诺把自己的女儿嫁给匈奴首领，吕后不干，哭闹不止，刘邦只好让一个宫女冒充公主，嫁到匈奴去了。

刘邦这一辈子，大半生都在战火中度过，经历大战七十次，小战四十次，千辛万苦打下了江山。称帝以后，仍然需要亲自率军，四处平定叛乱，还要治理天下，没过上几天舒服日子，只当了八年皇帝就死了。

看来，想当一个有作为的帝王，是要付出很大代价的。作为皇帝尚且如此，何况一般人呢？

# 刘邦雄才大略却行事怪诞

刘邦，是我国历史上杰出的政治家和战略家，是汉民族重要的开拓者。他把四分五裂的中国真正统一起来，对汉民族的形成和强大，对汉文化的保护和发展，都做出了卓越的贡献。从这个角度来讲，称刘邦为"千古一帝"亦不为过。毛泽东曾经评价刘邦，说他是"封建皇帝里边最厉害的一个"。刘邦雄才大略，然而又性格粗鲁，行事怪诞，具有鲜明的人物个性。

从《史记》记载来看，刘邦的雄才大略，主要体现在他善于用人、善于谋大事、善于纳谏等几个方面。

善于用人，是刘邦的突出特点，也是被人们公认的。人们在评价刘邦获胜、项羽失败时，总是把刘邦善于用人作为首要原因。刘邦称赞张良、萧何、韩信是人中俊杰，由于有了他们，才得到天下。刘邦的那番话，至今被人们津津乐道，成为刘邦善于用人的重要标志。在这"三杰"中，萧何是刘邦沛县起义时的老朋友，张良原是韩国的大臣，韩信则是项羽的部下，最终三人都归刘邦所用。

除了"三杰"之外，刘邦身边还聚集着一大批谋士和猛将，他们为刘邦出谋划策，攻城略地，夺取天下。这些人，有的是刘邦起义时候的老班底，像曹参、樊哙、周勃、灌婴等；有的来自各诸侯国，像张耳、韩王信等；有的出身平民甚至强盗，像郦食其、彭越等；有的则是从项羽那边投奔过来的，像陈平、黥布等。他们来自不同的阵营，都是楚汉相争时期的著名人物，对历史走向产生了重要影响。

刘邦有这么多人才帮助，所以能够得到天下。而项羽只逞匹夫之勇，身边缺乏人才，必然失败。然而，驾驭和使用这些人才，绝非易事。人才，都是一些贤能之人，在天下大乱之时，他们只会佩服辅佐贤者，而不会臣服于庸者。这些人才，甘愿为刘邦效力，表明刘邦比他们更高明，能够使他们心悦诚服。

善于谋大事，是刘邦的重要特点。虽然有众多人才的辅佐，但在一些事关全局的战略问题上，几乎都是刘邦自己谋划决定的。刘邦起义后的第一个重大决策，是投靠项梁，借机壮大自己的力量，效果十分明显，刘邦的队伍很快壮大，成为灭秦主力之一。

刘邦率军西征，显示出了他卓越的谋略和指挥才能。当时，刘邦身边几乎没有谋士，像陈平、韩信等人，还没有归顺刘邦，张良是作为韩国的大臣，在半路上跟随刘邦的，所以，西征中的军事部署、进军路线、政策制定等重大事项，基本上都是刘邦自己决策的，事实证明都很正确。

在楚汉战争中，刘邦统揽全局、深谋远虑，一边自己吸引项羽主力，一边派韩信开辟第二战场，最终获得成功。在谋大事方面，刘邦才是真正的运筹帷幄。

在统一天下之后，人们普遍认为，秦朝之所以二世而亡，是因为没有分封诸侯造成的，众将领要求分封的愿望更是十分强烈，呼声甚高。而刘邦凭借政治家的智慧，力排众议，十分坚定地继续实行中央集权制度，总体上仍然坚持郡县制，只是不得已封了少量的诸侯王。这充分显示了刘邦的高瞻远瞩，不愧是一位成熟的政治家。

善于纳谏，是刘邦的明显特点。刘邦从谏如流，特别注重听取别人的意见，只要说得对，马上就采纳。刘邦西征进入咸阳以后，本想在秦宫休息，樊哙、张良进谏说："咸阳尚不稳定，容易造成士兵抢掠，不宜在城里驻军。"刘邦觉得有道理，马上下令，军队撤回霸上，自己也回军营休息。这一举动，深得民心。鸿门宴脱险、火烧栈道、离间项羽与范增的关系、白登解围等一些重要事件，都是刘邦听从了张良、陈平等人的建议，取得了好的效果。

刘邦善于纳谏，但不是人云亦云，实际上很有主见。统一天下之后，几乎所有的将领都建议分封王侯，刘邦却坚决不听。在定都问题上，大多数人都建议定都洛阳，刘邦也没有听从。

刘邦善于用人、善于谋大事、善于纳谏，成就了他的辉煌帝业，体现了他的雄才大略，这是他主要的一面。但是，人都是有两面性的，刘邦性格的另一面，却有点流氓无赖的嘴脸，与威严的帝王形象，形成很大的反差。

《史记》记载，刘邦的性格，是表面宽厚而内心狡诈，胸有谋略而行事粗鲁，豪放而不拘礼节，还时常干出一些荒唐怪诞的事情来。

刘邦语言粗鲁，喜欢骂人，张口"你老子"，闭口"他娘的"，不管是谁，不高兴了就是一顿臭骂，有时甚至是破口大骂，诸侯王也不例外。魏王豹反叛汉朝，原因之一就是不能忍受刘邦的辱骂。

汉朝建立以后，对众臣论功行赏。刘邦认为萧何的功劳最大，因而封赏的食邑最多。众将领不服，说："我们身经百战，出生入死，攻略城池，夺取土地，屡立战功。萧何没有上过战场，只是舞文弄墨，发发议论，封赏反倒在我们之上，这是为什么？"

刘邦一听，不高兴了，说："你们见过打猎吗？打猎时，追咬猎物的是狗，而指挥狗的是猎人，猎人当然比狗的功劳大。你们虽然有战功，但只不过就像狗一样，而萧何就像猎人，狗怎能与人相比呢？"

刘邦待人傲慢无礼。刘邦西征途中，路过高阳。高阳有个贤士，叫郦食其，已经六十多岁了。他听说刘邦仁义宽厚，就去求见。刘邦却叉开两腿坐在床上，让两个女子洗脚，见了郦食其爱答不理的。郦食其很生气，责怪刘邦说："您如果想要诛灭暴秦，就不应该这样对待长者。"刘邦倒是闻过即改，马上站起身来，整理好衣服，施礼道歉。

还有一次，刘邦派人策反了黥布，黥布去拜见刘邦。黥布当时已是诸侯王了，接见黥布，应该是件很隆重的事情。但刘邦却是一边洗脚，一边接见黥布。黥布感觉受到侮辱，后悔前来，甚至想要自杀，直到见自己的用器、饮食都与刘邦相同，才减轻了心中火气。

刘邦待人傲慢，并不是摆架子，看不起人，他就是这样的性格，随随便便，不讲礼节。刘邦如此，群臣也跟着效仿，在朝廷喝酒时，经常大呼小叫，有的甚至拔剑砍击庭中立柱，没有规矩，不成体统。

刘邦行事有些荒唐怪诞。在楚汉战争时期，刘邦知道要想夺取天下，儒家那一套不管用，所以不喜欢儒生。有的儒生求见，刘邦就一把扯下他的帽子，往他帽子里撒尿。历史上的帝王，有哪个能做出这等荒唐事来呢？

刘邦统一天下以后，知道儒家思想有用了，又专门跑到曲阜，以隆重礼仪祭奠孔子。刘邦是历史上第一个亲临孔庙祭孔的帝王，这与他向儒生帽子里撒尿，形成了鲜明对比。

刘邦当皇帝以后，一次借口生病，一连十多天不出宫门，也不让群臣见他。樊哙忍不住了，径直闯了进去，见刘邦躺在床上，拿宦官当枕头，枕着睡觉。樊哙指责他说："您难道不知道赵高作乱的事情吗？"刘邦听了，笑着从床上爬起来。

还有一次，大臣周昌进宫奏事，正巧撞见刘邦搂着美女亲热，周昌赶紧扭头就跑。刘邦却追了上去，把周昌按倒在地，骑在他脖子上，并且问道："你看老子是一个什么样的皇帝？"周昌挺直脖子，昂起头说："我看您就是夏桀、商纣那样的皇帝。"刘邦听了，并不生气，反而哈哈大笑，说："你的狗胆真够大的。"堂堂帝王，能做出这等怪诞事来的，在历史上恐怕没有几个。

刘邦性格上虽有缺陷，但掩盖不了他的雄才大略，反而衬托出了他鲜明的个性。毕竟皇帝也是人，而不是神。

# 张良运筹帷幄却名过其实

张良是刘邦的重要谋士，与萧何、韩信并称为"汉初三杰"。刘邦夸赞他说："运筹帷幄之中，决胜于千里之外，我不如张良。"运筹帷幄，是指坐于军帐，统筹全局，主持大计。从《史记》记述来看，刘邦这句话有些自谦。张良确实足智多谋，经常出谋划策，然而，真正运筹帷幄、主持大计的，却是刘邦本人。刘邦是一位具有远见卓识的战略家和政治家，张良只不过是一位高明的谋士，他所起到的作用，没有想象的那么大。所以，司马迁写的《留侯世家》，是排在萧何、曹参之后的。

《留侯世家》记载，张良出身于韩国贵族。他的祖父和父亲，先后担任过五代韩王的国相，家族显赫，家庭富裕，有奴仆三百多人。秦国灭韩之后，张良的显贵生活自然结束了，所以他对秦朝有着刻骨仇恨。张良为了报仇，用全部家产寻求勇士，打算刺杀秦王。

经过多方寻找，终于找到一个大力士，打造了一个重达一百二十多斤的大铁锤。秦始皇到东方巡视，路过博浪沙。张良和大力士埋伏在那里，见秦始皇车队浩浩荡荡而来，不知道秦始皇乘坐哪一辆车。大力士就瞄准了中间一辆豪华车子，奋力把大铁锤投掷过去，只听"扑通"一声，顿时车毁人亡。可是，秦始皇并不在那辆车上，张良他们赶紧趁乱逃走。秦始皇震怒，下令全国缉查，结果没有抓到刺客。张良改名换姓，跑到下邳躲藏起来。像这样搞暗杀，充其量是侠客所为，而不是政治家应该干的事情。

张良在下邳住了十年，他行侠仗义，逐渐有了名气。这期间，项伯因为杀了人，逃到下邳，被张良藏了起来。张良对项伯有救命之恩，所以项伯在鸿门宴上袒护刘邦。陈胜起义的消息传来，张良十分兴奋，也聚集了一百多人，起兵反秦。张良自知力量弱小，打算去投奔楚假王景驹，正巧半路上遇见了刘邦。

刘邦当时率领几千人的队伍，正在攻打下邳以西的地方。张良与刘邦交谈后，认为刘邦能成大事，就没有去投奔景驹，而是归顺了刘邦。刘邦对张良也很赏识，但没有当作身边的谋士，而是任命他做了一名厩将。在这期间，张良为刘邦出过一些计谋，但在大的战略方面，没有提出过高深的见解。

后来，刘邦投靠了项梁，张良自然也跟了过去。项梁为了扩大影响，拥立了楚怀王。张良见状，也想恢复韩国，就对项梁说："您已经拥立了楚王的后人，为了增强同盟者的力量，也应该拥立其他诸侯王的后人。韩国公子韩成，是韩王的后代，十分贤能，请求立他为王。"

项梁同意了，派张良找到韩成，立他为韩王。于是，张良离开了刘邦，去辅佐韩王，担任了韩王的司徒，相当于丞相。韩王和张良率领一千多人，向西进军，攻取韩国原来的领地，企图恢复韩国的地盘。张良他们起初还算顺利，夺取了几座城邑，但秦军一反击，城池又被夺了回去。经过一年多的时间，韩军没有任何进展，也没有打下固定的地盘，只好在颍川一带打游击，处境十分困难。这期间，张良尽心辅佐韩王，但没有什么建树，也没有显示出他的才能。

一年之后，刘邦率军西征，经过韩国，大败秦军，一举攻克了十余座城邑，收复了韩国大片领地，也解救了处于困境的韩军。韩王十分感激，自己留守阳翟，派张良去帮助刘邦西征。张良再度与刘邦合作，但此时的张良，是韩国的大臣，而不是刘邦的属下。

在西征过程中，张良出过一些好的计谋，做出了贡献，特别是在鸿门宴上，如果没有张良的周旋，刘邦可就危险了。刘邦很尊重张良，几乎是言听计从，但并没有把他当成自己的心腹，所以，当刘邦被封为汉王，率军去巴蜀的时候，就与张良告别，让他返回韩国去了。可见，当时张良在刘邦心目中的地位，并不是特别重要，不然的话，凭刘邦的智慧和手段，一定会千方百计留住张良的。

张良再次与刘邦分手，继续辅佐韩王，仍然没有什么建树。项羽因为韩王帮助刘邦的缘故，对韩王很不满意，东返时顺手把韩王带到了彭城，不让他回国，张良也跟随去了。后来，项羽任性地把韩王变成侯，降了一级；再后来，干脆把韩王杀了。张良见情况危险，性命堪忧，赶紧逃走，抄小路跑到刘邦军营。刘邦此时已经平定关中，正在挥师东征，见张良又来归顺，十分高兴。从此，张良死心塌地追随刘邦，辅佐刘邦夺取天下。正是因为有刘邦这样的明主，张良的聪明智慧才得到了充分发挥。

张良成为刘邦的真正谋士之后，出的第一条计策，是劝刘邦重视彭越、韩信、黥布三人的力量。张良说："要想打败项羽，必须用好这三个人。彭越在梁地反楚，可以联合；黥布是楚国猛将，但与项羽有隔阂，可以策反；韩信是我军将领中能够托付大事的人，可以独当一面。"

刘邦很赞同，马上派人去联系彭越，策反黥布，同时派韩信独自率军，去开辟第二战场。后来，刘邦又听从张良建议，给三人封王封地，极力拉拢，使他们全力效命。最终，主要依靠这三支力量，消灭项羽于垓下。张良的这一计策，体现了他识人用人的才能。

张良为刘邦出的最重要的计策，是劝阻了刘邦封立诸侯王后人的打算。当时，楚汉双方僵持不下，一时难分胜负。有儒生建议说："秦灭了六国，六国的后人没有立足之地，心中怨恨。您如果重新封立六国的后人，让他们接受您的印信，他们一定会感恩戴德，六国的百姓都会顺从归服。这样，楚国就孤立了，您就能够得到天下。"刘邦觉得有道理，赶快让人刻制印信。

张良听说了此事，感到不妥，急忙去见刘邦。刘邦正在吃饭，张良直截了当地说："封立六国后人，这是个馊主意。如果恢复了六国，天下之人就都回自己的国家效力去了，谁还跟着您打天下呢？再说，项羽现在仍然很强大，六国为了自己的利益，可能会去依附楚国，那您的大业不就完了吗？"刘邦一听，顿时醒悟，饭也不吃了，吐出口中食物，骂道："这个书呆子，差点坏了老子的大事。"马上命人销毁了那些印信。张良劝阻刘邦一事，体现了他的政治远见和深谋远虑。

张良为刘邦出的最有效的计策，是劝谏刘邦封赏功臣。刘邦登基称帝以后，必然要论功行赏。但封赏不是一件容易的事，众将领都觉得自己的功劳大，纷纷争功，终日争吵不休，难以决定高下。刘邦只封赏了二十多人，就进行不下去了。刘邦感到头痛，只好暂时搁置。

有一天，刘邦远远望见一些将领聚在一起议论，就问张良，他们在干什么？张良故弄玄虚地说："陛下不知道吗？他们在议论谋反啊。"刘邦吓了一跳，说："天下已经安定，为什么还要谋反呢？"张良说："这些人跟您辛苦打天下，现在唯恐得不到封赏；有的人平时有过错，也担心您报复。所以，常常在一起议论，发牢骚。封赏之事拖得越久，人心就越不稳定，是很容易出乱子的。"

刘邦一听，更加头痛了，忙问张良有何计策。张良说："可以挑一个大家都知道您最憎恶的人，先把他封赏了，人心自然就稳定了。"刘邦想了想说："那就先封赏雍齿吧，那小子与我有宿怨，大伙都知道。要不是他有战功，老子早就把他杀了。"雍齿被封赏以后，众将领都很高兴，说："像雍齿那样的人，都被封赏了，我们还有什么可担忧的呢？"刘邦又催促丞相御史，抓紧评定功劳，加快封赏进度，人心很快稳定下来。张良的这一计策，体现了他应对复杂问题的智慧和能力。

张良还在许多方面出过一些好计谋，深受刘邦信任。天下统一之后，刘邦要封给他三万户作为食邑，张良推辞不肯，只愿意受封留县，因而被称为留侯。张良深知"兔死狗烹，鸟尽弓藏"的道理，功成之后急流勇退，辞去一切官职，摒弃人间万事，崇信黄老之学，专心修道养精，最后自然得以善终。

张良的作用虽然没有想象的那么大，但他确实有超群的才干和高明的计谋，特别是他为人忠义，不慕名利，更是难能可贵，所以备受后人推崇。

宋朝评选历代名将时，张良竟然名列第一，排在诸葛亮、孙武、管仲等人之前。也许宋太宗是想提示群臣，要效仿张良，别图名利，赶紧功成身退吧。

# 萧何稳坐关中却惶恐不安

    萧何，是辅佐刘邦治国理政的高手，一代名相，"汉初三杰"之一。刘邦夸赞他说："镇守国家，安抚百姓，保障供应，不绝粮道，我不如萧何。"这话是真的。

    刘邦善于运筹帷幄谋大事，管理政务确实比不上萧何。萧何镇守关中，治理得井井有条，源源不断地向前线输送大量物资和兵员。没有关中这个巩固的后方，刘邦就不可能取得天下。所以，在刘邦心目中，萧何的功劳最大。按理说，萧何应该志得意满，心情舒畅，但想不到的是，他却整日惶恐不安，如履薄冰。萧何惶恐的原因，正是因为功劳太大，把关中治理得太好，生怕引起刘邦的猜忌。司马迁在《萧相国世家》中，把萧何的处境和心态描写得淋漓尽致，读后令人感慨不已。

    《萧相国世家》记载，萧何与刘邦是同乡，都是沛县人。萧何在县令手下当官吏，他通晓法律，无人能比，办事有条有理，清清楚楚，在公务考核中名列第一。有一次，秦朝的御史来考察，发现萧何有才干，打算推荐他入朝做官。这本来是可遇而不可求的大好事，但萧何看出秦朝难以长久，便再三推辞，始终没有入朝任职。萧何确实挺有远见的。

    刘邦还是平民的时候，萧何就认识他，感到刘邦不是平凡之辈。刘邦整日游手好闲，有时还惹是生非，萧何凭着官吏的职权，多次保护他。后来刘邦当了亭长，萧何更是处处帮助他，两人成了好朋友、铁哥们儿。

    有一次，刘邦以官员的身份到咸阳服役，县里的官吏都来送行，每人奉送了三百钱，唯有萧何送他五百钱。事情虽然不大，刘邦却一直记在心上，等他称帝以后，封赏功臣，额外多封给萧何两千户，以报答当年多给他二百钱的情谊。刘邦在沛县起义，萧何率先响应，并利用自己的影响力，拥立刘邦当了沛公。从此，萧何死心塌地跟随刘邦，辅佐他夺取天下。萧何看人也是挺准的。

萧何慧眼独具、善于识人，突出表现在他发现并推荐了韩信这个军事奇才。韩信原是项羽的手下，因不受重用，投靠了刘邦。刘邦也没有重用他，韩信很是失望。萧何曾与韩信多次交谈，发现他才能出众，打算向刘邦推荐，还没来得及说，韩信却逃走了。萧何知道后，心中大急，顾不上报告刘邦，单人独马连夜追赶，一直追出很远，才把韩信劝了回来，这就是著名的"萧何月下追韩信"的故事。

萧何对刘邦说："像韩信这样的杰出人才，普天之下，找不出第二个。您如果想夺取天下，没有韩信不行。"刘邦确实有过人之处，他并不了解韩信，但他知道萧何对自己忠心不二，又善于识人，他推荐的人，一定错不了。于是，刘邦以隆重的礼仪，封韩信为大将军。韩信从此大展身手，建立了盖世奇功。可以说，没有萧何，就没有韩信的成就。至于后来，韩信谋反，萧何又设计帮助吕后杀了韩信，所以有"成也萧何，败也萧何"的说法。其实，不管是推荐韩信，还是杀掉韩信，萧何都是忠心为刘邦着想，无可厚非。

萧何的特长，不是冲锋陷阵，而是治国理政。在灭秦过程中，他跟随刘邦左右，做他的助手，督办各种公务。刘邦西征进了咸阳，将领们争先恐后奔向府库，抢取金帛财物，唯独萧何不顾这些，急如星火地赶往丞相和御史府，将地理图册、户籍档案、法律条文全部收藏起来。这些，都是治理国家不可缺少的。正是因为有了这些档案，才使刘邦对天下的关塞险要、各地强弱、民众多寡、风俗民情了如指掌，为夺取天下、建立汉朝政权起到了巨大作用。萧何不愧为相才。

刘邦平定三秦之后，就要率军出关，与项羽争夺天下。汉中及巴蜀之地，沃野千里、物产丰富、地势险峻，需要得力之人镇守，这自然非萧何莫属。于是，萧何以丞相的身份留守汉中。萧何身负重任，兢兢业业，竭尽全力建设后方，不断为前线提供粮草和兵员。刘邦与项羽对峙数年，军粮从不缺乏。有几次刘邦战败，军队溃散，萧何及时从关中派来援军，使刘邦转危为安。刘邦部队疲惫了，也时常回到关中休整。

有这样一块可靠的根据地，刘邦没有后顾之忧，心中有底气，可以放手与项羽拼搏。但是，刘邦在内心深处，却有一些担心。关中之地，实在太重要了，如果萧何有野心，在关中自立为王，那刘邦不就完蛋了吗？尽管萧何是他的铁哥们儿，但在巨大的利益面前，任何人都不能百分之百地相信。刘邦具有雄才大略，自然明白这一点。但他当时没有别的办法，只好经常不断地派人慰劳表彰萧何，千方百计要把萧何笼络住。客观来讲，刘邦的担心是可以理解的，毕竟部下反叛的事情，多得不胜枚举，特别是在天下大乱之时，谁不想当王呢？

萧何一心一意为刘邦效命，对刘邦的担心，起初并没有察觉，对刘邦经常派人来慰劳，还很得意。直到有一天，有个叫鲍生的人对他说："丞相觉得汉王经常慰劳您，这事正常吗？"萧何茫然。鲍生又说："您日夜操劳，确实辛苦，但远离战场，生活稳定。而汉王在前线打仗，风餐露宿，还十分危险，比您辛苦多了。但汉王却屡次派人来慰劳，明显是对您不放心啊！"

萧何一听，猛然醒悟，冷汗就流了下来。被主子怀疑，可是一件危险的事情。萧何站在刘邦的角度想想，心中豁然明白了。从此，萧何不敢得意，更不敢大意，而是更加小心谨慎。刘邦军中所需之物，不敢有丝毫怠慢，总是按时送达，要人有人，要粮有粮。遇到大事，也不敢擅自做主，而是及时向刘邦汇报。萧何一边呕心沥血地治理汉中，一边还要处心积虑地消除刘邦的疑心，日子过得能不如履薄冰吗？

后来，萧何为了消除刘邦猜忌，使出了绝妙的一招，他把自己已经成年的儿孙、兄弟以及家族的几十名青壮年，全部送到刘邦身边，名义上是从军打仗，实际上是给刘邦当人质去了。刘邦对此非常高兴，也放心了许多。

后来，刘邦率军北上，平息陈豨的叛乱。这期间，韩信与陈豨勾结，意图谋反，被吕后所杀。刘邦又开始担心萧何了，对萧何封官加爵，拜萧何为相国，加封五千户，还专门为萧何设置了五百人的卫队。众人都来祝贺，但有人却对萧何说："这绝不是好事，皇上风吹日晒，统军在外，你留守朝中，十分安逸，皇上反而增加您的封邑，并设置卫队，很不正常。这是因为韩信刚刚谋反，皇上对您不放心的缘故。"萧何认为说得很对，赶紧辞掉封赏，并且把家中资产全部献出，捐助军队。刘邦果然十分高兴。

萧何心里清楚，刘邦屡屡猜忌自己，根本原因，就是自己功劳太大，威望太高。他治理关中多年，制定法令，教化百姓，发展经济，功绩斐然，深得人心。如果他想作乱，必定会一呼百应，刘邦怎么能不提防呢？要想彻底消除刘邦的担心，只有自污名节。于是，萧何故意低价强行购买别人的土地房屋，干一些令老百姓不满意的事情。果然，刘邦班师回京，许多百姓拦路上书，状告萧何的"劣行"。刘邦十分高兴，把告状信都交给萧何，让他自己处理去了。

萧何的能力太强了，所以，刘邦一边重用他，一边又提防他，有时还敲山震虎。有一次，刘邦找借口把萧何下到狱中，但很快又放了他。萧何赤脚步行前去谢罪，刘邦笑着说："相国没有罪。我之所以把你拘禁起来，是想让人们知道，我是昏君，你是贤相。"这话明显是言不由衷，也只有刘邦能说得出来。面对这样的主子，萧何也没有办法，只好一边勤勉做事，一边设法打消刘邦的疑心，真是太不容易了。刘邦死后，萧何继续辅佐汉惠帝，最后总算得以善终。

其实，刘邦和萧何，君臣两人都不容易，各有各的立场和苦衷。这起初的铁哥们儿，后来搞成这种关系，归根结底，都是"利益"两个字闹的。

# 韩信军事奇才却政治平庸

韩信，是历史上著名的军事家，与张良、萧何并称为"汉初三杰"。刘邦夸赞他说："统率百万大军，战必胜、攻必克，我不如韩信。"这话没错，刘邦善于统筹战略问题，战术方面确实比不上韩信。

韩信率军开辟第二战场，擒魏、破代、灭赵、降燕、伐齐，直至垓下全歼楚军，身经百战，无一败绩，被后人奉为"兵仙""战神"。然而，这样一位军事奇才，在政治上却很平庸，不会处理关系，只知道谋军事，不懂得谋自身，功成之后，反而被杀，夷灭三族，令人痛惜。司马迁专门写了《淮阴侯列传》，记述了韩信的事迹。

《淮阴侯列传》记载，韩信是淮阴人，年轻的时候，家里很穷，自己不想办法维持生活，而是经常到别人家里蹭吃蹭喝，人们都很厌恶他。韩信曾经一连数月，在南昌亭长家里吃闲饭，亭长妻子终于不能忍受，把他赶走了。

韩信没地方吃饭，在河边溜达。一群女人在洗衣服，其中一位大娘心善，见韩信饿了，就把自己带的饭给他吃。韩信却一连几十天都去吃大娘的饭，还对大娘说："以后，我一定会重重地报答您。"大娘十分生气，指责他说："大丈夫不能养活自己，何以立于天地之间？我是可怜你，才给你饭吃，难道是要你报答吗？"可见韩信为人处世的方式，不受人们喜欢。

韩信虽穷，却有大志，想去做官，因为品行不好，没有被推选。韩信腰里带把剑，整日游手好闲。一天，淮阴屠夫中有个年轻人拦住他，挑衅说："你虽然长得高大，还带着剑，其实是个胆小鬼。你如果不怕死，就拿剑刺我；如果你怕死，就从我裤裆下钻过去。"韩信打量了他一番，然后趴在地上，果真从他裤裆下爬了过去，满街的人都哄然大笑，这就是著名的韩信"胯下受辱"的故事。

陈胜起义，天下大乱。项梁率军来到淮阴，韩信参加了项梁部队，当了一名小兵，项梁死后，又隶属于项羽。项羽让他做了执戟郎中，是一名低级军官。韩信屡次献策，以求重用，但项羽都没有采纳。等到刘邦入蜀之时，韩信就脱离项羽，投奔了刘邦，但也只是做了一个接待宾客的小官。

在这期间，韩信不仅没有受到重用，反而险遭杀身之祸。不知因为何事，韩信犯法，被判斩刑。刑场之上，眼见同伴十三人都已经人头落地，最后轮到了韩信。韩信壮志未酬，心中不甘，仰天长叹，恰巧看见夏侯婴从此路过，便大声喊道："汉王难道不想夺取天下吗？为什么要杀壮士！"

夏侯婴闻声一看，见韩信相貌堂堂，说话不同凡响，就把他放了。夏侯婴与他交谈后，认为韩信有才干，就向刘邦推荐。刘邦没有察觉韩信有出奇超众的才能，看夏侯婴面子，便让他做了治粟都尉，官稍大了一点。夏侯婴与刘邦是贫贱之交，忠心耿耿，屡立战功。许多人只知道"萧何月下追韩信"，殊不知，当时如果没有夏侯婴，韩信早就成了刀下之鬼，哪里还有什么大功可言。

后来，韩信的才能终于被萧何发现了。萧何竭力劝说刘邦，让韩信当了大将军。刘邦在拜将仪式结束之后，与韩信做了一番长谈。韩信终于有了机会，展示自己胸中韬略和军事才能。他向刘邦阐述了天下大势，分析了刘邦与项羽各自的优势和劣势，提出了一些精辟的见解。

韩信说："项羽虽然凶猛，但只是匹夫之勇；他虽然待人慈爱，部下生病，他都流泪，也不过是妇人之仁；项羽号称霸王，却分封不公，残暴无道，已经失去人心。所以，项羽是不难被打败的。大王要与他反其道而行之，实行仁义，重用人才，分封功臣。应该首先平定三秦，以关中为根据地，然后挥师东征，夺取天下。"

韩信这一番宏论，总体上是对的，刘邦十分高兴。但在一个重大问题上，韩信却与刘邦有着严重分歧。韩信建议刘邦，打下来的城邑和土地，用来分封功臣，同享富贵，以便让人心服口服。刘邦作为远见卓识的政治家，对此却并不赞同，他要搞的，仍然是中央集权。同时，刘邦也看出韩信有称王的野心，对他产生了提防之心。

刘邦按照韩信的计策，迅速平定三秦，同时占领了关外大片土地。然而，刘邦并没有听从韩信分封的建议，而是继续实行郡县制。刘邦在关中设立了陇西、北地、上郡、渭南、河上、中地等郡，在关外设置了河南郡、河内郡，占领魏国以后，又把魏国设置为三个郡。可见，早在韩信出山之前，就与刘邦有了严重分歧，引起了刘邦的猜忌，为日后的悲剧埋下了祸根。而韩信却根本没有意识到这一点，表现了他在政治上见识短浅。

刘邦出关东征，采取的重大战略部署，是兵分两路。一路由刘邦率军，与项羽对峙，吸引楚军主力；另一路由韩信率领，去攻打魏、代、赵、燕、齐广大地区。韩信不负重托，充分展示其军事才能，所向披靡，一路凯歌。他采用"声东击西"之计，一举攻占魏国，活捉魏王，接着又灭掉代国。刘邦闻讯大喜，但立即调走了韩信的精锐部队，同时又派张耳与韩信一同领兵。

张耳，是刘邦的亲信。刘邦还是平民的时候，就与张耳是好朋友，经常在张耳家里一住就是几个月，后来又把宝贝女儿嫁给了张耳的儿子，两人成了儿女亲家。刘邦把张耳派到韩信身边，用意不言自明。

韩信却并不在意，继续乘胜进军，攻打赵国。韩信采取"背水一战""置之死地而后生"等计策，经过一年多苦战，终于占领了赵国。然后，大军威逼燕国，"不战而屈人之兵"，燕国投降。这样，韩信凭借卓越的军事才能，攻占了北方大片土地，为刘邦打下了半壁江山。

这时，刘邦突然清晨来到韩信军营，趁韩信还没起床，闯进卧室，收取了他的印信和兵符，用军旗召集众将，宣布张耳为赵王，韩信任相国，命张耳镇守赵地，韩信去收复齐国。刘邦对韩信猜忌提防之心，已表露得十分明显，而韩信却浑然不觉，十分幼稚。

韩信领兵去收复齐国，走到半路，听说齐国已经归顺了刘邦。这本是件大好事，完全不必用兵了，但韩信为贪战功，竟然趁齐国毫无防备之际，偷袭齐国，攻占了临淄。齐国认为受了骗，杀死刘邦大臣，转而投奔项羽。项羽派出援兵，韩信经过与齐楚联军苦战，虽然最终占领了齐国，但耗费时日，损伤兵力，又让刘邦背上了"不信不义"的黑锅，刘邦心里肯定十分恼怒。

韩信糊涂，没有想到这些，反而派使者去见刘邦，要求封他当假齐王。刘邦勃然大怒，张口骂道："他娘的，现在军情紧急，老子心急如焚，他却要当假齐王。"还没骂完，张良和陈平在桌底下分别踢了他一脚，刘邦顿时醒悟，接着骂道："这小子真没出息，男子汉大丈夫，要当就当真王，当什么假王？"韩信的使者，竟然没有听出破绽。刘邦立即派张良前往，册封韩信为齐王，但心里肯定十分恼恨。韩信丝毫没有察觉，反而对刘邦感恩戴德。

此时，项羽已明显处于劣势，于是派人游说韩信，希望韩信自立为王，与项羽、刘邦三分天下。韩信的谋士中，也有人提出这种建议。韩信犹豫不决，想到刘邦对他的好处，终于不忍心背叛他。

刘邦在一些小恩小惠上，确实对韩信下足了功夫。自己的好衣服，送给韩信穿；自己的好食物，送给韩信吃；对韩信有意见，也隐忍不发。韩信认为刘邦对自己好得不得了，就拒绝了项羽。许多人为此感到惋惜，认为韩信坐失良机。笔者却认为，即便韩信想背叛，也未必能够成功。刘邦是何等人物，他对萧何都时时防范，岂能对韩信不加提防？再说，韩信手下的大将，像曹参、灌婴等人，都是刘邦的心腹，韩信能够反叛得了吗？

后来，刘邦胜局已定，派人与韩信、彭越约定日期，要求三方会合，围歼项羽。但韩信、彭越却按兵不动，直到刘邦答应分给他们土地，才领兵前来，真是太不明智了。这个时候要挟刘邦，能有好果子吃吗？果然，刘邦消灭项羽之后，做的第一件事，就是驱马驰入韩信军营，夺了他的军权。后来，封韩信于楚，也算符合韩信心愿，正谓"富贵而归故乡"。

韩信到了楚地，私自收留了一名项羽手下逃亡的将领，有人告他谋反。刘邦借机逮捕了韩信，随后又赦免了他，改封为淮阴侯，降了一级。这个时候，刘邦对韩信还没有起杀心，但猜忌之心已经非常重了。对皇帝的猜忌，连铁哥们儿萧何都战战兢兢，想方设法化解，而韩信却不知危险，自恃功高，并不在意，更没有设法自保。

有一次，刘邦问他，凭你我的能力，各自能带多少兵？韩信依然很神气地说："您最多只能带十万兵，而我是多多益善。"刘邦不服气，说："你有那么大的能耐，怎么被我逮住了？"韩信只好说："您不能带兵，却善于驾驭将领。"这番话，体现了韩信十分自负，还有点天真。

客观来讲，韩信尽管有些错误，但立有盖世大功，只封为侯，确实有失公平，韩信心中不平，也可以理解。但是，韩信千不该万不该，不该在此时起了谋反之心。

陈豨赴外地上任，向韩信辞行。陈豨曾在韩信手下为将，对韩信很崇拜。韩信对陈豨说，刘邦猜忌之心很重，必要时可以造反，他在京城做内应。陈豨后来果然造反，刘邦亲自率军前去平定，韩信托病没有随从。韩信与家臣商量，打算假传诏书，赦免罪犯和奴隶，发动他们去袭击吕后和太子，与陈豨里应外合。韩信真是糊涂而幼稚，此时天下已定，人心思稳，自己又无兵权，造反岂不是找死吗？韩信过高地估计了自己的力量，低估了吕后。

韩信部署完毕，还未行动，不料一个家臣告密，出卖了他。吕后闻讯大惊，立即与萧何商量，设计骗韩信入宫，立刻杀掉，并灭其三族。刘邦得知后，既高兴又惋惜。韩信死时，只有三十六岁，正值英年，令人惋惜，被后人寄予深切的同情。

司马迁评价说："假设韩信能够谦恭退让，不夸耀功劳，不自恃才能，那么，他的功勋可以与周公、召公、太公相比了。可是，他没能这样做，天下已经安定，反而图谋叛乱，诛灭宗族，不也是应该的吗？"

可见，人无完人，一个人如果在某个方面能力超强，必定会有弱的一面，十全十美的人，是没有的。

韩信虽有反意，但尚未成行，统治者全然不念韩信大功，断然杀掉，还灭其三族，未免太狠毒了，难怪遭到后人指责。刘邦落下诛杀功臣的恶名，也应该是个教训。

# 曹参战功名列第一

刘邦身边，除了"三杰"之外，还有一大批谋士和猛将。他们各有所长，尽心尽力辅佐刘邦。若论横刀立马、冲锋陷阵、攻城拔寨、战功卓著，曹参堪称第一人。曹参不仅武功了得，文治也有一套。萧何死后，他接任相国，萧规曹随，开创了汉初清明之世。司马迁专门写了《曹相国世家》，记载了他的事迹。

《曹相国世家》记载，曹参也是沛县人，与刘邦同乡。曹参在沛县当小吏，萧何是他的上司，刘邦是他的下属。三人情投意合，交情深厚，是铁哥们儿。刘邦起义以后，他俩自然成为刘邦的左右手。萧何善于办理公务，曹参善于领兵打仗。当时，刘邦身边将领不多，韩信、彭越、黥布等人尚未归顺，曹参就是军中主将。

曹参作战勇猛，身先士卒，不怕牺牲，深受士兵拥护。刘邦起义之初，他率军攻打胡陵、方与、丰邑、虞县等地，大破秦兵。在攻打爰戚和亢父时，曹参都是第一个冒死登上城墙，勇不可当。刘邦投靠项梁之后，军力大增。曹参率军向北救援东阿，攻打定陶，夺取临济；向南救援雍丘，打败李斯儿子李由的部队，并杀死李由。楚怀王封刘邦为砀郡长，刘邦任命曹参当爰戚县令，成为他的得力助手。

刘邦率军西征，曹参充当先锋，一路攻城夺隘，抢关破阵。他先后与秦朝名将王离、王贲交锋，获得胜利，又打败杨熊率领的秦军，俘虏了秦朝的司马和御史。曹参还攻下轩辕、缑氏，占据黄河渡口，为刘邦西征开辟了道路。

在西征过程中，曹参一马当先，冲锋在前，军心大振，势不可当，大军一路西进，兵指咸阳。秦朝慌了手脚，急忙派军阻截。又是曹参大展神威，在蓝田南面大败秦军，接着马不停蹄，乘胜追击，在蓝田北面将秦军彻底消灭，随即兵临咸阳城下。秦王子婴无兵可派，只好出城投降。曹参在刘邦西征、灭亡秦朝过程中，立下了赫赫战功。

刘邦平定三秦、出关东征以后，兵分两路，他和韩信各领一路。曹参智勇双全，勇猛无敌，如果留在自己身边，岂不是得心应手，也不至于屡次被项羽打败，搞得狼狈不堪。但刘邦却把曹参派给了韩信，这正是刘邦的高明之处。曹参是他的铁哥们儿，如果韩信命他攻城略地，曹参自然奋勇向前；假如韩信想要反叛刘邦，曹参岂肯善罢甘休？刘邦一方面要利用韩信的军事才能，另一方面又在韩信身边安插了许多亲信，比如曹参、张耳、灌婴等人。所以，刘邦几次都能够轻而易举地夺取韩信的兵权。有这些亲信在，韩信即便想要反叛，恐怕也难以成功。刘邦确实是雄才大略。

曹参在韩信手下，仍然是一员得力的大将。曹参打仗不怕死，常常带头拼杀，在军中有着极高的威望。曹参跟随韩信南征北战，多次负伤，屡立战功。韩信一门心思谋划打仗，没有花花肠子，对曹参很欣赏，也很信任，遇有硬仗，常派他出马。

攻打魏国的时候，是曹参率兵击溃魏军，然后长途追击，活捉了魏王，一连夺取魏国五十二座城邑；在攻打赵国的时候，也是曹参打败赵国夏说的军队，斩杀了夏说，并乘胜追击，歼灭了赵国戚将军的部队，为夺取赵国立下大功；在与齐楚联军作战的时候，又是曹参首先攻占临淄，不久又大败敌军，斩了楚国大将龙且，俘虏了他的部将周兰，还捕获了齐国丞相田光和将军田既，攻占七十余个县，最终平定齐国。

当韩信率军参加垓下之战的时候，刘邦没有让曹参再继续跟随韩信作战，而是命他留在齐国镇守。有人对刘邦进谏说："齐国是战略要地，东有琅邪、即墨之富饶，南有泰山之险固，西有黄河天险，北有渤海地利，即使有百万军队来犯，齐地只需二十万兵力就可以抵挡。所以，只有陛下最亲近的人，才可以做齐王。"于是，刘邦把韩信改为楚王，封长子刘肥为齐王，任命曹参为相国，辅佐自己的儿子。可见刘邦对曹参是高度信任的。

当时，刘肥年轻，齐国大事皆由曹参做主。曹参重视人才，他把办公的正厅腾出来，让招揽的人才住进去，自己则住在偏房。曹参采用黄老学说治理齐国，施行仁政，清静无为，很快医治了战争创伤，社会稳定，百姓归附，人们纷纷称赞。

刘邦不仅让曹参治理齐国，遇有大事，首先还是想到曹参。陈豨作乱时，刘邦命曹参率军攻打陈豨的部将张春，大获全胜；黥布造反时，刘邦又命曹参率兵出征，合攻黥布，平息了叛乱。

刘邦对同样是铁哥们儿的萧何，时常还有猜忌之心，而对于曹参，刘邦没有任何猜忌和防范，一直委以重任。因为刘邦知道，曹参忠心耿耿，没有二心，更重要的是，他对刘邦的皇权构不成威胁。刘邦并不是所有的功臣都杀，只有对他造成威胁的，他才痛下杀手。

曹参虽然战功卓著，又深得帝宠，却十分谦和，人缘很好。所以，当刘邦评议功臣排位时，文臣武将纷纷举荐曹参功居第一，并历数曹参功绩。曹参总共灭掉了两个诸侯国，夺取一百二十二个县，俘虏诸侯王两人，丞相三人，将军司马等十人，而且不惧生死，屡次负伤。群臣还硬让曹参脱下衣服，当场展示身上伤疤。只见曹参浑身上下，伤痕累累，粗略计算，竟有七十多处创伤，刘邦和群臣都感动不已。

刘邦因为之前已经给了萧何最高食邑的封赏，也想根据众人意愿，把曹参定为功臣第一。这时，有一位大臣进言说："曹参虽然功劳很大，但不过是一时的事情，还是不能与丞相萧何相比。陛下与项羽对峙五年，萧丞相留守汉中，源源不断地供给物资和兵员，还多次解救陛下于危难，这是万世不朽之功。假如没有曹参，对陛下大业影响不是很大，但如果没有萧丞相，陛下是很难取得天下的。所以，综合来看，应该是萧丞相功劳第一，曹参次之。"

刘邦一听，觉得也有道理，最终决定，萧何功劳第一，曹参第二。对此，许多人心中并不服气。曹参与萧何也产生了隔阂，但没有闹到台面上，更没有影响大局。后来，萧何临终时，仍然推荐曹参为相国人选。

萧何病重时，曹参仍在齐国为相，听到萧何去世的消息，心中悲伤，冷静一想，便让门客赶快整理行装，说："我将要入朝当相国去了。"门客们都不相信。过了不久，朝廷果然召曹参入朝为相。

曹参接任相国之位，从各郡挑选了一些厚道之人，充当相府的属官，辞掉了一些喜欢说花言巧语的人。属下有些小的过失，曹参也不追究，反而隐瞒遮盖，相府上下和谐无事。对萧何制定的法令规定，曹参不做任何改动，只是强调继续遵守。之后，曹参便整日饮酒，不理政事。

对曹参的行为，百官颇有微词。汉惠帝也十分担忧，埋怨曹参，说他无所作为。曹参脱帽谢罪说："请陛下考虑一下，您和先帝谁强？"惠帝回答："我怎么敢与先帝相比呢？"曹参又问："陛下认为我与萧相国相比，谁强？"惠帝说："萧何好像比你强一些。"曹参接着说道："陛下说得很对，先帝和萧相国平定天下，制定法令，他们的智慧才能无人能比。如今，我们只要认真遵循，谨守各自的职责，天下自然稳定，而不应该随意更改。"汉惠帝听了，打消了疑虑，心里高兴起来。从此，便有了"萧规曹随"的成语。

曹参的做法是对的，当时，人们经历了多年战乱，之前又深受暴秦之苦，最重要的是休养生息。曹参顺应时代需要和民众愿望，实行清静无为的治国策略，使得社会稳定，经济发展，民众安居乐业。老百姓都编成歌谣赞颂曹参。曹参与萧何一样，成为一代贤相，名垂史册。

# 陈平智谋高人一筹

　　陈平，是刘邦的重要谋臣。他机智灵活，多谋善变，常出妙计，为刘邦夺取天下、巩固帝位做出了重要贡献。陈平与韩信不同，他特别善于谋自身。刘邦称帝之后，许多功臣下场不好，有的被猜忌，有的被杀掉，而陈平则平安无事，依然受到重用；在吕后执政时期，陈平仍然顺风顺水，堪称是"不倒翁"。司马迁专门写了《陈丞相世家》，记载了他的事迹。

　　《陈丞相世家》记载，陈平是阳武县户牖乡人，父母早亡，他和哥嫂一起生活，家中有薄田三十亩，由哥哥陈伯耕种。陈平不爱干农活，喜欢读书，经常外出求学。兄弟俩关系很好，嫂子却对他有意见，嫌他不顾家、不干活、吃闲饭。陈伯很生气，把妻子休掉赶走了。

　　陈平素有大志，有一次祭祀土地神，陈平做主持割肉的人，他把祭肉分配得很均匀。父老乡亲都夸奖他，说："陈家孩子有出息，会分割祭肉。"陈平很神气地说："这算什么，假如让我主宰天下，也一样分配得公平。"

　　陈平成年后，身材高大，相貌堂堂，是个帅哥。他想娶个有钱人家的女儿为妻，但因家境不富裕，有钱人看不上他，因而很长时间都没有讨上媳妇。当地有个富户，叫张负，家产颇丰。张负有个孙女，一连嫁了五个男人，结果五任丈夫都死了，落了个"克夫"的名声，没人敢娶她了。陈平却不在意，表示愿意娶她。张负很高兴，倒贴钱为孙女和陈平办了婚事，还嘱咐孙女，一定要好好侍奉陈平。陈平娶了张家女子以后，资财日益富裕，有了钱，交游也越来越广了。看来，陈平是很讲实惠的。

陈胜起义，天下大乱，各地纷纷称王。陈平伙同一些年轻人，投奔了魏王。魏王不识人才，没有重用他，陈平就离开了，投靠了项羽。陈平在项羽那里待的时间不短，并跟随项羽入关。项羽分封时，赐给他卿一级的爵位。项羽东归，陈平又跟随他到了彭城。项羽一介武夫，只迷信个人的力量，很少听从别人的计策，陈平自然没有用武之地。所以，当刘邦率军出关，与项羽争夺天下之时，陈平毅然决定，背离项羽，投奔刘邦，以博取功名。

陈平只身一人逃走，来到黄河边，找了一个船夫，渡他过河。不料船夫是个强盗，船到河中间，船夫死盯着陈平腰间看，打量着陈平身上带有多少金银。陈平是个机警之人，见船夫目露凶光，想图财害命，急中生智，口中称热，把全身衣服脱得精光，帮着船夫撑船。船夫见陈平身上并无多少钱财，就打消了念头，陈平躲过了一劫。

陈平见到刘邦，刘邦与陈平交谈后，认为他很有才干，十分喜欢，当天就任命他为都尉，让他负责监军，并让陈平乘坐他的车子，这是相当高的待遇了。众将领都喧哗起来，说我们跟随汉王多年，还不如一个楚国的逃兵受宠。周勃、灌婴等人是刘邦旧部，与刘邦关系密切，也诋毁陈平，说他曾经与嫂子私通，品行低劣。

刘邦确实雄才大略，与常人不同，他知道陈平有才干，能帮助他夺取天下，这就足够了，管他盗嫂干什么。刘邦仍然对陈平信任有加，陈平也为刘邦出了许多奇谋妙计。陈平被后世认为是才能出众而品行不端的典范，其实是冤枉。从《史记》记载来看，他和嫂子的关系并不好，说他与嫂子私通，既无根据，也不可能，应该是诽谤。

刘邦与项羽在荥阳长期对峙，双方都难有进展。陈平对刘邦献计说："眼下双方势均力敌，单靠军事力量很难取胜，不如采用反间计，让他们内部自乱。项羽为人猜忌多疑，头脑简单，好听谗言，搞离间是很容易的。"刘邦认为此计可行，马上拿出四万斤黄金，任凭陈平使用。

陈平用这些黄金拉拢楚军将领，搞离间活动。楚军将领钟离昧，智勇双全，是项羽的得力助手。陈平在楚将中散布谣言，说钟离昧自恃功高，埋怨项羽不予封王，想与汉王联合，灭掉项羽，自立为王。

项羽听到谣言后，果然怀疑钟离眜，不敢再信任他了。

范增是项羽的主要谋士，从项梁起兵时就辅佐项氏，很有智谋，又忠心耿耿，项羽尊称他为"亚父"，刘邦很忌惮他。陈平略施小计，就离间了项羽和范增的关系。其实做法很简单，刘邦与项羽对峙期间，时常打打谈谈，经常有使者来往。有一次，项羽派使者到刘邦军营，刘邦备下丰盛酒宴，亲自接待，热情问道："亚父近来身体可好？派您来又有什么军机大事？"项羽使者一愣，随口答道："我是项王的使者，不是亚父派来的。"刘邦佯装吃惊，连声说："弄错了，弄错了。"让人把精美的菜肴端走，换上粗劣的饭菜，自己也避席而去，改由下等人作陪。

使者十分生气，回去后禀报了项羽。项羽怀疑范增与刘邦早有勾结，怀有二心，以后范增再给项羽献计，项羽就不敢相信了，对范增的态度也冷淡了许多。范增见项羽竟然怀疑自己，义愤填膺，对天长叹，要求告老还乡，项羽也不挽留。范增在路上越想越气，还没走到家，就气得患病死了。这就是陈平的计策。这些计策算不上十分高明，陈平的高明之处，是他看透了项羽，知道项羽一定会上当。像这类计策，陈平为刘邦出了不少。

刘邦得到天下以后，把韩信由齐王改封为楚王。不久，楚国有人上书，告发韩信谋反。刘邦问众将领怎么办？众将领都愤愤不平地说："还能怎么办？赶紧发兵去打，活埋了这小子。"刘邦沉默不语，又询问陈平。

陈平献计说："韩信的军事才能，诸将中无人能敌，贸然出兵攻打，恐难获胜。您不如假借出巡各地，在陈县会见诸侯，韩信必来拜见，到那时，您只需要一名武士，就可以把他拿下，没有任何风险。"

刘邦听了大喜，便派人告知各地，说自己即将到南方巡视。果然，刘邦还没有走到陈县，韩信就在半路上等候接驾。刘邦轻而易举地擒住韩信，把他带回洛阳。因为韩信只是私自收留了一名楚国逃将，虽然有错，但没有其他谋反证据，刘邦就赦免了他，把他降为淮阴侯。刘邦封自己的弟弟刘交为楚王，对楚地也不用担心了。

后来，陈平跟随刘邦征讨匈奴。由于刘邦轻敌冒进，被匈奴大军重重包围在白登山上，内无粮草，外无援兵，又天寒地冻，士兵不服水土，情况十分危急。陈平献计，送给匈奴厚礼，又派人到匈奴王妻子那里去疏通。匈奴围了七天七夜，最后竟然自己撤军走了，刘邦转危为安。

至于陈平使用了什么计策，始终秘而不宣，没有人知道内情，直到今天，仍然众说纷纭。不管是什么计，只要能让刘邦脱险，就是好计。此后，陈平又跟从刘邦征讨陈豨和黥布，出过六次奇计，每次刘邦都为他增加封邑，一连增封了六次。可见陈平的计谋，深受刘邦赏识。陈平出的奇计，有的颇为隐秘，世间无人得知，显得神秘莫测。

陈平不仅善出奇计，还特别善于自保。刘邦病重期间，有人说，樊哙对刘邦宠爱戚夫人十分不满，想等刘邦死后，把戚夫人和她儿子一同杀掉。刘邦大怒，命陈平、周勃去杀樊哙，并说："到了樊哙军营，不用多说，立即砍下樊哙的狗头。"当时，樊哙正在领兵讨伐燕国。

陈平、周勃奉诏急忙赶往樊哙军营，在路上，陈平对周勃说："樊哙是皇上的老朋友，功劳很大，现在皇上发怒要杀他，只怕过后会后悔。更重要的是，樊哙是吕后的妹夫，如果杀了他，肯定就得罪吕后了。"于是，两人商议好，到了樊哙营中，并没有立即杀他，而是把他囚禁起来，押解回京，想交给刘邦自己处理，结果走到半路，就听说刘邦死了。

陈平立即策马先行，赶回宫中，求见吕后，把情况详细禀报。吕后自然十分感激，一边下令放了樊哙，一边安慰陈平，让陈平好好辅佐和教导她的儿子汉惠帝。在吕后执政期间，陈平仍然很受宠信，官运亨通。曹参死后，他被任命为左丞相，后来，吕后赶走了右丞相王陵，让陈平当了右丞相。令吕后没有想到的是，她一闭眼，又是陈平，设计铲除诸吕，恢复了刘氏江山。

司马迁对陈平评价颇高，说他少有大志，选择明主。归附高祖后，常出妙计，解救危难。到了吕后执政时期，又能自保免于祸，而且安定汉室，终身保持荣耀，被称为贤相，做到了善始善终。如果没有过人的才智和谋略，怎么会做到这一点呢？

# 彭越和黥布乱世英雄

　　彭越和黥布，是西汉开国功臣，与韩信并称为"汉初三大名将"。他俩都是出身卑贱却有大志，凭借战功被封为王，用自己的实践，印证了陈胜"王侯将相，宁有种乎"的名言，堪称乱世英雄。功成之后却遭杀害，留给人们无限感慨和同情。司马迁对二人都写有传记。

　　《魏豹彭越列传》记载，彭越，别号彭仲，昌邑人。昌邑在今天山东省菏泽市巨野县一带。彭越常在巨野湖泽中打鱼，伙同一帮人做强盗。陈胜起义之后，这伙人也想效仿。彭越却说："现在两条龙刚刚搏斗，还是等一等再说。"过了一年多，各地起义已成燎原之势，这伙人又想行动，并推举彭越做首领。彭越答应了，约定明天太阳出来的时候，集合举事，不准迟到，否则杀头。

　　到了第二天约定的时间，迟到的有十多人，最晚的一个，接近中午才到。彭越抱歉地对大家说："约好了迟到的要杀头，但迟到的太多，不能都杀了，只杀最后一个吧。"大伙认为彭越是在开玩笑，没想到彭越拔出刀来，一刀把那人杀了，众人震惊。彭越设置土坛，用人头祭奠，号令众人，无人敢不服从。彭越竖起大旗，兴兵反秦，很快聚拢起一千多人。

　　刘邦奉命西征，攻打昌邑，彭越主动前来帮忙。这是刘邦和彭越第一次合作，彼此留下了良好印象。刘邦见昌邑城坚难攻，不愿意耗费兵力和时间，就绕过昌邑，继续西进，彭越则留在老家一带，继续打击秦军。

　　彭越的人马驻扎在巨野泽中，经常神出鬼没，打得秦军惶恐不安，队伍也发展到一万多人。彭越没有归附任何人，独自率军与秦军作战。秦朝灭亡以后，项羽大封天下，却对彭越没有任何封赏，彭越心中不满。所以，当齐国田荣兴兵反楚的时候，派人联络彭越，彭越欣然答应，带领他的部队，在项羽背后打击楚军，攻占了济阴等地。

刘邦出关东征的时候，也派人联络彭越。彭越当时已经拥有三万多人，是一支很强的力量了。彭越与刘邦有旧情，很爽快地率部归顺了刘邦。彭越从此坚定地站在刘邦阵营，帮助刘邦夺取天下。

刘邦与项羽对峙期间，彭越经常在背后袭击项羽，攻占城邑、截断粮道、抢夺供给。留守的楚军打不过彭越，向项羽求救。项羽只好东返，亲自与彭越作战。彭越知道项羽厉害，并不与他正面交锋，项羽一到，彭越就撤退；项羽一走，又攻击楚军。这样反复多次，搞得项羽疲惫不堪，十分头痛。刘邦之所以能够与项羽长期对峙，是与彭越的作用分不开的。

彭越虽然出身卑微，却具有卓越的军事才能，而且意志坚定，不怕挫折，有时部队被打散了，很快就能重新整合起来。有人说，彭越是我国游击战的始祖，这是有道理的。楚汉战争，正是有了刘邦正面御敌、韩信迂回包抄、彭越敌后游击战，才使刘邦最终取得了胜利。

项羽耗不过刘邦，只好讲和东返了。刘邦却乘势追击，并与彭越、韩信约定日期，合围项羽。到了约定日期，彭越、韩信都没有来。刘邦很是气恼，但没有办法，只好答应二人，封给他们土地，二人才率军前来，与刘邦一起，全歼项羽于垓下。平定天下之后，刘邦封彭越为梁王，但心里却并不情愿。

后来，刘邦征讨陈豨，让彭越出征。彭越推托有病，派了一名将领前往。刘邦很生气，责备彭越。彭越害怕，他的部将扈辄趁机鼓动他造反。彭越不同意，但也没有处罚扈辄。彭越的太仆告发他谋反，刘邦借机把彭越废为平民，并把他流放到蜀地。

彭越走到郑县，恰巧遇见吕后。吕后与彭越都是菏泽一带人，算是同乡，平时关系不错。彭越感到委屈，向吕后哭诉。吕后假惺惺地答应带他回来，向皇上求情。没想到，吕后却阴险地对刘邦说："彭越是乱世英雄，很有才干，您流放他，不是留下祸患吗？不如杀掉他。"可怜彭越，并未谋反，也无大错，却被刘邦诛杀，并且灭其家族，可见刘邦、吕后之狠毒。

《黥布列传》记载，黥布，是六县人，原名叫英布，因犯法受了黥刑，所以又叫黥布。黥布脸上被刺字，破了相，反倒很高兴，说："小时候有人给我看相，说我当在受刑之后称王。"黥布受刑后，被押送骊山服劳役。他专门结交罪犯头目和英雄豪杰，找机会带他们逃出来，到长江之中做了强盗。

陈胜起义，天下大乱。黥布十分高兴，认为出头之日就要到了。他聚集起几千人的队伍，投奔了项梁，项梁死后，又归附项羽。黥布虽然出身卑微，却胸有谋略，带兵打仗很有一套，他的部队很快成为项羽的精锐之师，项羽经常派他充当先锋。黥布骁勇善战，军功总是列于众军之首。在著名的巨鹿之战中，黥布率先渡河攻击秦军。项羽破釜沉舟，大败秦军，威名远扬，黥布于此功不可没。

项羽歼灭秦军主力之后，挥师西进，到达函谷关。刘邦的士兵把守，不让通过。黥布率军猛攻，一鼓作气攻占了函谷关，为项羽打开了通道。项羽对黥布十分欣赏，重要事情都让他去办，像坑杀二十万秦军降兵、截杀义帝等，都是黥布干的。项羽大封天下的时候，因黥布功居楚军第一，被封为九江王。黥布终于实现了称王的梦想。

黥布从一个罪犯，只用数年时间，就当上王侯，心满意足，在自己的封地里，日夜纵情享乐。齐国兴兵反楚，项羽前去平定。项羽想起能征善战的黥布，命他率军出征。黥布此时只顾享乐，不愿意再上战场，推托有病，派其他将领去了。项羽十分不满，两人产生了隔阂。刘邦趁项羽在齐国作战之机，一举攻占了彭城。黥布离彭城不远，但未去救援，项羽更加气恼。项羽夺回彭城，此后又与刘邦多次作战，形成对峙。这期间，项羽屡次派使者征召黥布，黥布仍然托病不出。项羽终于大怒，派人严厉责备黥布，黥布心里害怕，更不敢去见项羽了。

刘邦见有机可乘，派出能言善辩之士，前去游说黥布，经过一阵猛忽悠，把黥布策反了。黥布帮助刘邦攻打楚国，项羽怒不可遏，派军攻击黥布。黥布大败，军队溃散，妻子儿女也被杀害。他自己侥幸逃脱，沿着偏僻小路跑到刘邦军营。

刘邦接见黥布，十分随意，一边洗脚，一边与黥布交谈。黥布十分气愤，怒悔交集，想要自杀。黥布到了刘邦为他安排的住处，见用器、饮食、侍从官员等，都与刘邦一样，规格很高，又喜出望外，减轻了心中怒气。后来，刘邦给黥布增加兵力，让他回九江收拢旧部，招兵买马，很快又形成一支重要力量。黥布在九江一带牵制打击楚军，后来参加垓下之战，消灭了项羽。平定天下之后，刘邦封黥布为淮南王。

黥布重新又当王侯，继续寻欢作乐。后来，韩信被杀，黥布心中恐惧。再后来，刘邦又诛杀了彭越，把他剁成肉酱，把肉酱分送给诸侯，以示威慑。黥布当时正在打猎游玩，见到肉酱，悲愤不已，感到自己也难逃这样的下场，于是集结军队，暗中做好部署，准备应对意外变故。

不料，他的这一举动被人告发，说他图谋不轨，意欲造反。刘邦派人调查，黥布有口难辩，索性真的反了。他对部将们说："刘邦老了，一定不会亲自率军前来。众将领当中，我只畏惧韩信和彭越，可是他们都被刘邦杀了，我还怕谁呢？"果然，黥布向东攻占了荆国，又渡过淮河打败汉军，势不可当，诸将都不是对手。

刘邦年纪大了，身体有病，本来想派太子率军征讨，但怕太子敌不过黥布，只好抱病亲自前去平定。刘邦与黥布相遇，气呼呼地问道："你为什么要造反呢？"黥布狡黠一笑，说："我也想当皇帝啊！"刘邦大怒，挥师与黥布交战。刘邦打仗也很有两下子，黥布打不过刘邦，连战连败，最后只剩下一百多人，逃到长江以南，最后被杀。刘邦在作战时受了箭伤，病情加重，回京不久也死了。

俗话说，乱世出英雄。彭越和黥布，就是在乱世中涌现出来的英雄人物，没有乱世，就没有彭越和黥布的成就。有些人怀才不遇，感叹没有生于乱世，难以有所作为。然而，彭越和黥布的下场表明，英雄也不是那么好当的，稍有不慎，就会落个身死、名裂、族灭的悲惨下场。

# 亲信反目不能善始善终

　　韩王信、卢绾、陈豨三人，都是刘邦的亲信。有的还是世交，可以随意出入刘邦寝室，可见关系之密切。他们跟随刘邦打天下，功成之后被封为王侯，后来却与刘邦反目成仇，被刘邦杀掉。刘邦不仅杀了"汉初三大名将"，对亲信也毫不留情。可见，刘邦既有善于用人、雄才大略的一面，也有猜忌狠毒、诛杀功臣的一面。司马迁专门写了《韩信卢绾列传》，记述了刘邦这三个亲信的事情。

　　《韩信卢绾列传》记载，韩王信本来也叫韩信，与淮阴侯韩信同名，为了区别，史书称他为韩王信。韩王信原是韩国公子，胸有谋略，雄壮勇武。刘邦西征路过韩国，韩王信认为他不同凡人，能成大事，就自愿追随，逐渐成为刘邦的亲信。刘邦被封为汉王，率军进入巴蜀。韩王信对刘邦说："项羽违背约定，把您封在这偏远的地方，是贬职啊。您的部下都是东方人，急切盼望回归故乡，所以，此地不能久留，应该顺应将士们的心愿，向东进发，夺取天下。"刘邦认为他说得对，很快就率军平定三秦，出关东征。

　　项羽分封天下，衣锦还乡，顺手把韩王成也带到彭城，后来又杀了他。韩国无主，人心不稳。刘邦借机任命韩王信为韩国太尉，拨给他一支军队，让他去收复韩国，并许诺事成之后封他为王。韩王信很高兴，立即带兵去了韩国。项羽见状，赶紧封自己的老友郑昌做韩王，对抗韩王信。郑昌当过吴县县令，在韩国没有根基，怎能抵挡住韩国公子。韩王信很快攻占了十几座城池，俘虏了郑昌，收复了韩国。刘邦没有食言，果真让韩王信当了韩王。

　　韩王信对刘邦更加忠心，带领韩军与项羽作战。不料，有一次打了败仗，韩王信被俘，无奈之下，投降了项羽，但不久就逃了回来。刘邦没有计较，再次立他为韩王，仍然十分信任。刘邦称帝以后，正式册封他为韩王，封地在颍川。

颍川是战略要地，离汉朝都城不远。韩王信虽说是亲信，但韩国地理位置重要，刘邦心里有点不踏实。当时，匈奴势力日渐强大，经常骚扰北方。刘邦借口抵御匈奴，下诏让韩王信迁移到太原以北，定都马邑。北方之地荒凉，韩王信很不乐意，从此与刘邦产生隔阂。

韩王信迁到马邑以后，匈奴经常来犯，韩王信打不过，就私自派使者求和。刘邦知道以后，非常生气，多次派人责备。韩王信见两头都不好应付，一气之下，干脆投降了匈奴，并与匈奴联合，攻打太原。刘邦闻讯大怒，亲自率兵征讨，不料白登被围，险些丢了老命，侥幸逃脱，狼狈而归。

过了三年，刘邦平息了陈豨叛乱，诛杀了韩信、彭越等人，帝位巩固，就又派柴将军讨伐韩王信，将他围困在参合城。柴将军派人劝韩王信投降，说："皇上宽厚仁爱，当年您投降了项羽，并没有责怪；现在您如果归顺，也一定会没事的。"

韩王信流着泪说："我何尝不想回归汉朝，我回归之心，如同瘫痪之人盼望行走、盲人盼望光明一样。但此一时彼一时，当年皇上能够宽恕我，是因为尚未得到天下，正在用人之际；如今皇上拥有天下，唯恐帝位不牢，连韩信、彭越那样的大功之人，都被诛杀，我怎么敢奢求活命呢？"柴将军见韩王信不降，便攻破城池，杀了韩王信，并屠平了参合城。

《韩信卢绾列传》记载，卢绾和刘邦是同乡，而且是同日所生。他们的父辈就是好朋友，儿童时两人一同玩耍、一同读书，整天形影不离。长大后刘邦喜欢惹是生非，需要躲藏时，卢绾也随同左右，东奔西走。乡亲们纷纷夸赞说，他俩的友谊胜过亲兄弟。

刘邦起义，卢绾自然参加，从此跟随刘邦不离左右，两人关系十分密切。刘邦的寝室，卢绾也可以任意出入，而刘邦的铁哥们儿萧何、曹参以及张良等人，只有得到允许，才能进入刘邦寝室。刘邦对卢绾的宠信，无人能及。但卢绾似乎才能一般，并没有出过大的计谋，也没有立过战功。

后来，刘邦为了让卢绾立功，特意派他和刘贾一起领兵，攻打反叛的临江王，取得胜利，总算有了一点战功。刘邦征讨燕王时，卢绾跟随，又立了一点功劳。把燕国平定之后，刘邦很想让卢绾做燕王，但知道众人心中肯定不服，就动了一些手脚，暗示群臣上书，举荐卢绾。群臣知道刘邦心思，就上书说："卢绾经常跟随皇帝平定天下，功劳最多，可以封为燕王。"说卢绾功劳最多，鬼都不信。刘邦却很高兴，马上顺水推舟，封卢绾为燕王。

卢绾虽然做了燕王，但似乎并不是当王的料，犯了一个不该犯的错误。陈豨在代地造反，刘邦前去平定，卢绾率兵相助。陈豨向匈奴求救，燕国平时与匈奴也有联系，卢绾就派部下张胜出使匈奴，想说服匈奴不要救助陈豨。可是，张胜到匈奴以后，有人劝他说："燕国能够平安无事，是因为其他诸侯屡屡造反，朝廷顾不过来。如果陈豨被灭掉，朝廷就会关注燕国了。燕国应该设法不让陈豨灭亡，同时与匈奴修好，这样燕国就能够长存了。"

张胜觉得有理，回去后向卢绾做了汇报，卢绾竟然也认为有道理。卢绾一方面让张胜经常与匈奴联系，日后张胜成了匈奴的间谍；另一方面暗中勾通陈豨，透露军情，商议策划，想让陈豨势力长期存在，使战争连年不断，以便于燕国从中受益。卢绾这样脚踏三只船，看似聪明，其实是很危险的。

一年后，刘邦平息了陈豨叛乱，杀死陈豨。陈豨的副将投降，供出了卢绾与陈豨联系之事。刘邦半信半疑，打算召卢绾回京问问。卢绾感到事情败露，称病推托不去。刘邦派人到燕国去接卢绾，并对此事进行调查。卢绾更加害怕，仍然拒绝进京。他对部下说："朝廷杀了韩信、彭越，这都是吕后的计谋。现在皇帝病重，吕后当权，她总想找借口杀了异姓王和功臣。当初皇上封了七个异姓王，现在只剩下我和吴芮了，可悲啊！"不想这话传了出去，刘邦又找到其他一些证据，确信卢绾背叛他了，十分气恼，于是派樊哙攻打燕国。

卢绾其实只是为了自己的利益，并不是想要造反。他见事情闹成这样，便把自己的家属和几千名骑兵安顿在长城下，等待机会，希望刘邦病好之后，亲自进京谢罪。但刘邦不久死了，卢绾大哭一场，无奈之下，投降了匈奴，后来死在那里。

《韩信卢绾列传》记载，陈豨是宛朐人，年轻的时候，倾慕信陵君，喜欢与人结交。陈豨很早就跟随了刘邦，屡建战功，成为刘邦的亲信，被派到韩信身边为将。平定天下之后，陈豨被封为列侯，任赵国相国，统领赵国、代国的边防部队，很受刘邦信任。

韩信曾对陈豨说过："您是皇上信任宠幸的臣子，所以管辖的地区，是天下精兵聚集的地方。但皇上多疑，如果有一个人说您谋反，皇上可能不信，两个人说，皇上就会起疑心，三个人说，皇上就相信了。"果然，有大臣向刘邦进言说："代地位置重要，陈豨在外独掌兵权多年，应该提防他生变。"

陈豨善于招揽宾客，礼贤下士，出门的时候，随行宾客乘坐的车子有一千多辆，又有人把这事报告了刘邦。刘邦起了疑心，便派人调查，并召陈豨进京。陈豨心里害怕，称自己病重，不敢进京，刘邦更加怀疑了。这时候，韩王信派人游说陈豨，劝他造反。陈豨想起韩信曾对他说过不得已就造反的话，于是横下心来，举兵反叛，自立为代王。

得知陈豨反叛，刘邦亲自领兵前去平定，并诏令燕国、齐国的军队协同作战，大将曹参、周勃、樊哙等人都上了战场，先后在曲逆、聊城、太原、代郡、东垣等地大战，历经一年多时间，才平定了叛乱，杀了陈豨。这期间，淮阴侯韩信想在京城做内应，杀掉吕后和太子，占领京城，与陈豨里应外合，结果机密泄露，吕后、萧何设计杀了韩信。

刘邦与亲信反目成仇、不能善始善终的事情表明，在这个世界上，很少有恒久的友谊，只有恒久的利益。在利益面前，人性自私丑陋的一面，往往会展露无遗。

# 朋友情谊敌不过利益

张耳和陈馀，都是汉初名人，属于贤能之士。他俩从年轻的时候，就是好朋友。他们在贫困时相互照顾、相依为命，在战争中并肩作战、同甘共苦，在显贵之后，却争名夺利、反目成仇，最后，竟然搞成了你死我活、不共戴天。这都是"利益"二字闹的。看来，再贤能的人，再深厚的友谊，也敌不过利益。司马迁专门写了《张耳陈馀列传》，给人以深刻的启示。

《张耳陈馀列传》记载，张耳和陈馀，都是魏国大梁人。他们情投意合，相互倾慕，结成生死之交。张耳当过信陵君的门客，效法信陵君为人，因而很有贤名。他娶了一个富豪的女儿，当过魏国的县令，口碑很好。陈馀爱好儒家学说，满腹经纶，喜欢结交贤士，也有一位富豪的女儿慕名嫁给了他。

秦灭魏之后，张耳和陈馀不愿归顺。秦朝知道二人是魏国名士，担心他们作乱，悬赏缉捕。他俩只得改名换姓，一块儿逃到陈地。逃难期间，风餐露宿，十分艰辛。他俩互相依靠，互相照顾，有饭让着吃，有衣让着穿，患难之中，显得友情无比珍贵。

陈胜起义，攻占了陈县，张耳和陈馀便去投靠。陈胜早就听说二人贤能，十分高兴，把他们留在身边，参与军机。陈县的豪杰父老劝陈胜为王，陈胜征求张耳和陈馀的意见。他俩意见一致，都劝陈胜不要当王，而要拥立六国的后代，以便给秦朝增加敌对势力。陈胜没有听从他们的意见，仍然称王了。他们很是失望，又向陈胜建议，说黄河以北人杰地灵，又有黄河天险，应该派兵去占领。陈胜同意了，任命自己的老朋友武臣为主将，张耳、陈馀担任左右校尉，拨给三千兵马，向北夺取原赵国的土地。

张耳、陈馀辅佐武臣，率军渡过黄河，进入河北地区。他们一边进军，一边派人广泛宣扬，谴责秦朝暴行，诉说民众苦难，号召人们奋起反秦。赵国曾经被秦国坑杀四十多万降兵，积怨甚深，此时见起义军到来，纷纷响应，家家义愤填膺，人人斗志旺盛，有仇的报仇，有怨的报怨，县里杀了秦朝的县令县丞，郡里杀了郡守郡尉，并且踊跃参加起义军队伍，起义军迅速发展到几万人。起义大军声势浩大，所向披靡，接连攻占十余座城池，另有三十余座城池不战自降，赵国很快就被平定了。张耳、陈馀为恢复赵国立下大功，两人的友谊也在战火中得到升华。

平定了赵国，张耳、陈馀觉得功劳大，埋怨陈胜只让他们做校尉，不晋升他们为将军，又抱怨陈胜不听他们的意见，不拥立六国后代，于是力劝武臣称王，说："将军只用三千兵马，就夺取了几十座城池，独自占据河北广大区域，多大的功劳啊！如果不称王，不足以显示功劳，也不利于统治赵国。"武臣当然也愿意称王，便顾不上老朋友陈胜，自立为赵王，任命张耳为丞相，陈馀做大将军。张耳职务位次高于陈馀，陈馀心中便有些酸溜溜的。

陈胜听说武臣自立为王，大发雷霆，想发兵攻打赵国。有大臣劝阻说："秦朝还没有灭掉，现在打赵国，等于又树了一个强敌。不如趁机向武臣祝贺，同时命他向西进军，等灭了秦朝，再算账不迟。"陈胜强压怒火，按他的建议做了。张耳、陈馀对武臣说："陈王向您祝贺，不会出于真心。如果西进灭了秦朝，陈王一定会加兵于赵。我们不如向北夺取燕地，向南平定常山，扩大自己的地盘。我们势力强大了，就谁都不怕了。"武臣听从了，派韩广向北夺取燕国，派李良向南攻取常山。

武臣他们的如意算盘打得啪啪响，但没有料到，韩广率军攻占燕国之后，也效法武臣，自立为王了。李良平定了常山，十分自傲。武臣的姐姐无意中冒犯了他，恰巧此时秦朝派人来策反，李良一气之下，杀了武臣的姐姐，投靠了秦朝，并率军袭击邯郸。武臣毫无防备，被李良杀死。张耳、陈馀仓皇逃出，调集部队把李良打败。李良逃奔秦国去了。

武臣一死，赵国无主。有人劝张耳、陈馀说："你们都是外乡人，想让赵人归服很困难，只有拥立六国时赵王的后代，才可以成就大业。"于是，张耳、陈馀寻访到原赵王的后人赵歇，扶立他做了赵王，他们仍然当丞相和大将军。

此时，秦朝大将章邯率领主力部队，一举攻占陈县，灭了陈胜，接着又打败楚军，杀死项梁。章邯大军乘得胜之势，进逼赵国。赵军抵挡不住，张耳和赵王歇逃入巨鹿城，被秦军团团包围。陈馀则收拢了残余部队几万人，驻扎在巨鹿城以北。秦军兵多粮足，急攻巨鹿，而城内兵弱粮少，情况危急。张耳急忙派人召陈馀前来救援，陈馀考虑自己兵力不足，敌不过秦军，不敢前往。

张耳十分不满，两人产生了嫌隙。这样僵持了几个月，张耳多次派人求援，却始终不见援军到来。张耳恼怒，派陈泽等人前去责备陈馀，说："当初我与您结为生死之交，如今我和赵王危在旦夕，您却见死不救，同生共死的情谊在哪儿呢？假如您能信守当年'不愿同生，但愿同死'的誓言，为什么不与秦军决一死战？况且不是没有取胜的希望啊。"

陈馀受到责备，也生气了，说："与秦军决战，无异于向老虎嘴里送肉，明知无益，为什么非要同归于尽呢？"陈泽劝道："事情已经迫在眉睫，只好用同归于尽来表明诚信，顾不上其他了。"陈馀就给了陈泽五千人马，试着去攻击秦军，结果全军覆没，陈泽等人也战死了。不仅陈馀不敢与章邯交战，援赵而来的各路诸侯，也都畏惧秦军，裹足不前。

在这万分危急时刻，项羽率领楚军渡河而来，破釜沉舟，大败秦军，解了巨鹿之围。项羽从此威名大震，诸侯惧服。张耳出城，见了陈馀，怒目而视，仍然指责他见死不救，并追问陈泽等人的下落。陈馀也有些恼怒，说："陈泽怪我不能与您同死，我让他率军与秦军决战，结果全都死了，您满意了吧？"张耳不信，认为陈馀把他们杀了。陈馀大怒，说："没想到您对我的怨恨如此之深，哪里还有一点情谊？这样不信任，我这将军不能当了。"陈馀说着，把将军印信甩给张耳。

张耳没有客气，接过印信，收编了陈馀队伍。陈馀含恨离开张耳，带领他部下亲信几百人，到黄河边的湖泽中打鱼捕猎去了。从此，张耳、陈馀二人决裂。

赵王歇感激项羽相救，派张耳等几名将领跟随项羽西征。项羽占据关中，大封天下，把张耳封为常山王，赵国去的那几个将领也都被封王了，赵王歇则改为代王。有人提醒项羽说："陈馀和张耳一样，对平定赵国有大功。"项羽因陈馀没有随他入关，不想封他，经众人劝说，才勉强分给他三个县。

陈馀大怒，说："我与张耳功劳相等，他为何能称王？如此分封，实在不公。"当齐国反楚的时候，陈馀借了齐国军队，又发动所属三个县的兵力，去攻打张耳。陈馀打仗有两下子，张耳战败，投奔刘邦。他本来与刘邦是老朋友，从此成为刘邦的亲信。陈馀打跑了张耳，把赵王歇接回来，重新当了赵王。赵王歇封陈馀为代王。

刘邦知道陈馀有才能，在东征攻击项羽的时候，派人劝陈馀归服。陈馀说："只要杀了张耳，我就归附。"张耳是刘邦心腹，岂肯杀害？刘邦就杀了一个与张耳长得像的人，把他的头颅送给陈馀，陈馀果然帮助刘邦攻打项羽。但不久，陈馀发现张耳没死，愤恨不已，立刻背叛了刘邦。

都说杀父之仇，不共戴天，而张耳和陈馀，并没有深仇大恨，为什么非要誓不两立呢？可见在自身利益面前，朋友情谊十分脆弱，根本不堪一击。同时也说明，张耳和陈馀，徒有贤士之名，并无贤能之实。

刘邦见陈馀不肯归附，就派张耳、韩信去攻打赵国，陈馀领兵迎敌。两军对阵，朋友相遇，完全没有了昔日情谊，只是红着眼睛相互对骂，然后上阵厮杀，拼个你死我活。陈馀虽然也能打仗，但不是"战神"韩信的对手，结果赵军大败，陈馀被杀。平定赵国以后，张耳被封为赵王，后来病逝。

张耳、陈馀的事情表明，在这个世界上，没有永远的敌人，也没有永远的朋友，只有永远的利益。张耳、陈馀属于名人贤士，尚且如此，何况普通人呢？

# 刘邦儿子们大多不幸

在封建社会，尤其是战乱年代，不仅功臣危险、亲信反目、英雄悲歌，就连皇帝的儿子们，也命运多舛。皇子天生富贵，养尊处优，风光无限，多少人羡慕不已。然而，皇子背后的辛酸悲伤，又有几人知晓？

刘邦有八个儿子，两个当了皇帝，六个做了王爷，应该是尊贵至极，但却有的被杀，有的自杀，有的终日惶恐不安，有的甚至被活活饿死，令人感慨万千。

《史记》记载，刘邦在打天下的时候，不得已封了几个异姓王，得到天下之后，为了强化"家天下"的中央集权，又陆续把他们铲除，换成自己的儿子当王。刘邦认为，自己的亲骨肉总比外姓人可靠，儿子们也可以享尽荣华富贵，不能枉生于帝王家。可没有想到，他的儿子们多数下场都很悲惨。

长子刘肥，是刘邦年轻时与一情妇所生。情妇姓曹，没有名分。刘肥觉得自己来路不正，从小就谨慎小心，逆来顺受。刘邦对他还不错，当有人建议说，齐国地位重要，应该由亲近之人当王，刘邦就想到了刘肥，便把韩信改为楚王，封刘肥当齐王，凡是会说齐国话的百姓都归属齐国。刘邦还派自己最信任的铁哥们曹参，担任相国辅佐刘肥。

刘邦死后，汉惠帝刘盈登基，刘肥进京朝见。有一次在宫中宴饮，汉惠帝觉得刘肥是大哥，就按照家人的礼节，推让他坐了上座。吕后大怒，心生歹意，命人拿来两杯毒酒，放在刘肥面前，让刘肥给她敬酒。看来，吕后经常备有毒酒，随时能用。刘肥不知酒中有毒，端起了酒杯，危急关头，汉惠帝站起身来，端起另一杯毒酒，要与刘肥一同向吕后敬酒。吕后大惊，一把打翻汉惠帝手中酒杯。这举动太异常了，刘肥不敢再饮，假装酒醉匆忙离去，事后得知是毒酒，吓出一身冷汗。汉惠帝的做法，不知是无意还是有意的，总之是救了大哥一命。

吕后没有毒死刘肥，但不让他回去。刘肥心里害怕，整日战战兢兢。为了保命，刘肥听从属下建议，拿出齐国一个郡，献给吕后的女儿，并尊吕后女儿为王太后。吕后女儿本是他的妹妹，却要像母亲一般尊奉，如此屈辱的事情，刘肥也不得不干。

吕后对刘肥放心了，才放他回去。刘肥深知吕后歹毒，终日诚惶诚恐，生怕哪天有杀身之祸降临，结果三十多岁就抑郁而死。这在刘邦儿子当中，还算是好的呢。

次子刘盈，是吕后唯一的儿子，因是嫡子，从小就被封为太子，应该是十分幸运，快乐无比。但刘邦对他缺乏慈爱，当年战乱之时，刘邦为了自己逃命，几次狠心把他踢下车去。当时刘盈只有五六岁，在他幼小的心灵里，肯定留下了深深的阴影。如果不是夏侯婴相救，他恐怕早就死在乱军之中了。所以，刘盈登基之后，对夏侯婴格外尊崇，把靠近皇宫的一处豪宅赐给他，以示亲近。

长大以后，刘邦又多次想废掉太子，幸亏母亲厉害，大臣相助，才渡过危机。当皇帝之后，吕后强势，他整日郁郁寡欢。汉惠帝性格仁慈柔顺，心地善良。他见母亲把戚夫人砍去四肢，挖掉眼睛，熏聋耳朵，搞成"人彘"，心理受到巨大创伤，痛心疾首，大哭不止，说："这不是人干的事情，我作为她的儿子，再也没脸治理天下了。"刘盈为此大病一场，一年多不能起床，从此落下病根儿，二十多岁就英年早逝。吕后间接害死了自己的儿子。

三子刘如意，是戚夫人所生。刘邦宠爱戚夫人，自然也喜欢刘如意，这从给他起的名字就能看得出来。如意小小年纪，就被封为赵王。刘邦还多次想废掉刘盈，立如意为太子，最终没有成功。刘邦临死时，十分担心爱子，专门派忠心耿直的周昌去辅佐保护他。

刘邦死后，吕后开始报复，下诏让如意进京，打算杀害他。周昌却不理会，不让如意离开。周昌对吕氏有恩，性格耿直，威望很高，吕后也惧怕他三分。但吕后杀如意之心坚决，设法先调开周昌，再把如意召进宫来。

汉惠帝知道母亲用意，与弟弟同吃同睡，不离左右，精心保护。但时间一长，难免疏忽。吕后趁惠帝早起外出之际，派人毒死了如意。可怜刘如意，死时只有十多岁，还是一个不懂事的孩子。

四子刘恒，是刘邦诸子中唯一幸运的人。他母亲姓薄，原来是魏王豹的妃子，被俘后在宫中做奴隶。刘邦见她有些姿色，就纳入后宫，但并不宠爱，只与她有过一夜接触。这一夜的接触，却让她生下一个儿子。

刘邦对母子俩没什么感情，刘恒被派到边远之地，封为代王，母亲也跟着去了。娘儿俩知道自己的处境，谨小慎微，默默无闻，与世无争。当吕后势力被铲除以后，刘邦的儿子中，除了吕后养子刘长外，只剩下刘恒一个人了，群臣就拥立他当了皇帝，被称为汉文帝。没想到，毫不起眼的刘恒却是雄才大略，称帝后大展宏图，开创了著名的"文景之治"。汉文帝在位二十三年，四十六岁时病逝，是刘邦儿子中寿命最长的。

五子刘恢，是刘邦妃子所生，其母没有留下姓名，可见地位不高。彭越被杀后，刘恢被封为梁王。吕后专权时，硬是把他改为赵王，吕产代替他当了梁王。此前，已有两个赵王被吕后杀掉，赵国成了不祥之地。刘恢心里很不乐意，却不敢不从。

刘恢本来有一个恩爱的妃子，吕后却强迫他娶吕产的女儿做王后，明显不怀好意。吕产女儿名为王后，实则监督，仗着吕后和父亲撑腰，飞扬跋扈，整天"狮子吼"，而且性情蛮横，心肠歹毒，毒死了刘恢爱妃。刘恢悲愤交加，恐惧绝望，不堪忍受，含恨自杀。

六子刘友，也是刘邦妃子所生，其母不详。刘友最初被封为淮阳王，吕后杀了刘如意，就把他改封为赵王，并把吕氏之女嫁他为妻。刘友不喜欢吕女，吕女嫉妒怨恨，向吕后诬告刘友谋反。

吕后不问青红皂白，把刘友囚禁起来，不给他任何食物。刘友饥饿难忍，心中悲愤，作了一首歌，唱道："诸吕朝中掌大权，刘氏江山实已危；以势胁迫诸土侯，强行嫁女为我妃；我妃心毒其无比，竟然谗言诬我罪；为王却将饥饿死，无声无息有谁怜；吕氏天理已灭绝，祈望苍天报仇怨。"《史记》将这首歌词全文记载下来，流传至今。可怜刘友，堂堂一位皇子和王爷，竟然被活活饿死！

七子刘长，是赵姬所生。赵姬是原赵王张敖后宫的美人，有一次刘邦去赵国，张敖把赵姬献给刘邦，只有一夜，就怀了身孕。不久张敖获罪，他和家人全部入狱。赵姬对狱吏说："我曾经被皇帝宠幸，已有身孕。"狱吏不敢隐瞒，如实禀报，刘邦却不理会。赵姬性情刚烈，怨恨刘邦无情，生下刘长后，悲愤自杀。刘邦后悔莫及，把刘长交由吕后抚养，厚葬赵姬。

刘邦灭了黥布之后，封刘长为淮南王。刘长是吕后养子，有十几年的养育之情，所以吕后没有对他下手。事情很是奇怪，刘盈是吕后的亲儿子，却仁慈善良，没有一点吕后凶狠的遗传基因；养子刘长，倒是继承了吕后不少的恶习。他傲慢无礼，桀骜不驯，擅杀大臣，为所欲为。汉文帝登基以后，他又图谋造反，事情败露，被朝廷捕获。汉文帝念他自幼丧母，身世可怜，不忍杀他，把他流放蜀地。刘长继承了其母刚烈的性格，不肯受辱，绝食而死。

八子刘建，是刘邦最小的儿子，也是妃子生的，其母不详。刘邦铲除卢绾以后，封刘建为燕王。吕后专权时，还没来得及下手，他却自己死了。对他的死因，《史记》没有说。有的史书说，他在一次打猎中，被狐狸抓伤，得了狂犬病，不治而亡。吕后虽然没有杀刘建，但为了能让吕氏当王，就派人暗杀了他唯一的儿子。刘建的儿子，当时还是一个吃奶的婴儿。刘建绝了后，吕后就封娘家侄孙吕通当了燕王。

刘邦儿子的命运告诫我们：人生一世，都不容易，各有各的苦处，皇帝儿子也不例外。明朝崇祯皇帝在国灭之时，亲手砍杀自己的女儿，悲愤地说："下辈子千万不要生在帝王家。"

所以，对任何人来说，都没有必要追逐功名利禄和荣华富贵，只要一生平安，就是最大的幸福。

# 历史上第一个女野心家

　　吕后，是中国历史上赫赫有名的人物。她是封建社会第一个临朝称制的女性，比武则天要早八百多年呢。她虽然名义上没当皇帝，但实际掌握皇权十五年。在那个时代，作为一个女人，要想驾驭群臣、掌控天下，谈何容易。没有两下子，肯定是不行的。司马迁专门写了《吕太后本纪》。《本纪》是皇帝的传记，可见，司马迁是把她当作皇帝看待的。

　　《吕太后本纪》记载，吕后，名字叫吕雉，砀郡单父县人，今天属山东省菏泽市单县。吕后的父亲叫吕文，见识非凡，人称吕公。吕公在单县得罪了仇家，没有与他冲突，而是举家迁居到沛县。沛县县令是吕公的朋友，并且想娶吕雉为妻，见吕公一家前来，十分高兴，设宴欢迎。

　　县里官吏和地方豪杰纷纷前来祝贺，刘邦也去了。吕公一见刘邦，吃了一惊，赶快起身，到门口迎接，请他堂上入座。刘邦只是一个亭长，本应该在堂下就座。堂上贵宾有点看不起他，刘邦毫不理会，尽兴喝酒，旁若无人。

　　吕公仔细观察刘邦的举止言行，宴席散后，单独把他留下，说："我喜欢相面，看的人多了，没有人能比得上你的面相，希望你好自珍爱。我有一个女儿，愿意许配给你。"刘邦比吕雉大十几岁，家里又穷，自然喜出望外，满口答应。

　　吕公的妻子却恼了，责怪吕公说："你总是说要让女儿出人头地，给她找个贵人，县令想娶她，你都不同意，今天为什么随随便便就许配给一个穷小子？"

吕公说：“你不要见识短浅，那穷小子将来一定会大富大贵的。”吕公不顾妻子阻挠，硬是让吕雉与刘邦成亲。父亲的远见卓识和果敢性格，肯定会给吕后很大影响的。

吕雉嫁给刘邦，生了一儿一女，生活很是艰难。刘邦喜欢交游，常常不见人影，吕雉独自在家劳动，孝敬公婆，养育儿女。刘邦放走役徒、躲到深山湖泽的时候，吕雉经常给他送东西，别人都找不到刘邦，只有吕雉能轻而易举找到他。吕雉说：“刘邦藏身的地方，上空有一团云气，所以很容易找到。”

这大概是吕雉故弄玄虚，帮助丈夫扩大名气吧。果然，许多年轻人听说了此事，都去归附刘邦。刘邦就是靠着这些人，打进县城，举行起义。可见，吕后是很有智慧的。

刘邦起义以后，南征北战，吕雉仍然独自在家，十分辛苦。后来，刘邦领兵出关，与项羽打仗。项羽知道刘邦家眷仍在沛县，派人去抓。吕雉和家人仓皇逃难，听说刘邦在彭城一带作战，就去找他。不想刘邦战败，战场大乱，吕雉和刘太公被楚军捉去了。吕雉在项羽营中做了两年多的人质，受尽屈辱，几次差点丢了性命，直到楚汉议和，项羽才把吕雉和刘太公送还刘邦。

吕雉和刘邦团聚后，帮助他平定天下。刘邦领兵外出征战，吕雉留守京城，参与朝政。历经千辛万苦，终于苦尽甘来，刘邦做了皇帝，吕雉当了皇后，儿子刘盈被立为太子。

吕后为人刚强坚毅，心狠手辣。她设计除掉韩信，又力劝刘邦杀掉彭越，众臣对她十分畏惧。吕后自己遇到的危机，是刘邦多次想废掉刘盈，改由戚夫人的儿子如意当太子。吕后心急如焚，找了一些大臣去劝说刘邦。很多大臣进谏劝阻，周昌更是犯颜直谏，表示坚决反对。刘邦有些犹豫，但仍然没有改变更换太子的想法。吕后恐慌，又去找足智多谋的张良帮忙。

张良为难地说：“当初打天下的时候，皇上会采用我的计策，现在天下安定，我说话恐怕就不管用了。何况骨肉之间的事，是很难用口舌来说服的。”张良想了想，又说：“我有个办法，可以试一试。有四个高人，隐居山中，皇上很敬重他们，多次派人去请，他们不肯出山。您如果能把这四位隐士请来辅佐太子，或许能起作用。"吕后大喜，赶快想尽一切办法，把四位隐士请了来。

果然，刘邦见了，大吃一惊，对戚夫人说："看来太子羽翼已成，难以更动了，以后吕后真是你的主人了。"刘邦从此打消了更换太子的念头。吕后费尽心机，终于保住了儿子的太子地位。

刘邦在临终前，吕后问他："陛下百年之后，如果萧相国死了，谁能接替他呢？"刘邦回答："曹参可以。"吕后又问曹参之后的事，刘邦说："王陵可以，不过他有些迂愚刚直，陈平可以做他的助手。陈平智慧有余，但难以独担重任。周勃深沉厚道，虽然缺少文才，但安定刘氏天下的，一定是他，可以让他担任太尉，统领军队。"可见，刘邦此时已把天下托付给吕后了。

刘邦知道吕后狠毒，但母亲是不会对亲生儿子狠毒的，儿子懦弱，由吕后辅佐，正好弥补。刘邦没有想到，吕后狠毒至极，不仅残害了戚夫人，他的儿子们，也被她直接或间接地害死了一半多。谁让刘邦把儿子们都封了王，不杀他们，腾不出位置，吕家人往哪里摆呢？

吕后虽然杀了刘氏子弟，但对刘邦的旧部老友并没有杀，因为他们畏惧吕后，服服帖帖，对她构不成威胁。吕后按照刘邦临终嘱咐，先后让萧何、曹参、王陵做丞相，陈平当了左丞相，周勃为太尉。这些老臣也尽力辅佐，实行黄老之术，与民休息。所以，吕后执政时期，轻刑薄赋，社会稳定，经济发展，民众安居乐业。

吕后对戚夫人和刘如意恨之入骨，刘邦一死，就把戚夫人囚禁起来，半年以后，毒死了刘如意，又过了半年，用酷刑虐杀了戚夫人。戚夫人是菏泽定陶人，与吕后是同乡。吕后命人砍断戚夫人手脚，挖去眼睛，熏聋耳朵，灌了哑药，扔到厕所里。

这叫"人彘"，是古代把人变成猪的一种酷刑，由于太过残忍，使用的并不多，史料记载大概只有吕后和武则天用过。这种酷刑残忍至极、令人发指。汉惠帝见后悲伤欲绝，指责母亲说："这不是人干的事情！"汉惠帝因此得病，英年早逝。

汉惠帝死后，吕后只是干哭，没有眼泪。张良的儿子张辟强对陈平说："太后只有惠帝一个儿子，却干哭并不悲痛。这是太后忌惮你们这班老臣，你们很危险啊。您不如请求太后，拜吕台、吕产、吕禄为将军，统领南北二军，并请吕家人进宫掌握重权。这样，太后就会安心，你们这些老臣，也就能够幸免于难了。"陈平觉得有道理，就照他说的去做了。果然，太后很满意，才哭得哀痛起来。从此以后，吕氏家族开始掌握朝廷大权。

吕后知道，要想永保富贵，必须首先控制皇权。汉惠帝皇后没有儿子，吕后精明，早有准备，抱来其他后宫妃子生的孩子，冒充皇后的儿子，立为少帝，并杀掉了孩子的母亲。这样，一切大权都由吕后掌握。

没想到，少帝长到七八岁时，不知从什么地方知道了自己的身世，十分生气，说："太后怎么能杀害我的母亲呢？我现在还小，等我长大了，一定要为母亲报仇。"

吕后知道了，吓了一跳，觉得这孩子不能留了，以后肯定是个祸患，于是把他囚禁起来，对外推说是有病，不准任何人探视，找机会把他毒死了。可惜童言无忌，不知深浅，给自己引来了杀身之祸。小皇帝死了，吕后又立了一个更小的孩子，自己仍然牢牢地控制着皇权。

吕后还知道，要想控制朝廷大权，必须培植自家势力，铲除敌对力量。吕后兄妹四人，长兄吕泽，是刘邦部将，已经死了，留下吕台、吕产两个儿子。二哥吕释之，生下儿子吕禄。妹妹吕媭，是樊哙的妻子。另外，吕氏家族的人还有一大群。

吕后让自己的三个亲侄子掌握军权，其他吕家人都委以重任。刘氏家族的人自然都很抵制，认为江山是我们刘家人打下来的，凭什么吕家人受惠。吕后毫不手软，对刘邦儿子们大开杀戒，他们腾出来的王位，就由吕家人填补上了。

吕后大肆培植吕家势力，封王的封王，封侯的封侯，自己的女婿和妹妹的女婿也被封王。一时间，吕家人鸡犬升天，尊荣无比。殊不知，荣华富贵的背后，就是灾祸。吕后一死，吕家人的灾难就到来了。

# 吕后任人唯亲招致灭族

吕后临朝称制，拼命培植吕家势力，侄子们称王掌权，七大姑八大姨封侯升官，刘氏江山几乎成了吕家天下。吕后认为，重用吕家人，既能巩固自己的统治，又给家族带来了富贵，却没有想到，吕氏族人少德无才，不能成事，致使富贵转换成了祸殃，吕后一死，吕氏家族就遭受了灭门之灾。铲除吕氏的核心人物，是陈平和周勃。

《史记》记载，陈平和周勃，因为没有按照刘邦的命令杀死樊哙，取悦了吕后。刘邦死后，吕后任命周勃为太尉，陈平为左丞相。陈平"智慧有余"，一切都顺着吕后的意思来，吕后对他很满意。吕后的妹妹吕媭却看不上陈平，多次进谗言。吕后不仅不听，反而安慰陈平，说："俗话说，小孩和女人的话不可信，不要怕吕媭说你的坏话。"吕媭是樊哙的妻子，樊哙已经死了。这个吕家女人，也不简单。

吕后在朝中站稳脚跟以后，就想让吕家人当王，先与右丞相王陵商量。王陵是沛县人，跟随刘邦起义，在与项羽作战时，项羽捉去了他的母亲，让他母亲劝说王陵投降。王陵母亲却托人对他说："项羽残暴，必不能成大事；汉王宽厚，深得人心，必得天下。你千万不要弃明投暗。"说完就自杀了。王陵大哭一场，从此死心塌地跟随刘邦。所以，刘邦在临终前嘱咐吕后，曹参死后让王陵当丞相，由于王陵"迂愚刚直"，又让陈平辅佐他。

王陵果然刚直，一听要封吕氏为王，立刻反对，说："那不行。先帝曾经杀白马立誓，非刘姓不得封王，谁违背了，天下共诛之。"吕后被王陵顶得无话可说，心里很生气。

吕后又去找陈平、周勃商议，他俩知道吕后想干的事，是拦不住的，就顺着她说："当时是先帝做天子，自然要封刘氏子弟；如今是您代行天子之职，当然可以封吕氏为王了。"吕后大喜。

王陵很气愤，红着脸责备他俩，说："先帝盟誓的时候，你们都在场，如今却违背誓约，迎合太后心愿，纵容她的私欲，死后有何面目去见先帝？"

陈平、周勃笑着说："丞相不要生气。您敢于当面反驳，据理诤谏，我们都很敬佩，在这方面，我们确实不如您。然而，保全大汉天下，安定刘氏后代，您可能不如我们。"听他俩这么一说，王陵宽心了一些，他被吕后免职后，就回沛县老家去了。陈平接替了王陵的职务。

吕后去掉了绊脚石，开始封吕姓王了。她先封自己的大哥吕泽为悼武王。吕泽很早就跟随刘邦起义，此时已死，封他为王，还说得过去。后来，又陆续封吕台、吕嘉、吕产、吕禄、吕通等侄子侄孙为王。这些人既无功劳，又无才能，就很难服众了。吕后还封了一大批吕姓侯，妹妹吕嬃也被封侯。封完吕姓王侯，再封亲戚。吕后的女婿和吕嬃的女婿都被封王，沾亲带故的封了不少，连吕后的家奴都被封侯，而且还当了不会理政的左丞相。一时间，吕氏成为天下最显赫的家族，家家兴高采烈，人人得意扬扬。

吕氏家族强盛，刘氏家族受压迫，自然心中愤恨，但慑于吕后淫威，也无可奈何。刘邦的长子刘肥，一生窝囊，却生了一个厉害的儿子，叫刘章。刘章娶了吕禄的女儿为妻，成了吕后的侄孙女婿。夫妻俩关系很好，因而吕后对刘章也不错，封他为朱虚侯。

刘章却在心里怨恨吕氏，为刘氏鸣不平。有一次，刘章侍奉吕后饮宴，吕后让他当酒监。刘章说："臣是武将的后代，请允许我按军法行酒令。"吕后答应了。酒兴正浓的时候，刘章请求唱耕田歌助兴。吕后笑道："你生下来就是王子，怎么会知道种田的事呢？"

刘章正言回答说："臣知道，种田就要深耕密种，留苗稀疏，不是同类，坚决铲除。"吕后听了，感觉似乎话里有话，沉默不语，琢磨了好半天。

酒宴进行当中，有个吕家人离席走了，刘章追上去把他杀掉，回来禀报吕后说："此人逃席，臣按军法把他斩了。"吕后和众人都大吃一惊，但既然同意他按军法行事，也就无法治他的罪了。此后，吕家人都惧怕刘章。

吕后知道，刘家人肯定心怀不满，大臣们也未必心服，所以，她临终前做了精心安排，任命吕产为相国，统领南军，任命吕禄为上将军，统领北军，南北两军是兵力最强的部队。吕产、吕禄是吕后的亲侄子，早已封王，如今朝廷大权和军权，皆在二人手中。吕后又再三告诫他们："我死之后，你们千万不要去送葬，一定要待在军营里，牢牢掌握军队。"

吕后一死，刘章就开始行动了。他派人去齐国告诉哥哥刘襄，让刘襄领兵西征，攻入长安，诛灭吕氏，他在京城做内应，事成之后，刘襄当皇帝。刘襄是刘肥长子，已继位做了齐王。刘襄闻讯后，立即谋划出兵。

齐国的丞相召平，是吕后的人，吕后派他监视齐王。召平听说齐王想作乱，马上派兵去包围王宫。不料召平手下将领，早被齐王悄悄收买了，不仅没去包围王宫，反而围住了相府，召平无奈自杀了。

刘襄除掉内患，迅速率军西征，并发出檄文说："高祖征战一生，取得天下。太后专权，擅杀刘氏子孙，又违背高祖誓约，大封吕氏为王。如今太后去世，皇帝年幼不能理事，诸吕图谋造反，汉家朝廷十分危急。我率军西征，是要诛杀那些不该当王的人。"

吕产、吕禄得到消息，慌了手脚。他们虽然身为相国和上将军，却能力平庸，更不会领兵打仗，只好请老将军灌婴率军出征，拦截齐兵。灌婴是刘邦起义时的老部下，跟随刘邦征战一生，智勇双全，战功累累，是刘邦的心腹爱将。汉朝建立之初，他就被封侯，如今仍然是个侯，而吕氏那些无功无能之辈，都被封王了，他能够服气，甘心听从他们驱使吗？再说，灌婴与刘家关系密切，怎么会帮助吕氏打刘氏呢？这事用脚指头都能想得出来，吕产他们却愚笨得没有想到。

果然，灌婴领兵走到荥阳，就驻扎下来，公开反吕，并派人通知齐王，说有他这支部队，诛灭吕氏足够了，阻止齐军继续西进。灌婴感觉齐王有野心，他如果领兵进入京城，恐怕生乱。齐王没有西进的理由了，只好返回齐国边界，等待观望。

此时，陈平、周勃见时机已到，立即密谋，想夺取军权，诛杀诸吕，恢复刘氏天下。吕产、吕禄统领的南北两军，是护卫京都的精锐之师。周勃虽然身为太尉，但实际上没有兵权，没有印信也不能进入两军。

陈平设计，与周勃挟持了郦寄之父郦商，迫使郦寄合作。郦商也是刘邦起义时的旧部，与刘邦关系密切。郦寄帮助陈平，哄骗吕禄，说眼下形势危急，只有把将军印信归还太尉，自己回到封国，才能免祸。

吕禄见灌婴率军即将杀来，早已内心恐惧，六神无主，就听信了郦寄的话，乖乖地把他统领的北军交给了周勃。吕媭听说以后，大骂吕禄愚蠢，并把家里的珠玉宝器撒落一地，说："这都是别人的东西了。"吕媭一边大骂，一边大哭，她很清楚，只要交出军权，吕家马上就会完蛋。吕媭确有见识，比吕家男人强多了，吕氏家族是阴盛阳衰。

周勃接受了吕禄印信，进入北军，集合将士，谴责吕氏罪行，要求拥护刘氏的袒露左臂，拥护吕氏的袒露右臂。周勃在军中有很高的威望，所有将士都袒露出左臂。周勃统领了北军，准备攻击吕产。

吕产仍然统领着南军，但此时他没在军中，而是跑到小皇帝那里去了，不料正好撞见刘章。原来刘章听说周勃掌握了北军，就跑去协助他。周勃给了刘章一千士兵，让他去看护小皇帝，防止吕氏劫持。刘章见到吕产，当然不肯放过，马上领兵攻击。吕产带的人不是对手，纷纷溃散逃命。吕产藏到厕所里，被刘章搜出，一刀砍了。吕产一死，南军自然也归周勃统领了。

吕产和吕禄，真是愚蠢至极，吕后临终时嘱咐他们的话，竟然一点儿也没有听进去。吕氏势力不堪一击，没等灌婴率军来到，就被陈平、周勃轻而易举地解决了。

陈平、周勃控制了京都，随即派人分头把吕氏的男女老幼全部抓来，一律处死，吕禄也被斩首。吕媭则是用鞭杖竹板活活打死的，陈平十分恨她。然后，派兵到吕氏为王的诸侯国，将吕家人统统杀掉。

此时的吕氏，是家家遭殃灭门，人人痛哭流涕，与之前的欢乐形成了巨大反差。显赫一时的吕氏家族，顿时灰飞烟灭。

诛灭吕氏家族以后，群臣商议，说："吕后立的那个小皇帝，不是刘氏后代，是吕后抱来别人的孩子冒充的，必须废掉。"群臣饱受外戚专权之苦，一致认为，不能再立一个外戚势力强的人为帝。有人提议刘襄继位，因刘襄母亲娘家势力大，被排除了。刘邦四子刘恒，其母娘家没有一点势力，于是拥立刘恒当了皇帝，就是汉文帝。

吕氏家族的兴亡告诫人们：轻松得来的荣华富贵，是祸不是福。吕后为了巩固地位，培植自己的势力，是可以理解的，历代统治者都会这么干。但是，她违背常理，只信任重用吕家人，而吕家人又德不配位，所以不能长久。

古人有句名言，叫作"德不配位，必有灾殃；伦常乖舛，立见消亡"，是可以引以为戒的。

# 文帝开启治世之门

治世，是儒家的政治概念，意为太平清明之世，与乱世相对立。治世，是古代人们普遍向往和追求的社会。可惜，从春秋战国以来，大部分时间都处于乱世，战火频繁，社会动荡，人民痛苦。是汉文帝首先打开治世之门，与儿子共同开创了"文景之治"，到孙子汉武帝时期，西汉实现强盛。祖孙三代接力推动封建社会达到第一个发展高峰，祖孙三人也在历史上留下有为君主的名声。

《史记》记载，汉文帝名叫刘恒，是刘邦的第四个儿子。刘恒首先是一个孝子。他当代王的时候，母亲薄夫人随他去了代国，母子俩相依为命。刘恒对母亲非常孝顺，尽一切努力让母亲过得开心。代地荒凉，气候寒冷，薄夫人不太适应，经常闹病，都是刘恒亲自侍奉。曾经有三年时间，刘恒为了照顾母亲，不脱衣服睡觉，熬好的汤药，不经他亲口尝过，就不进奉给母亲。人们纷纷称赞，说他对母亲的孝顺，连以孝闻名的曾参都做不到。我国有二十四孝的故事，刘恒名列其中。

陈平、周勃诛灭吕氏后，群臣商议，拥立刘恒为皇帝，派人去代地迎接他。这可是天上掉下来的大喜事，刘恒却有点疑虑，召集众臣商议。张武等人说："朝廷大臣多谋善诈，不能轻信，大王可以假托有病，先观察一下再说。"宋昌等人却认为，按照当时的形势，不会有诈，应该立即前往。刘恒禀报母亲，薄夫人也拿不定主意，于是占卜，结果大吉。刘恒还不放心，让舅舅薄昭先去京城，面见周勃，打探消息。几天后，薄昭回来了，很开心地说："全是真的，不用怀疑了。"刘恒这才带着张武、宋昌等六人，立即启程，赶往长安。

接近长安时，刘恒停了下来，先派宋昌前去观察情况有无变化，确信没有问题，才又继续前进，刘恒真够谨慎的。到达长安以后，群臣都来迎接，要立他为帝。刘恒谦逊推让了五次，才答应下来，于是驱车进入皇宫。此时天色已晚，刘恒顾不上休息，连夜下了一道命令，任命宋昌为卫将军，统领南北两军，取代了周勃；又任命张武为郎中令，负责保卫皇宫。

　　众臣都吃了一惊，原来都以为他弱势，没想到这么强势。刘恒入京，两眼一抹黑，京都内没有一个亲信，他又深知皇宫内尔虞我诈，充满危险，所以小心提防，这是十分必要的。刘恒登基前的这些举动，体现了他谨慎沉稳、富有心机、出手果断的性格。

　　汉文帝登基之后，头等大事就是巩固自己的统治，他的手腕相当高明。刘恒称帝，并非人人心服，许多人认为他是"摘桃派"，太便宜了。当时汉文帝面临两大势力，即功臣派和刘氏宗亲派。两派势力都很强大，汉文帝必须小心周旋。他借奖赏功臣之机，首先压制功臣派势力。

　　周勃是功臣之首，又手握兵权。汉文帝因他除吕有功，加封食邑一万户，赐黄金五千斤，同时提拔为丞相，虽然升了官，但兵权却没有了。周勃手下人提醒他，防止功高招祸，周勃只当了几个月的丞相，就推说有病辞职了。陈平滑头，把右丞相位置主动让出来，自己仍当左丞相，但经常有病，第二年就死了。

　　汉文帝又借解决历史遗留问题收买人心，增强自己的势力。对被吕后杀害的刘氏子弟，予以平反昭雪，封他们的后代为王；对当年跟随刘邦征战有功的旧臣，统统给予封赏。这些人自然对文帝感恩戴德。汉文帝还大赦天下，赐给全国百姓每人一级爵位，民心大悦，纷纷歌功颂德。

　　对刘氏宗亲势力，汉文帝并不直接对立，而是采取了化大为小的策略。齐国十分强大，汉文帝就一分为七，封了七个王，赵国和淮南国各封了三个王。这样，诸侯国变小了，力量自然就弱了，被封王的还很高兴，真是高明。

　　对于敢于反叛的诸侯王，汉文帝也毫不手软。济北王刘兴居造反，文帝迅速出兵讨伐，只用一个月，就平息了叛乱。文帝下令，对参与叛乱的官员和百姓，一律赦免，不予追究。汉文帝采用高超的政治手腕，使群臣敬服、百姓拥戴，他的统治地位很快就稳固了。

汉文帝巩固政权之后，便开始施展胸中大志，决心建设一个清平世界。他知道，长期以来，法律十分严苛，百姓深受其苦。文帝下诏，减轻律法，推行德政。他想废除连坐法，说："一个人犯罪，惩罚他就可以了，为什么还要株连父母妻儿兄弟呢？他们并没有罪啊。"主管官员不同意，说："亲属连坐，是让人们心有忌惮，不敢犯罪。这种做法古来就有，不宜改变。"汉文帝不为所动，坚决废除了连坐法。

齐国太仓令淳于意犯了罪，按律应当处以肉刑。肉刑是断人肢体的一种刑罚，有刺面、割鼻、断足等。罪犯的女儿缇萦上书，要求当官奴抵父亲之罪。文帝怜悯缇萦的孝心，赦免了她父亲的罪。缇萦也被列为二十四孝之一。

汉文帝下诏说："肉刑古来有之，但犯法之事仍然不断，那是因为道德不厚、教化不明。人的肢体被断，即便改过自新，也没办法长好了，是多么痛苦而不合道德啊，应该废除肉刑。"

汉文帝还废除了"诽谤朝廷罪""妖言惑众罪"，允许人们言论自由。不论官员还是百姓，都可以对朝廷提出批评。汉文帝本人带头遵守法律，依法办事。有一次，汉文帝出行，有人惊吓了他的马，使他差一点受伤。文帝很生气，把那人交给廷尉治罪。廷尉只罚了他四两金，文帝不满意，认为处罚太轻了。廷尉解释说，法律上就是这样规定的。文帝便说："那就按照法律规定办吧。"

汉文帝宽厚仁义，以德服人，很少惩罚臣子，也无滥杀之事。《史记》中有几次记载，臣下冒犯了他，文帝"怒，起，入禁中"。有的臣子犯了错，文帝也能包容。有一次，老臣张武接受了贿赂，文帝把他叫了去。张武诚惶诚恐，伏地请罪。文帝却拿出钱来给他，说："以后缺钱了，就跟我说，别随便接受别人的东西。"张武感激涕零，从此清廉为官。在文帝时期，政治清明，环境宽松，轻刑慎罚，社会稳定。

汉文帝在减轻刑罚、推行仁政的同时，还大力推行轻徭薄赋，发展生产。徭役沉重，历来是压在百姓头上的一座大山，民众不堪忍受。文帝时期，对外与匈奴和亲，没有大的战争；对内不大兴土木，不需要很多的劳役。所以，成年男子每三年才服役一次，这在历代都是比较轻的。

汉文帝重视农业，说："农业是天下的根本，农民辛勤劳动却还要缴纳租税，很不合理，应当免除农田的租税。"汉文帝为了鼓励农耕，还专门划了一块田，自己亲自耕种，收获的谷物，用来祭祀宗庙。这在历代皇帝中，是很少见的。汉文帝致力于发展经济，实现民富国强。他下令开放原归国家所有的山川林泽，准许私人开采矿产，开发渔盐资源，促进农副业发展。在汉文帝的治理下，国家逐渐富强，人民逐渐富裕。

汉文帝崇尚节俭，是历史上有名的俭朴皇帝。他平时穿的，是质地粗厚的衣服；平时吃的，是一般饭食；他用的帷帐，不准绣花。当时女人流行穿拖地长裙，文帝认为浪费布料，让宫中女人都穿短裙，皇后也不例外。文帝在位二十三年，宫室、园林、服饰、车架等物，一样都没有增加。有一次，文帝想建一座亭台，需要花费百斤黄金，这对国库而言，是九牛一毛。文帝掰着手指头算了半天，说："百斤黄金相当于十户人家的产业，不是小数目，还是不建了吧。"

文帝临终时，还念念不忘节省，一会儿嘱咐道："建造陵墓，一律用瓦器，不准用金银铜锡。"一会儿又嘱咐道："在葬礼上，不要陈列车架和兵器；服丧的麻带宽度不要超过三寸，免得浪费；丧事一切从简，应服丧三个月的减为七天，应哭祭的，只在早晨和晚上各哭十五声就行。"他还诏令全国各地，不得禁止百姓娶妻嫁女、饮酒吃肉，不得让民众来宫殿哭祭。

汉文帝仁孝宽厚、聪慧睿智，被称为一代明君、贤君。然而，人无完人，汉文帝也猜忌功臣，还差点杀了周勃。他宠信宦官邓通，也很过分。但瑕不掩瑜，汉文帝结束了长达数百年之久的乱世，开启了太平清明的治世，他的丰功伟绩，永远被后人赞颂。

# 文帝做梦也能使人富贵

汉文帝是一代明君、贤君，是历史上最好的皇帝之一。然而，文帝也是人，是人就会有缺点。汉文帝有时也任性一把，他根据自己做的一个梦，就让宠臣邓通大富大贵，没想到，邓通后来又穷困潦倒，饥饿而死。司马迁写了这个故事，既有意思，又耐人寻味。

《史记》记载，一天夜里，汉文帝做了一个梦，梦见自己功成圆满，老天爷召他进天堂。升天做神仙，天大的好事啊，比当皇帝强多了，传说黄帝就升了天。汉文帝满心欢喜，立刻登上通天之路。可是，接近天堂，就差一步了，却怎么也上不去，急得满头大汗。忽然，有人从背后推了他一把，使他一跃登上天庭。文帝大喜，随即回头观望，看是谁帮助了他。文帝没看清楚那人面目，看见了背影，头上缠着黄布条，特别显眼的是，他的衣带在背后打了个结。这种装束的人，是在宫中划船的小官，被称作"黄头郎"，地位很低。

此后，汉文帝经常在宫里的湖边转悠，留心每一个黄头郎，但一直没有发现衣带背后打结的人。忽然有一天，文帝发现了一个，衣带背后打了结，再看身材体形，也与梦中之人差不多。文帝叫他过来。宫中地位卑贱的小官，被皇帝召见，通常没有好事。那个黄头郎不知何事，战战兢兢，伏地磕头。文帝问他叫什么名字，那人回答："我叫邓通。"文帝一听，十分兴奋。这不就是那个帮助自己登天的人吗？文帝当即不让邓通划船了，留在了自己身边。邓通不知缘由，一头雾水，诚惶诚恐地跟着文帝去了。

邓通是蜀郡南安人，家境贫寒。他在宫中没有关系，被派去划船，十分辛苦，又身份低微，没有人看得起他，却想不到今日喜从天降，来到了皇帝身边。邓通紧紧抓住这个机会，小心谨慎，精心侍奉，他又善于察言观色、逢迎谄媚，汉文帝越来越喜欢他，让他不离左右。所以，有人说他是文帝的男宠。

汉文帝经常给他丰厚的赏赐，几年下来，总计达到上亿的金钱。文帝俭朴，连花百金建一亭台都舍不得，唯独对邓通慷慨大方。不仅如此，文帝还封他官职，一直升到上大夫。可惜邓通不是当官的料，没有才能，只会服侍皇帝。汉文帝没有告诉邓通梦中之事，大概是"天机不可泄露吧"。邓通想破脑袋，也搞不清楚皇帝为何对他如此宠爱，只有更加用心侍奉皇帝。邓通不与任何人来往，文帝赐他休假，他也不去，全身心地服侍文帝。

有一次，文帝专门请了相面大师，来给邓通相面，想看他是否有助人之相。相面大师仔细看过以后，却说："此人以后会贫穷饿死。"文帝不信，说："朕贵为天子，拥有天下，能够让邓通富贵至极，怎么会饿死呢？"于是，文帝下令，把蜀郡的铜山赐给他，还赐给他铸钱的特权。全国仅此一例，汉文帝也够任性的。从此"邓氏钱"流行天下，邓通富可敌国。

时间久了，邓通慢慢骄横起来，对人也不那么尊重了，为此得罪了不少大臣。有一次，丞相申屠嘉入宫奏事，邓通不够恭敬。申屠嘉是刘邦时期的老臣，资格老，脾气也大，文帝都很尊重他。邓通不过一个小官，竟敢无礼，申屠嘉心中大怒，只是在皇帝面前，不便发作。申屠嘉回到相府，越想越气，下令把邓通叫来，想给予惩罚。

邓通知道大事不好，急忙禀报文帝。文帝说："放心去吧，如有危险，我自会救你。"邓通进了相府，立即跪倒请罪。申屠嘉不依不饶，对他一顿臭骂，还要杀了他。邓通心中害怕，磕头如捣蒜，头都磕破了。正在危急时刻，皇帝的诏书到了，说邓通就是一个弄臣，丞相不必和他一般见识。申屠嘉只好把邓通放了。其实，申屠嘉知道邓通是文帝面前红人，未必真敢杀他，只是想给予惩罚，以此解气而已。

邓通受此惊吓，对文帝更加感恩戴德。有一次，汉文帝腿上长了一个疮，化了脓，十分疼痛。邓通毫不犹豫，趴在地上，用嘴为文帝吮吸脓血，而且面色平静，毫无嫌恶之色。文帝大受感动，说："你对朕真好，还有人像你一样对朕好吗?"邓通想了想，说:"依我看，只有太子对陛下最好，我不如太子。"

邓通是想借机巴结讨好太子，却没想到弄巧成拙。第二天，太子刘启来给父亲请安。文帝想起邓通的话，想试一下太子，与邓通做个比较，就让太子用嘴吮吸脓疮。太子十分为难，不敢不从，便小心翼翼地吮吸，但紧锁眉头，脸上露出痛苦之色。汉文帝见亲生儿子，尚且不如邓通真心对他好，便叹了口气，什么也没说。

太子吮吸脓疮后，心中恶心，赶紧告辞，一出宫门，就哇哇大吐。一连几天，太子想起此事，都呕吐不止。太子心中纳闷，父亲为何让他做这等恶心之事，仔细打听，才知道是邓通的原因。太子从此对邓通心怀怨恨，而邓通却一点儿也不知道，还认为他为太子说了好话呢。

文帝逝世，太子继位，就是汉景帝。邓通失去靠山，有些大臣就在景帝面前说他坏话。汉景帝为吮疮之事，一直耿耿于怀，便借机免了邓通官职，把他赶出宫去。

景帝还不解气，又把邓通的房屋、财产、金钱全部没收充公，他铸钱的特权自然也没有了。邓通一下子由巨富变成了穷光蛋，无奈之下，只好向文帝的女儿刘嫖求救。刘嫖还不错，看他可怜，给了他一些钱财。汉景帝听说以后，又派人全部抄没，一点也没有给他留下。邓通最终死在所寄居的人家。

# 景帝平定"七国之乱"

汉文帝死后,儿子汉景帝登基。他继承和发展了父亲的事业,继续实行轻徭薄赋、轻刑慎罚、和亲匈奴等政策,与父亲共同开创了"文景之治",并为其子的"汉武盛世"奠定了基础,完成了从文帝到武帝的圆满过渡。汉景帝的一个重大贡献,是平定了"七国之乱",强化了中央集权,解除了诸侯割据对中央政权的威胁。

《史记》记载,汉景帝名叫刘启,是个幸运儿。他在汉文帝儿子中排行第五,也不是嫡子,本来很难有继位的希望。不料,他的四个哥哥全都陆续死去,而且都是有病死亡的,这不是上天有意要让刘启当皇帝吗?所以,汉文帝即位不久,刘启就被立为太子。

刘启当太子的时候,有一次,吴王刘濞的太子进京朝见,在京城住了一段时间。刘濞是刘邦二哥刘仲的儿子,跟随刘邦讨伐黥布,作战勇敢,立有战功,被封为吴王。吴王与汉文帝是叔兄弟,关系不错,常有往来。

吴太子与刘启年龄相仿,常在一块儿饮酒下棋。不料,有次下棋时,两人发生了争执,越吵越激烈,刘启一怒之下,抓起棋盘,砸在吴太子头上,竟然把他砸死了。吴王痛失爱子,自然心中悲愤,从此称病不肯入朝,埋下了"七国之乱"的祸根。汉文帝觉得儿子做得不对,没有追究吴王不来朝见的错误,反而赐给他几杖,说他年纪大了,可以不入京朝见。此后,吴王与朝廷几乎没有来往,吴国俨然成了独立王国。

吴国有铜盐的收益,比较富裕;百姓没有赋税,都很顺服;士兵服役发给代役金,也很好统领。其他诸侯国的人犯了罪,纷纷跑到吴国来，吴王就收留他们。这样过了几十年，吴王的统治十分稳固。

汉景帝登基以后，想要加强中央集权，大臣晁错献上"削藩策"。晁错说："当初高祖为了便于统治天下，封了一些王，仅齐王、楚王、吴王就占去天下一半，很不利于朝廷管理，应当削减他们的封地。特别是吴王，因为儿子的原因，多年不来朝见，文帝宽容他，本当改过自新，如今却更加骄横。吴王利用富饶之地，收留亡命之徒，图谋叛乱。现在削减他的封地，可能会反；不削减，最终也会反。晚反不如早反，晚反灾祸更大。建议陛下采取逐步削减的办法，解决诸侯王割据的问题。"汉景帝同意了，下决心削藩。其实，吴王刘濞已经六十多岁了，几十年都没有反，何不再等他几年？

汉景帝下诏，找借口削减了吴国两个郡，削减了楚国一个郡、赵国一个郡，削减了胶西王刘卬的六个县。削减的郡县，都归中央管理。汉景帝的削藩令，引起了轩然大波，诸侯王又气又恼，惶恐不安。吴王知道，这只是一个开端，以后肯定会削减不止，最终把他的地盘全部拿走。于是，多年的积怨终于爆发了，他想联合诸侯，兴兵反抗。

吴王首先联系了胶西王刘卬。刘卬逞勇好斗，齐地的几个诸侯王都怕他。吴王亲自跑到胶西，与刘卬密谋，订立盟约。刘卬又联系了齐王、淄川王、济南王、济北王、胶东王，他们都同意共同造反。吴王又分别联系了楚王、赵王、淮南王、衡山王、庐江王、东越王、燕王以及匈奴等，多数表示支持，有的态度暧昧。到正式兴兵造反时，只有吴、楚、赵、胶西、胶东、济南、淄川七国参加，被称为"七国之乱"。

吴王做好了准备，开始发难。他向吴国发出动员令，说："我已经六十二岁了，亲自统兵，小儿子十四岁，也上战场，所以，凡六十二岁以下、十四岁以上的，都要出征。"这样，征集了二十多万人马。吴王率军渡过淮河，与楚军会合。

胶西王刘卬等人予以响应，但在此时，齐王反悔了，不肯反叛。济北王被部下劫持，也不能出兵。刘卬大怒，与淄川王、胶东王一起，围攻齐王都城临淄，但久攻不下，不能与吴王会合。吴王等不及刘印，就与楚国联合一块儿西进，发出檄文，打出"请诛晁错，以清君侧"的旗号。

汉景帝得知七国造反，有些心慌，急忙调兵遣将，准备迎敌。有个大臣叫袁盎，曾经当过吴王的丞相。景帝问他："现在吴王反叛，你是什么看法？"袁盎说："不值得忧虑，很快就能平定。"景帝说："吴地富裕，又有天下豪杰相助，打败他们，怕不容易吧？"袁盎笑了，说："哪里有什么豪杰啊？如果真是豪杰，明辨事理，就不会帮着刘濞造反了，那不过是些奸邪之徒罢了。"

景帝认为他说的有道理，问他有何良策？袁盎让景帝屏退左右，悄悄地说："只要杀了晁错，派使者赦免七国之罪，恢复被削减的封地，这样，兵不血刃，叛乱自会平息。"景帝沉默了很长时间，终于下决心说："我不会因为偏爱一人而拒绝天下的。"于是，杀了晁错，写了赦免诏令，派袁盎当使者，去劝吴王罢兵。

袁盎来到吴王军营，让吴王跪拜接受诏令。吴王哈哈大笑，说："我已成为东帝了，还跪拜谁呢？"吴王不肯见袁盎，把他扣留，胁迫他一块儿造反。袁盎趁夜逃走，回朝报告。汉景帝劝抚不成，只得下决心武力平叛了。他派周勃的儿子周亚夫率军攻打吴楚联军，派将军栾布去平定齐国内乱，派将军郦寄攻打赵国，派大将军窦婴率军驻扎荥阳，监视各地。

吴王出兵之时，有人建议他分兵两路，除了西征大军之外，另一路沿长江、淮水而上，收聚淮南、长沙的军队，从南路攻取武关。吴王太子却说："我们是造反之师，这样的军队是不能委托他人的，如果委托之人也造反了，该怎么办呢？"吴王觉得有道理。

有位年轻将领也建议说："我们对沿途的城邑不必攻下，应该迅速西进，占领洛阳。洛阳有兵器库和粮仓，部队的军粮和兵器就有了保障。"吴王征求年老将军的意见，老将军们怕后路被断，都不同意。其实，这两条计策都很好，可惜吴王均没有采纳。

吴王率军一路西进，攻占了棘壁，包围了梁国都城。梁王刘武是汉景帝的亲弟弟，自然拼死抵抗。吴楚联军士气旺盛，轮番攻城，情况十分危急。此时，周亚夫率军走蓝田、出武关，迅速到达梁国附近。梁王急忙向周亚夫求救。周亚夫深通谋略，知道梁国城坚、梁王勇武，可以拖住和消耗叛军主力，便没有派兵相助。

周亚夫一边坚守营垒，一边派军南下，截断叛军粮道，只等叛军粮绝，一战即可平定叛乱。梁王据城坚守，十分艰难，见周亚夫不来相救，心中着急，便向景帝求救。景帝派人催促周亚夫救援梁王，周亚夫仍不肯出兵，梁王从此心生怨恨。其实，周亚夫是可以派出一部分兵力，去援助梁国的。

不到三个月，吴楚联军粮道被断，粮食用尽，士兵饥饿，军心涣散。吴王见梁城久攻不下，又去攻击周亚夫军营。周亚夫见时机已到，与叛军展开决战，一举击败叛军。吴王只带几千人逃到东越，却被东越王杀了。楚王刘戊见大势已去，也自杀身亡。吴楚联军就这样完了。自古以来，都是兵马未动，粮草先行，粮食是军队的生命线。吴王连这个道理都不懂，岂能成就大事？

胶西王刘印，率三国之兵围攻临淄，三个月都没有攻下，也是笨得可以。此时，闻知吴王兵败，栾布又率军到来，知道大事不成，心中恐慌，便各自回国了，未敢与汉军作战。朝廷追究他们的罪责，胶西王、胶东王、济南王、淄川王都被杀了，封国收归中央。齐王虽未叛乱，但事前参与预谋，怕朝廷追究，服毒自杀。汉景帝念其守城有功，命他的儿子继位，仍称齐王。济北王被部下劫持，未能参加叛乱，因祸得福，幸免于难。

赵国参与叛乱，还未起兵，就被汉将郦寄率军包围，攻破城池，赵王自杀。所以，名义上是"七国之乱"，实际上真正兴兵与朝廷作战的，只有吴楚两国而已。

七国之乱，是中央集权与地方割据之间矛盾的爆发。中央政权获胜后，汉景帝乘势收取了各诸侯国的支郡、边郡，削减他们的地盘，同时，削弱诸侯王的权力，把官员任命权和征收赋税权都收归中央。

各诸侯国地盘缩小，力量减弱，而且既不管人，也不管钱，还能对中央构成威胁吗？

# 文景二帝不容周勃父子

周勃和儿子周亚夫，都是历史上著名的军事家，而且忠心耿耿，为刘氏江山立有大功。他们辅佐的汉文帝和汉景帝，也是有名的贤君。按理说，应该相处和谐，可没想到，文景二帝都容不下他们。周亚夫被景帝逼死，周勃被文帝下狱，也差点丧命，令人遗憾。司马迁写了《周勃世家》，记述了这些事情，给人以深刻教训。

《周勃世家》记载，周勃是沛县人，与刘邦同乡。周勃自幼习武，孔武有力，弓马娴熟，他跟随刘邦南征北战，屡立战功，深受刘邦信任。刘邦临终时说，将来安定刘氏天下的，一定是周勃。果然，在铲除吕氏势力时，他功劳第一，随后又拥立了汉文帝，称得上是居功至伟。

可是，居功至伟同时也是功高震主。上朝时，周勃昂首挺胸，踌躇满志。汉文帝则对他十分恭敬，每次下朝，都是目送周勃出去，自己才走。大臣袁盎进谏说："周勃固然是国家功臣，但不属于社稷之臣，只有与朝廷共存亡的，才能称为社稷之臣。周勃当年身为太尉，手握兵权，却不能匡正除奸，反而迎合吕后。所以，臣以为，陛下不必对他谦逊退让。"

汉文帝认为袁盎说得对，猜忌之心油然而生。于是，提拔周勃当丞相，但不让他管军队了。任命灌婴为太尉，后来灌婴当了丞相，却仍然掌管军队。灌婴当初阻止齐王刘襄进京，才使汉文帝有了当皇帝的机会，文帝很器重他。汉文帝对周勃、灌婴二人的态度，明显不同。

周勃的强项是带兵打仗，当丞相却力不从心。有一次，汉文帝当着群臣的面，问周勃一年判决多少案件，周勃不知道；又问朝廷一年的收支情况，周勃仍然不知道。其实，这些都是丞相应该知道的。通过了解案件，可以分析治安情况和法律宽严；不清楚国库收支，更是失职。所以，周勃面露愧色，汗流浃背。

汉文帝显然不满意，又问陈平。陈平圆滑，说："案件情况，可问廷尉；收支情况，可问治粟内史。丞相一职，对上辅佐皇帝调理阴阳、顺应四时，对下养育万物适时生长，对外镇服四夷和诸侯，对内爱护百姓，使公卿大夫胜任职责。"这都是些大而化之的话，实际上是狡辩，汉文帝却称赞他答得好。

汉文帝当众表扬陈平，使周勃难堪。有个手下人劝周勃说："您的功劳威震天下，地位又尊贵无比，时间长了，可能会招来灾祸。"周勃自己也感到危险，只当了一个月丞相，就请求辞职，回封地去了。过了一年，陈平去世，文帝又让周勃回朝当丞相。当了十几个月，文帝还是觉得他不能胜任，就借故把他免职了。

周勃肯定知道汉文帝对他猜忌和不满，回到封地绛县以后，时常担心有祸事发生，每当郡守和郡尉来视察绛县、会见周勃的时候，他都披挂铠甲，又让家人手持兵器，如临大敌，搞得气氛很是尴尬。其实完全没有必要，如果朝廷想要加害于他，这能顶什么用呢？这样做，只会加重皇帝的猜忌，给诬告者提供口实。

果然，后来有人诬告他谋反。汉文帝下令逮捕他，押回长安，关到监狱里。刑狱官天天审问，周勃恐惧，不知怎么回答。更可恨的是狱吏，经常任意欺凌侮辱他，使他难以忍受。直到周勃贿赂狱吏千金以后，他的处境才好了一些。狱吏提示周勃，可以让公主做证，证明周勃没有谋反。公主是汉文帝的女儿，是周勃的儿媳，原来周勃与汉文帝还是儿女亲家。可是，公主与丈夫关系不好，没有起到作用。这可能也是汉文帝对周勃不满的原因之一。

案子到了紧要关头，周勃生死未卜。周勃咬咬牙，把受的封赏都送给了文帝的舅舅薄昭。薄昭不敢直接去找文帝说情，悄悄告诉了姐姐薄太后。薄太后把儿子叫来，听儿子说周勃要谋反，薄太后发火了，顺手扯下头巾，砸到儿子脸上，说："我不相信。当年周勃身带皇帝印玺，手握重兵，那时不反，如今住在一个小县里，反倒要造反吗？"

汉文帝是个大孝子，见母亲发怒，只好赦免周勃，恢复了他的爵位和食邑。周勃费了九牛二虎之力，总算保住了性命。他出狱时，十分感慨地说："我曾经统领百万大军，却不知道狱吏的厉害。"这表明文帝时期，尽管政治清明、轻刑慎罚，但黑暗的方面仍然不少。

周勃出狱后，仍住在绛县，默默无闻，几年后患病去世。长子继承了爵位，但他与公主感情不和，又犯了罪，封地被废除。一年之后，文帝从周勃其他儿子中挑选了一个贤能的，接续周勃的爵位，他就是周亚夫。

周亚夫当时担任河内郡守，他胸有韬略，治军严格。有一次，匈奴进犯边境，汉文帝为保京都安全，调了三支部队在长安附近驻扎，其中一支，由周亚夫率领，驻扎在细柳。

汉文帝想鼓舞士气，亲自去慰问部队。先到了那两个军营，都是很轻易地就进去了，军营内戒备松弛，随随便便。汉文帝又到了周亚夫军营，见营门紧闭，所有官兵都披挂铠甲，兵刃锐利，弓弩张开，戒备极其森严。

文帝随从说："天子驾到，要进去慰问军队。"守门将士说："周将军规定，在军营内，只服从将军的命令，不听天子诏令。"汉文帝派人找到周亚夫，周亚夫下令，这才打开了军营大门。守营将士说："周将军有规定，军营内不准驱马奔驰。"汉文帝车队只好慢慢行进，到了营中大帐。周亚夫手持兵器，拱手行礼说："穿戴盔甲的将士不能跪拜，请允许我以军礼参见皇上。"

汉文帝完成劳军礼仪后离开，一出营门，随从都责怪周亚夫失礼。文帝说："这才是真正的将军呀！刚才在那两个军营看到的，简直是儿戏，如果敌人来袭，他们肯定就当俘虏了。"不久，汉文帝提拔周亚夫当了中尉。文帝临终前，告诫太子："如果发生危急事情，周亚夫是真正可以担当领兵重任的。"汉景帝提拔周亚夫当了车骑将军。

七国叛乱之时，汉景帝想起文帝的话，任命周亚夫为太尉，率军平叛。此时，吴楚联军已经包围了梁国都城。周亚夫请示汉景帝，说："楚兵勇猛轻捷，正面交战没有取胜的把握。我希望先把梁国放弃，让他们进攻，我们去断绝他们的粮道，这样才能把他们制服。"景帝同意了。

周亚夫以太尉的身份，调集各路军队会合荥阳，然后，领兵到了昌邑，深沟高垒坚守不出，同时派轻骑兵去截断叛军粮道。梁国形势危急，天天派人向周亚夫求救，后来汉景帝派去使者，手拿诏令，命他救梁，周亚夫却始终不肯出兵。当时，他驻军的地方，并没有敌情，完全可以派出部分兵力，从背后袭击正在攻城的叛军。周亚夫是想让梁国牵制和消耗叛军力量，等叛军粮尽，再予以反击，一战即可获胜。后来的结果，也是如此。

单从军事角度考虑，这是个好计谋，但周亚夫没有考虑其他方面，却是很大的失策。梁王是景帝的亲弟弟，是窦太后的心肝宝贝，得罪了他们，能有好果子吃吗？果然，梁王和窦太后都对周亚夫心怀怨恨，经常说他的坏话。历史上有许多军事奇才，打仗无人能及，却不懂政治，更不知道政治上的凶险远甚于战场，战场上是刀光剑影，政治上是杀人不见血。

周亚夫平定七国之乱，立有大功。汉景帝提拔他当了丞相，他却没有了军权。汉景帝这是学他老爹那一手，周亚夫却没有学会周勃的谦恭忍让，而是十分强势。汉景帝想废太子，周亚夫不同意，极力争辩。窦太后想封皇后的哥哥为侯，周亚夫坚决反对，说他没有功劳，不能封侯，景帝只好作罢。汉景帝想封匈奴的几个降将为侯，周亚夫又是坚决反对，说不忠之人不能封侯。汉景帝这次没听他的，坚持把那些人封了侯。周亚夫为此十分气恼，称病隐居在家。汉景帝借机免去了他的职务。

后来，汉景帝身体多病，太子年少，他想试探一下周亚夫，看他脾气改了没有。这或许是想让他辅佐太子，或许是担心他日后生乱。汉景帝把周亚夫召进宫来，请他吃饭，桌上只放了一大块肉，却没有任何餐具，既没有刀子，也没有筷子，周亚夫无法下嘴。汉景帝这是暗示周亚夫，没有皇上，他连块肉都吃不了，汉景帝是希望他请求赐给他吃饭餐具。

周亚夫乃是一介武夫，没有明白汉景帝用意，却认为是在耍弄他，很生气，扭头就叫侍从，让拿刀子筷子来，汉景帝很失望。告辞时，周亚夫不是恭敬地请景帝先走，而是自己快步走了。景帝目送他离开，叹口气说："这样的人，是不能当少主大臣的！"

　　过了不久，周亚夫的儿子私自购买了五百件盔甲盾牌，打算作为父亲日后的陪葬品，这在当时是违法的。有人状告周亚夫私购兵器，图谋造反。汉景帝趁机将他逮捕，由廷尉审理治罪。廷尉责问他："你想造反吗？"周亚夫很生气地回答："那是我死了陪葬用的，怎么能说是造反呢？"廷尉说："我看你就是想造反，不在地上造反，也会在地下造反。"周亚夫大怒，这明显是不讲理了！周亚夫义愤填膺，绝食抗议，五天没有吃饭，最后吐血而死。周亚夫死后，汉景帝撤除了他的封地。

　　历史上几乎所有的统治者，都会猜忌功臣，因为他们功劳大、能力强、威望高，自然能量也大，一旦造反，危害也大。而有些功臣，军事才能突出，其他方面却有弱项，不善于处理人际关系，不会自保，所以，往往下场都很悲惨。

　　归根结底，是统治者担心功臣会威胁皇权，皇帝需要不择手段，来巩固自己的地位，文景二帝也是如此。

# 武帝消除两大祸患

汉景帝死后，儿子汉武帝即位。汉武帝雄心勃勃、雄才伟略，继承和发展祖父、父亲事业，开创了"汉武盛世"，把封建社会推向第一个发展高峰。

汉武帝突出的贡献是，他用文的一手，彻底解除了诸侯割据的威胁，使中央集权空前强大；他用武的一手，彻底消除了匈奴祸患，使汉朝版图空前扩大。因此，汉武帝被誉为历史上最有作为的皇帝之一。

《史记》记载，汉武帝名叫刘彻，也是一个幸运儿。他父亲汉景帝有十四个儿子，刘彻排行第十，母亲王夫人又是排名靠后的妃子，本来当皇帝的希望十分渺茫。幸运的是，汉景帝的皇后没有孩子，不受宠爱，后来被废；汉景帝宠爱的妃子栗姬，虽然其子刘荣被立为太子，可栗姬任性不懂事，不知道保护自己和儿子，这就使刘彻有了希望和机会。

汉景帝与姐姐刘嫖关系很好，刘嫖想把女儿嫁给太子刘荣。这对巩固栗姬儿子的地位，是多么有利啊！可栗姬怨恨刘嫖经常给汉景帝找美女，竟然一口回绝了。刘嫖大恼，便想把女儿嫁给刘彻。王夫人一口答应，十分高兴。此后，刘嫖天天在弟弟面前说栗姬和刘荣的坏话，极力夸赞王夫人和刘彻。说得多了，汉景帝开始对栗姬有点不满意了。

更要命的是，有一次，景帝病重，感觉不好，嘱托栗姬说："我死之后，你要好好照顾其他嫔妃和皇子。"这是多大的信任啊，明显就是要封栗姬为皇后，予以托孤。没想到，愚蠢的栗姬竟然不答应，而且出言不逊，说："你平时宠爱她们，死后却要我来照顾，想得挺美，没门儿！"汉景帝大怒，气得差点没死过去。汉景帝病好了，拒绝见栗姬，后来又废了太子刘荣。王夫人则一跃升为皇后，刘彻被立为太子。

汉景帝去世，汉武帝顺利登基。当时汉朝面临两大问题，即诸侯割据和匈奴祸患。文景二帝时期，采取了很多措施，限制和打击诸侯势力，取得很大成效，但仍不彻底。诸侯王各自割据一方，使中央政府的法令难以通达，对中央集权依旧构成威胁。这时，有个叫主父偃的人献上计策，叫"推恩"。

主父偃说："如今，诸侯国各自为政，皇恩和朝廷法令通达不到底层民众，这是很危险的。如果强行取消诸侯封地，容易出乱子。所以，建议陛下采取推恩的办法来解决。目前诸侯王的爵位，只有嫡长子才能继承，其他儿子都没份。如果陛下实行推恩，把诸侯王的儿子们都封侯，每人分一块土地，这样，一个诸侯国分成了十几个，甚至几十个，他们的势力自然就小了。"

汉武帝听了主父偃的建议，认为是个好办法，于是颁布《推恩令》，说："诸侯王的子弟，都是刘氏骨肉，朕不忍心看到有些王子得不到祖先的恩惠，因此，朕要推广恩德，允许所有的王子都能分得土地，使刘氏子孙世代富贵。"《推恩令》一下，除了有些嫡长子以外，众多的刘氏子弟欢欣鼓舞，纷纷为汉武帝歌功颂德。这样，根本不用动刀兵，各诸侯国的势力就化解于无形之中了，汉武帝还得到众多刘氏子孙的拥护，真是高明的计策！

与此同时，汉武帝设置刺史，监察地方，将推恩后王子分到的地盘纳入郡县管理，并且将铸钱、财政、冶铁、煮盐甚至酿酒之类，统统收归中央统一管理，一切法令政策，皆出自中央。汉武帝还"罢黜百家，独尊儒术"，从思想文化方面加强统治。这样，一个大一统的中央集权就彻底建立起来了，为解决匈奴问题提供了有力保障。

匈奴的祖先，是夏后氏的后代子孙，叫淳维。匈奴人居住在北方蛮荒之地，从事游牧活动。他们自小吃肉喝奶，身体强壮。从儿童开始，就练习骑马射箭，平时四散游牧，一旦有事，人人都是战士。他们打仗，主要是为了抢掠财物，有利时就进攻，不利时就逃散，不以逃跑为耻辱。父亲死后，后母被儿子娶做妻子；兄弟死了，妻子就嫁给其他的兄弟，风俗习惯与中原大不相同。

从周朝开始，匈奴就时常袭扰中原，那时被称为山戎、戎狄等。春秋战国时期，秦、赵、燕等国为了扩大实力，攻占了匈奴大片土地。匈奴生产落后，一盘散沙，不是对手。后来，匈奴出了一个厉害人物，叫冒顿。冒顿趁中原混战之机，把分散的匈奴部落统一起来，向东灭了东胡王，向西打跑了月氏，向南吞并了楼兰，并收复了原来被秦国夺取的土地。到汉朝时，匈奴拥有强悍骑兵三十多万人，对中原造成严重威胁。

刘邦称帝以后，就想消除匈奴祸患。刘邦起初轻敌，经过"白登之围"，知道了匈奴厉害，不得已实行和亲政策，匈奴越发骄横起来。刘邦死后，冒顿竟然写信调戏吕后，说："你丈夫死了，何不嫁给我呢?"吕后是何等厉害角色，虽然心中恼怒，但也只能忍气吞声。文景帝时期，继续采取和亲政策，匈奴更加肆无忌惮，不断侵扰汉朝边界，造成了严重祸患。

汉武帝时期，中央集权强大，文景二帝积攒了丰厚财物，汉武帝就想对匈奴用兵。公元前 133 年，汉武帝精心设计了"马邑之谋"，引诱匈奴进犯边境上的马邑城，而在附近埋伏了三十万大军。匈奴首领果然领兵十万来犯，但看到沿途都是牧畜，并不见人，心中生疑，抓了一名汉将审问，得知前面有埋伏，立即撤兵回去了，匈奴人也挺狡猾的。汉朝虽然一无所获，却拉开了主动反击的序幕，标志着和亲政策的结束。此后，汉武帝与匈奴多次作战，其中大规模的战役有四次。

第一次是河南之战。河南是指黄河南边河套地区，那是一个战略要地。秦始皇时期曾攻占了那个地方，后来又被冒顿抢了回去。匈奴把它作为进犯中原的跳板，直接威胁京都安全。公元前 127 年，匈奴进犯上谷、渔阳等地，汉武帝派青年将领卫青，乘机率军攻打河南。卫青沿黄河西进，突然袭击，打败了匈奴，收复了河套地区。汉武帝随即在这里设立两郡，迁来内地民众十万多人，进行屯田戍边。河南之战，打掉了匈奴的进攻跳板，反而为汉军建立了一个战略进攻的基地，从而掌握了战争主动权。

第二次是漠南之战。公元前124年，卫青率军从河套出兵，深入匈奴地区，攻击匈奴右贤王。卫青长途奔袭，右贤王措手不及，吃了败仗，仓皇北逃。次年，卫青又两度出兵，大败匈奴，扩大了战果。漠南之战，迫使匈奴主力退却漠北，远离汉境，解除了对中原地区的威胁，并且为河西战役提供了必要条件。

第三次是河西之战。河西即河西走廊，是通向西域的战略通道。匈奴占领后，对汉朝侧翼构成威胁。公元前121年，青年将领霍去病领兵攻击河西地区。他率军长驱直入，勇猛作战，六天内连破匈奴五个王国。同年，霍去病再次出击，全部占领了河西走廊。汉朝在那里设置了武威、张掖、酒泉、敦煌四郡。河西之战，消灭了匈奴有生力量，打开了通向西域的道路。

第四次是漠北之战。通过几次大规模战略反击，匈奴逃往漠北。公元前119年，汉武帝命卫青、霍去病两路出兵，长驱直入，深入漠北，歼灭了匈奴主力，把匈奴赶得远远的，再也构不成对汉朝的威胁了，汉朝扩大了千里疆域。

汉武帝除了用武力反击匈奴外，还派张骞出使西域，联合其他国家，开辟了丝绸之路，扩大了汉朝的影响力。此外，汉武帝还南吞百越，西征大宛，开疆拓土，使汉朝面积扩大了数倍，奠定了中华疆域版图。

但是，汉武帝连年征战，穷兵黩武，不仅把文景二帝积累的财富损耗殆尽，还引发了许多社会矛盾和问题。不过，这是战争的后遗症，也是不得不付出的代价。

# 武帝求神愚昧荒唐

汉武帝雄才伟略，满腹智谋，但又愚昧可笑，干了不少荒唐事。他为了追求长生不老，锲而不舍地拜神求仙，屡屡被骗，却毫不觉醒，执迷不悟，深陷其中不能自拔，实在令人无语。

《史记》记载，汉武帝登基不久，就喜好祭神求仙，想去泰山封禅。此时祖母窦太后很有权势，一口给否决了，封禅计划只得流产。窦太后死后，没了约束，汉武帝便大搞拜神活动，每三年就隆重祭祀一次天帝，同时到处求神寻仙。长陵有个女子，儿子夭折，悲哀而死，人们同情哀悼她。她的妯娌假托女子显灵，号称神君，很多人都去祭祀。汉武帝听说以后，赶紧用隆重的礼仪把神君请来，安置在宫中供奉。汉武帝能听见神君说话，却始终见不到她本人。

有个叫李少君的方士，看面相不过四十多岁，他却自称七十岁了。据说，他能驱使鬼神，还能使人长生不老。汉武帝如获至宝，十分恭敬地把他请来。在一次酒宴上，首席坐着一位九十多岁的白发老人。李少君说与老人的爷爷是朋友，并说了一些老人爷爷的事情。老人见说得一点不差，大惊失色，口称前辈，赶紧把首席让给李少君，满席宾客全都惊讶不已，大概这老人是李少君的托儿吧。

又有一次，李少君见汉武帝有件古铜器，随口就说："这是齐桓公曾经用过的，我在齐桓公那里见过。"汉武帝让人鉴定，果真是齐桓公的器物。齐桓公距汉武帝已有几百年了，那李少君有多少岁呢？消息传开，整个皇宫都大为震惊，认为李少君不是凡人。不料，过了不久，李少君得病死了。人们都说他是骗子，只有汉武帝认为，他是成仙升天了。

这时，又一个骗子登场了，他叫少翁。汉武帝宠爱的一个美人死了，少翁说能让武帝夜里见到美人。果然，汉武帝隔着帷帐，模模糊糊地看见了美人的身影，汉武帝龙颜大悦，封少翁为文成将军。少翁说，他能招来神仙，武帝十分高兴，就按少翁的要求，专门建造了甘泉宫，在宫中修建了高台宫室，室内画着天地诸神，摆上祭祀用品，恭候神仙光临。等了一年多，神仙也没来。

少翁怕武帝怀疑，又施展了"仙术"。他在一块皂布上写上字，让牛吞到肚子里，然后，少翁陪着武帝游玩，把武帝引到牛栏旁。少翁一指牛肚子，说里面有天书。武帝不信，让人把牛杀了，果然肚子里有一块写字的皂布。不料少翁弄巧成拙，有人认出那是少翁的笔迹。汉武帝一怒之下，杀了少翁，但把这件事隐瞒下来。

后来，有人推荐了少翁的师弟栾大。汉武帝杀死少翁后，有些后悔，便接见了栾大。栾大生得高大英俊，敢说大话。他吹嘘说："我在海中来往，曾经见过神仙，不过神仙认为我地位低下，不信任我。我的老师说过：'黄金可以炼成，黄河决口可以堵塞，不死之药可以求得，神仙也可以招来。'但我怕再遭遇少翁那样的灾祸，不敢再谈方术了。"

汉武帝急忙掩饰说："文成将军是误食马肝而死的，千万别误会。您只要能引来神仙，朕什么都舍得给您。"栾大说，只有让他地位极为尊贵，才能取得神仙信任。武帝让栾大展示一个小方术，想看看他的本领。栾大掏出一副棋来摆好，一念咒语，只见那些棋子自己在棋盘上来回移动。汉武帝看傻了眼，相信了栾大。其实，那只不过是用磁石施展的魔术罢了。

汉武帝封栾大为天士将军、地士将军、大通将军、天道将军，赐予他四枚金印。同时，封他为乐通侯，赐给他食邑两千户、奴仆千人、黄金万斤，还有豪华住宅。另外，栾大所用的车马帷帐等器物，与皇帝相同，汉武帝甚至把公主都嫁给了他。短短数月，栾大就富贵至极，惹得各地的方士全都红了眼，无不扼腕叹息，并激动振奋，纷纷称自己有方术、能通神。栾大吸取了少翁的教训，怕时间久了露馅，谎称去东海找老师，携带金银财物，逃之夭夭。

汉武帝像个二傻子，被方士骗得团团转，但始终不能觉醒。他坚持认为，神仙是有的，只不过是那些人方术不精，没有真本事罢了。有一次，汉武帝得到一只鼎。这只鼎和其他鼎大不相同，上面只有花纹，没有铸刻文字，好像年代十分久远，武帝感到奇怪。不久，有个方士公孙卿求见，献上一部木制古书，古书上记载，这只鼎是黄帝铸的。

　　公孙卿说："皇上得到古鼎，预示着能够成仙升天。当年黄帝铸成此鼎后，有一条胡须很长的神龙飞下天来，迎接黄帝。黄帝骑上龙背，嫔妃和大臣们跟着上去的有七十多人，那些命里不该成仙的小臣，却抓住龙须不放。神龙腾空而起，龙须被扯断，那些人全都摔了下来。"

　　武帝听得入了迷，说："朕如果能像黄帝那样成仙升天，抛弃妻子儿女，就像甩掉鞋子一样。"汉武帝封公孙卿为郎官，专门负责寻仙之事。后来，武帝到北方巡视时，见到了黄帝陵墓，回头问公孙卿："你不是说黄帝升天了吗？怎么会有陵墓？"公孙卿不慌不忙地答道："黄帝升天之后，众臣把他用过的衣服帽子埋在这里，所以有陵墓。"汉武帝相信了。

　　有一天，公孙卿兴冲冲地来禀报武帝，说他在蓬莱见到了神仙。神仙身高数丈，还牵着一条狗。与公孙卿同去寻仙的大臣，也有人说看见了，而且还听神仙说："我想见天子。"汉武帝兴奋不已，立刻日夜不停地赶往蓬莱，却没有见到神仙。武帝在蓬莱一连住了好多天，仍然没有见到，不过，却看见了一个巨大的脚印，就认为是神仙留下的。既然看见了神仙脚印，可能就离神仙不远了。武帝心里高兴，重赏了公孙卿，提升他为中大夫，给他留下几千人马，让他继续寻找神仙。汉武帝回来时，又到泰山举行祭祀。

　　公孙卿带着几千人找了很久，也没有找到神仙。公孙卿对汉武帝说："神仙是可以见到的，只是皇上去求仙的时候，总是很仓促，所以才见不到。与其四处寻找神仙，不如修建宫廷楼阁，神仙喜欢住楼阁，有可能会不请自来的。当年黄帝求仙的时候，就建了青灵台，后来又建造了明庭，总共有五城十二楼，结果神仙就来了。"

汉武帝一听，觉有道理，他当时国事繁忙，不可能全身心地去找神仙，不如建造楼阁，坐等神仙自来。于是，汉武帝就按公孙卿说的，花费巨资，建造了五城十二楼，有千门万户，规模极大。它的前殿比未央宫还要大，东边是二十多丈高的凤阙，西边是几十里宽的唐中苑，北边建一大湖，仿照海中仙山的样子，在湖中建了蓬莱、方丈、瀛洲、壶梁四座山，还建了神明台、井干楼，都高达五十多丈，楼台之间有辇车道相互连接。汉武帝亲自到那里祭祀天帝，穿着黄色礼服，摆上丰盛祭品，态度十分虔诚，希望神仙能够降临。不过，无论汉武帝多么诚心，却始终没有见到神仙的影子。

汉武帝坚持不懈地求神问仙，竭力追求长生不老，与他励精图治、建立丰功伟绩相比，反差是多么巨大，但这就是同一个人。

# 三个命运坎坷的皇太后

西汉初期，不仅出了三个大有作为的皇帝，而且出了三位有名的皇太后，她们分别是汉文帝、汉景帝、汉武帝的母亲。这三位皇太后，都是出身卑贱，经历坎坷，运气颇佳，具有传奇色彩。她们阅历丰富，明辨事理，帮助儿子成就大业，做出了自己的贡献。司马迁著有《外戚世家》，记载了她们的事迹。

《外戚世家》记载，汉文帝的母亲姓薄。薄太后的父亲是吴地人，母亲是魏国人，她是父母私通而生的私生女。父亲死得早，她由母亲独自养大，童年时代自然不会美好，孤儿寡母的，没少受人欺负。

薄太后成人后，长得漂亮，母亲把她送到魏王宫中，做了魏王豹的妃子。魏王豹对她还不错，薄太后开始过上好日子。有人给薄太后相过面，说她命中应当生天子。魏王豹一听很兴奋，儿子能做天子，那岂不是自己要先当皇帝吗？

当时，刘邦正与项羽争夺天下，魏王豹站在刘邦一边，知道此讯后，心想，原来刘、项两家都得不到天下，天下是我的，那就谁也不帮，自己单干吧，再加上刘邦待人不礼貌，魏王豹便借口父母有病，回到魏国，背叛了刘邦。魏王豹对薄太后十分宠爱，日夜盼望她能生出儿子来，可惜薄太后的肚子一直没有动静。薄太后虽然没有生下儿子，却度过了一段开心快乐的幸福时光。

可惜好景不长，刘邦派军队攻打魏国，魏王豹当了俘虏，后来被杀。魏王豹的家眷同时被俘，薄太后被送到汉王的织造府，当了奴隶，整日劳累，生活又从天上掉到地下。不想时来运转，有一次，刘邦去了织造府，看到薄氏美貌，便把她纳入后宫，但并不宠爱她，一年多也没有得到宠幸。估计薄太后对刘邦也没有好脸色，自己恩爱的丈夫被杀了，能高兴得起来吗？

薄太后与管夫人、赵子儿年少时候是闺密，三人曾立下誓约，富贵后互不相忘。此时管夫人和赵子儿都在刘邦后宫，并得到宠爱。她二人就把薄氏的身世告诉了刘邦，刘邦听了，心中有些伤感，可怜她，当晚就召她同房。没想到，一次同宿，竟然生了个儿子，就是后来的汉文帝，薄太后果真生了个天子。

薄太后的儿子名叫刘恒，八岁时被封为代王，薄太后后来也去了代国。虽然北方寒冷，不太适应，但娘俩相依为命，儿子孝顺，又远离宫廷斗争，日子过得还算可以。娘俩都没有太多大望，只求平安清净，在代国生活了十七年，一直是与世无争、默默无闻。所以，吕氏迫害刘氏子弟的时候，也没有注意到他们。吕后一死，命运之神再次光顾，儿子当了皇帝，母亲成了皇太后。

薄太后有了权势之后，仍然清心寡欲，慈善仁爱，很少干预政事，更不仗势欺人。但是，在一些关键时候，她也能主动出手，主持公道。周勃被诬陷入狱，汉文帝想把他治罪。薄太后闻讯大怒，召来儿子，责问道："当年周勃身带皇帝印玺，手握重兵，那时不反，如今住在一个小县里，反倒要造反吗？"问得汉文帝哑口无言，只得把周勃放了。在立汉文帝皇后问题上，薄太后打破偏见，坚持立出身低微的窦氏为皇后。这都体现了薄太后的深明大义和明辨是非。

薄太后在汉文帝死了两年之后去世，享年六十一岁。她死后没有与丈夫刘邦合葬，而是葬在儿子陵墓附近。薄太后受到后人尊敬，光武帝说她"母德慈仁"，追尊她为高皇后。老百姓为薄太后建有庙、祠、塔，以作纪念。

《外戚世家》记载，汉景帝的母亲姓窦，窦太后是赵国清河观津人，家境贫寒，自小父母双亡，家中有个哥哥，一个四五岁的弟弟被人拐卖，窦太后连名字和出生日期都没有留下来。窦氏在年龄很小的时候，为了活命，就进宫当了宫女，受尽欺辱。

吕后执政时，把一批宫女遣送出宫，赐给各诸侯王，窦氏也在其中。她想回家乡，请求主管宦官把她分到赵国。可宦官哪里会在意一个宫女的请求，偏偏把她分到了遥远的代国。窦氏痛哭流涕，但无可奈何。窦太后当年连这点小小的愿望都不能实现，甚是可怜！

没想到坏事变成好事，代王刘恒偏偏喜欢她，不久就生下女儿刘嫖，后来又生了两个儿子，一个叫刘启，一个叫刘武。在她之前，刘恒的王后已经生了四个儿子，不料王后和她的四个儿子，先后都病死了。所以，刘恒当皇帝之后，刘启被立为太子，窦氏成了皇后。

窦氏当了皇后，天下皆知，她那被人拐卖的弟弟找来了。由于当时弟弟幼小，离散多年，所以并不认识。窦太后就问他小时候的事情，回答得都对。弟弟说："当年姐姐入宫西去的时候，与我在驿站分别。姐姐讨来米汤给我洗头，又要来食物给我吃，然后一路哭着走了。"窦皇后听罢，一把抱住弟弟，放声大哭。左右侍从全都趴在地上，涕泗横流，闻者无不垂泪叹息。汉文帝死后，儿子刘启当了皇帝，窦皇后升级做了皇太后。

窦太后与薄太后有些不同，喜欢干预朝政，甚至到了孙子汉武帝时期，还时常过问朝廷之事。但她干预朝政并不过分，作用也不大。她宠爱小儿子，想着大儿子死后，让小儿子继位，结果众臣反对，她就打消了念头。她想让侄子窦婴当丞相，却被汉景帝一口拒绝。她的哥哥和弟弟，由于出身低微，大臣们就为他俩挑选了好师傅，又让品行端正的人和他俩在一起，结果这哥弟俩，都成了谦逊礼让的君子。

窦太后爱好黄帝、老子的学说，便要求皇帝、太子等人，必须读《黄帝》《老子》，尊奉黄老学说。这对于文景时期实行清静无为、与民休息的政策，产生了一定影响。

窦太后在儿子汉景帝死后六年，患病去世，与丈夫文帝合葬，享年不详，年纪应该不小了。

《外戚世家》记载，汉武帝的母亲姓王，叫王娡，槐里人（今属陕西）。王娡的母亲叫臧儿，是燕王臧荼的孙女，因燕国被灭，家道中落，只好嫁给一个平民，生了一个儿子、两个女儿。臧儿很厉害，有胆有识，敢作敢为。

王娡年龄不大，就由母亲臧儿做主，嫁给一个富裕农家，丈夫叫金王孙。夫妻俩关系很好，不久生下一个女儿。正常来说，王娡作为普通农妇，从此应该相夫教子，平淡一生，做梦也不会想到能当皇太后。

但命运难料，有一次，臧儿为子女算卦，说两个女儿都是贵人之命。臧儿本是王孙，不甘心当普通百姓，想依靠女儿，恢复过去的荣耀，便决心赌一把。她强行把王娡从金家接回，托了很多关系，把她送到太子刘启宫中。王娡的丈夫十分愤怒，但没有办法。王娡从此抛弃丈夫和女儿，到太子宫中当了一名美人。幸运的是，太子刘启很宠爱她，生了一男三女。臧儿又把小女儿也送入太子宫中，同样受宠，一连生了四个儿子。

刘启后来当了皇帝，王娡成了王夫人。王夫人有母亲臧儿的遗传基因，很有见识。她不仅得到丈夫宠爱，而且与刘启的母亲窦太后和姐姐刘嫖，关系也很密切，还与刘嫖结成了儿女亲家。所以，当皇后的位子空缺时，她由一个排名居后的妃子，一跃而登上了皇后宝座。子凭母贵，儿子刘彻尽管排行第十，但因母亲是皇后，他就成了嫡子，于是被立为太子。汉景帝死后，刘彻继位，王娡成了皇太后。臧儿想使家族重新荣耀的愿望，终于实现了，而且还超过了预期。

汉武帝继位时，只有十几岁，窦太后时常干预朝政，王太后便发挥自己的特长，斡旋于儿子和婆婆之间，小心谨慎，不断帮助儿子扫清前进路上的障碍。汉武帝对母亲也很孝顺，后来，他听说民间还有母亲的一个女儿，便亲自寻找回来，使分散多年的母女团聚。王太后在汉景帝死后十六年去世，与景帝合葬，享年不详。


继《史记》之后，又出现一部伟大史籍《汉书》。《汉书》是中国第一部断代史，记述了西汉的历史。笔者将根据《汉书》的记载，继续撰写《新视角读汉书》，敬请广大读者给予指导帮助。